高职高专"十二五"规划教材

医药营销技术

杨美玲　张自英　主编

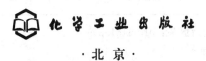

·北京·

本书以医药营销工作任务所展现的情景为中心组织内容,目的是让学生通过完成项目来构建相关的理论知识,并能够运用所掌握的理论提高医药营销技能。

全书以医药营销人员职业技能形成过程为线索,共分3个教学情景,并通过10个项目来讲授医药营销人员的职业要求、医药营销市场分析及医药营销策划;每个项目都按照以医药营销岗位实际工作任务为载体设计的活动进行,实行理论与实践一体化。在介绍药品营销技术的同时,本书对保健品营销技术也作了详细介绍。本书还附有学生工作页供读者参考使用。

本书供高职高专医药市场营销、药学等专业学生和教师以及从事医药营销的人员使用。

图书在版编目（CIP）数据

医药营销技术/杨美玲,张自英主编. —北京：化学工业出版社，2015.3（2023.8重印）
高职高专"十二五"规划教材
ISBN 978-7-122-22519-1

Ⅰ.①医⋯ Ⅱ.①杨⋯②张⋯ Ⅲ.①药品-市场营销学-高等职业教育-教材 Ⅳ.①F763

中国版本图书馆CIP数据核字（2014）第283215号

责任编辑：窦　臻　陆雄鹰　　　　　　文字编辑：郑　直
责任校对：宋　玮　　　　　　　　　　　装帧设计：关　飞

出版发行：化学工业出版社（北京市东城区青年湖南街13号　邮政编码100011）
印　　装：北京虎彩文化传播有限公司
787mm×1092mm　1/16　印张10½　字数268千字　2023年8月北京第1版第5次印刷

购书咨询：010-64518888　　　售后服务：010-64518899
网　　址：http://www.cip.com.cn
凡购买本书,如有缺损质量问题,本社销售中心负责调换。

定　价：26.00元　　　　　　　　　　　　　　　　　版权所有　违者必究

前言

随着我国医药市场的不断发展，面对激烈的市场竞争，面对医药职业教育的不断发展，把学生培养成适应生产、管理、服务第一线需要的德、智、体、美各方面全面发展的技术应用型人才，是职业教育者的共识。高职课程在专业设置上必须紧密结合地方经济和社会发展需要，根据市场对各类人才的需求和学校的办学条件，有针对性地调整和设置专业。在课程体系和教学内容方面则要突出职业技术特点，注意实践技能的培养，加强针对性和实用性，基础知识和基本理论以必需够用为度，以讲清概念、强化应用为教学重点。针对以上要求，我们编写了本书。

本教材编写有以下几大特点。

① 教材内容的范围和深度与相应职业岗位的要求紧密挂钩，以收录现行适用、成熟规范的现代技术和管理知识为主，因此比较强调实践性、应用性。

② 本书的每个工作情景由几个项目组成，每个项目后面有知识训练与技能训练，知识训练帮助学生掌握基础知识，技能训练帮助学生学会应用知识。

③ 考虑近年来保健品市场的发展，本书中保健品营销技术的内容所占的比例相应增加。

④ 考虑药品营销专业毕业的学生从事药品、保健品终端工作占有较大的比例，本书比较强调终端工作实训。

本教材适合医药市场营销、药学等专业学生和教师以及从事医药营销的人员使用。

为方便教学，本书配有课程标准和学生工作页，使用本教材的学校可以发邮件至cipedu@163.com 免费索取。

本书由台州职业技术学院杨美玲、张自英主编，尹志方和章兆富提供了大量行业的相关资料并参与了相关章节的编写。本书在编写过程中参阅了大量行业的相关资料，得到了有关人士的大力支持，在此谨向有关文献的编者及帮助者致谢。

由于编者水平有限，加之编写时间仓促，书中难免有不妥之处，敬请广大读者批评指正。

编者
2014 年 6 月 18 日

目　录

情景一　营销人员职业素质训练　/ 1

项目1　认识医药保健品市场 ·· 2
　　一、医药保健品市场概述 ·· 2
　　二、确定营销观念 ·· 4
　　三、医药保健品市场营销新进展 ······································ 8
　　【小结】 ·· 14
　　【知识训练】 ·· 14
　　【技术点训练】 ·· 15

项目2　认识医药保健品营销人员的职业要求 ····················· 17
　　一、诚信 ··· 17
　　二、营销礼仪 ·· 18
　　三、关注职业成长 ·· 22
　　【小结】 ·· 25
　　【知识训练】 ·· 26
　　【技术点训练】 ·· 26

情景实训一　医药营销职业生涯规划 ··································· 27
　实训1　认识销售人员的职业要求 ······································ 27
　实训2　医药营销人员职业生涯规划 ·································· 28

情景二　分析医药保健品市场　/ 31

项目3　分析医药保健品市场营销环境 ································ 32
　　一、医药保健品市场营销环境概述 ·································· 32
　　二、医药保健品市场宏观营销环境分析 ··························· 34
　　三、医药保健品市场营销微观环境分析 ··························· 40
　　四、分析企业营销机会与环境威胁 ·································· 43
　　【小结】 ·· 43
　　【知识训练】 ·· 44
　　【技术点训练】 ·· 44

项目4　分析医药保健品购买者行为 ··································· 46

一、分析医药保健品消费者市场购买行为 …………………………… 46
　　二、分析医药保健品组织市场购买者行为 …………………………… 54
　　【小结】 ……………………………………………………………………… 58
　　【知识训练】 ………………………………………………………………… 59
　　【技术点训练】 ……………………………………………………………… 59

项目5　医药保健品市场调查
　　一、企业对市场调查认识的误区 ………………………………………… 60
　　二、医药保健品常用调查方法 …………………………………………… 63
　　三、如何选择专业市场研究公司 ………………………………………… 68
　　【小结】 ……………………………………………………………………… 70
　　【知识训练】 ………………………………………………………………… 70
　　【技术点训练】 ……………………………………………………………… 71

　情景实训二　医药保健品市场调查 ………………………………………… 71

情景三　医药保健品营销策划与实施　/ 75

项目6　市场策略………………………………………………………………… 76
　　一、市场细分和目标市场选择 …………………………………………… 76
　　二、产品定位 ……………………………………………………………… 81
　　【小结】 ……………………………………………………………………… 83
　　【知识训练】 ………………………………………………………………… 83
　　【技术点训练】 ……………………………………………………………… 83

项目7　策划与实施产品销售策略……………………………………………… 85
　　一、医药保健品分类 ……………………………………………………… 85
　　二、医药代表 ……………………………………………………………… 86
　　三、保健品理性营销 ……………………………………………………… 94
　　四、整合广告和整合营销 ………………………………………………… 98
　　五、品牌管理 ……………………………………………………………… 103
　　六、危机管理 ……………………………………………………………… 106
　　【小结】 ……………………………………………………………………… 110
　　【知识训练】 ………………………………………………………………… 111
　　【技术点训练】 ……………………………………………………………… 111

项目8　分销渠道策划………………………………………………………… 113
　　一、分销渠道概述 ………………………………………………………… 113
　　二、分销渠道的设计 ……………………………………………………… 116
　　三、分销渠道管理和控制 ………………………………………………… 119
　　【小结】 ……………………………………………………………………… 119
　　【知识训练】 ………………………………………………………………… 120
　　【技术点训练】 ……………………………………………………………… 120

项目9　医药保健品价格策略………………………………………………… 122

一、影响医药保健品商品定价的因素 …………………………………………… 122
　　二、医药保健品定价的技巧 …………………………………………………… 124
　　三、常用的定价方法 …………………………………………………………… 126
　　四、保健品定价 ………………………………………………………………… 128
　　【小结】 ………………………………………………………………………… 131
　　【知识训练】 …………………………………………………………………… 132
　　【技术点训练】 ………………………………………………………………… 132

项目 10　医药保健品促销组合 …………………………………………………… 134
　　一、医药保健品促销与促销组合 ……………………………………………… 134
　　二、医药保健品促销策略 ……………………………………………………… 136
　　【小结】 ………………………………………………………………………… 144
　　【知识训练】 …………………………………………………………………… 145
　　【技术点训练】 ………………………………………………………………… 145

情景实训三　营销策划技能训练 ………………………………………………… 145

附录　学生工作页 ………………………………………………………………… 148

参考文献　/ 160

情景一
营销人员职业素质训练

在数字化、信息化时代,各企业都非常注意自己品牌的市场占有率。要提高市场占有率,企业在做好质量服务、新品开发的同时,最重要的是掌握好销售环节。一个公司无论做什么样的产品,其最终目的是把产品卖到用户手中。医药保健品用户接受的不仅仅是商品,还有医药保健品业务员提供的服务。医药保健品业务员要说服客户,不仅要有强有力的说辞,还要靠自身散发出来的魅力,而这种魅力主要体现在医药保健品业务员所具备的专业素质上。

项目 1
认识医药保健品市场

知识目标 →→→
1. 解释什么是市场、什么是市场营销。
2. 分析辨别营销史上的几个阶段性营销观念。
3. 简述市场营销新进展。

能力目标 →→→
1. 认识医药保健品市场营销。
2. 为医药保健品企业确立正确的营销管理理念。

一、医药保健品市场概述

（一）什么是市场

狭义上的市场是买卖双方进行商品交换的场所。广义上的市场是指为了买和卖某些商品而与其他厂商和个人相联系的一群厂商和个人。市场的规模即市场的大小，是购买者的人数。

1. 市场的初始意义

市场起源于古时人类对于固定时段或地点进行交易的场所的称呼，当城市成长并且繁荣起来后，住在城市邻近区域的农夫、工匠、技工们就会开始互相交易并且对城市的经济产生贡献。显而易见的，最好的交易方式就是在城市中有一个集中的地方，像市场，可以让人们在此提供货物以及买卖服务，方便人们寻找货物及接洽生意。当一个城市的市场变得庞大而且更开放时，城市的经济活力也相对会增长起来。

2. 市场的今日意义

今日的市场是商品经济运行的载体或现实表现。商品经济越发达，市场的范围和容量就越扩大。市场具有相互联系的四层含义：一是商品交换场所和领域；二是商品生产者和商品消费者之间各种经济关系的汇合和总和；三是有购买力的需求；四是现实顾客和潜在顾客。

市场是社会分工和商品经济发展的必然产物。市场是商品交换顺利进行的条件，是商品流通领域一切商品交换活动的总和。市场体系是由各类专业市场，如商品服务市场、金融市场、劳务市场、技术市场、信息市场、房地产市场、文化市场、旅游市场等组成的完整体系。同时，在市场体系中的各专业市场均有其特殊功能，它们互相依存、相互制约，共同作用于社会经济。

随着市场经济的发展，各类市场都在发展。那么，哪一类市场同我们的生活联系最紧密呢？从现实生活中，我们可以直接感受到，商品服务市场与我们的关系最为密切。商品服务市场遍及我们生活的每一个角落，我们常见的大小商场，各种各样的理发店、家具店、农贸市场、宾馆饭店等，这些都属于商品服务市场。

随着社会交往的网络虚拟化，市场不一定是真实的场所和地点，当今许多买卖都是通过计算机网络来实现的，中国最大的电子商务网站淘宝网就是提供交往的虚拟市场。

（二）什么是医药保健品市场营销

在认识什么是医药保健品市场营销前，得先认识什么是市场营销。市场营销的含义不是固定不变的，它随着市场营销实践活动的发展而发展。美国市场营销协会下的定义是：营销是创造、沟通与传送价值给顾客，及经营顾客关系以便让组织与其利益关系人受益的一种组织功能与程序。美国的菲利普·科特勒教授于1984年对市场营销下了定义：市场营销是指企业的这种职能——认识目前未满足的需要和欲望，估量和确定需求量大小，选择和决定企业能最好地为其服务的目标市场，并决定适当的产品、劳务和计划（或方案），以便为目标市场服务。而格隆罗斯给的定义强调了营销的目的：营销是在一种利益之上下，通过相互交换和承诺，建立、维持、巩固与消费者及其他参与者的关系，实现各方的目的。当今见到的关于市场营销较为普遍的定义是中国人民大学商学院郭国庆教授的表述：市场营销是计划和执行关于商品、服务和创意的观念、定价、促销和分销，以创造符合个人和组织目标的交换的一种过程。

医药保健品是特殊的商品，根据《中华人民共和国药品管理法》第一百零二条关于药品的定义：药品是指用于预防、治疗、诊断人的疾病，有目的地调节人的生理机能并规定有适应症或者功能主治、用法和用量的物质，包括中药材、中药饮片、中成药、化学原料药及其制剂、抗生素、生化药品、放射性药品、血清、疫苗、血液制品和诊断药品等。保健品含有一定量的功效成分，能调节人体的机能，具有特定的功效，适用于特定人群。保健品不能直接用于治疗疾病，它是人体机理调节剂、营养补充剂。而药品是直接用于治疗疾病。

目前市场上的保健品大体可以分为保健食品、保健药品、保健化妆品、保健用品等。保健食品具有食品性质，如茶、酒、蜂蜜制品、饮品、汤品、鲜汁、药膳等，具有色、香、形、质要求，一般在剂量上无要求。保健药品具有营养性、食物性天然药品性质，应配合治疗使用，有用法用量要求，如目前带"健"字批号的药品；保健化妆品具有化妆品的性质，不仅有局部小修饰作用，且有透皮吸收、外用内效作用，如保健香水、霜膏、漱口水等；保健用品具有日常生活用品的性质，如健身器、按摩器、磁水器、健香袋、衣服鞋帽、垫毯等。

医药保健品市场营销是指企业根据医药保健品的特点计划和执行关于服务和创意的观念、定价、促销和分销，在满足顾客需要的同时，企业也获取利润的综合性经营活动。对于该定义的理解，我们应把握以下两个要点：

① 医药保健品市场营销的中心和目的是满足一切现实的和潜在的顾客防病治病的需要。医药产品与一般的产品相比较是特殊产品，其特殊性表现为：一是专属性，患病要对症治疗，患什么病，用什么药；二是两重性，医药产品具有防病治疗的一面，也有不良反应的一面；三是质量的重要性，医药产品是治病救人的物质，只有符合法定质量标准的合格医药产品才能保证疗效，医药产品只能是合格品，不能像其他商品一样可分为一级品、二级品、等外品和次品；四是限时性，人们只有防病治病时才需用药，但医药产品生产、经营部门平时就应有适当储备，做到药等病，而不是病等药。保健品不是营养品，人体需要的营养素有很多，例如水、蛋白质、脂肪、碳水化合物、维生素、矿物质等，营养品一般都富含这些营养

素，人人都适宜。保健品在一些方面比较好，在固定的保健功能方面可以比营养品有更大的优势。

② 开展营销活动时有较多的限制。医药保健品市场营销活动有着市场营销的共性，活动既包括商品生产之前的一系列活动，如市场调研、消费需求研究、新产品开发、市场机会分析、选择目标市场等；又包括商品生产之后的经营活动，如商品定价、分销、广告、人员推销、销售促进等；还包括商品售出之后的活动，如售后服务、售后信息反馈等。但是，医药保健品开展销售活动时有着较多的限制，处方药的终端销售决策权不在使用者，一般掌握在医生手中，医生对药品的购买有很大的影响，这是与其他商品市场有着本质区别的特点，是由药品的专业性决定的。国家食品药品监督管理局明确规定，处方药禁止在大众媒介发布广告，广告只能在医药专业媒介发布。任何为诱导顾客消费夸大非处方药和保健品功效的广告都是不允许的，也不允许利用多买折扣、买二送一等促销手段诱导顾客过度购买药品，过期药处理不当不仅危害百姓身体健康，而且严重污染环境。

二、确定营销观念

医药市场营销观念始终是医药企业发展过程中的一个核心问题，它是医药企业从事医药市场营销活动的指导思想，即医药企业以什么为中心组织经营活动，持什么态度、思想和经营理念处理企业、消费者和社会三者的利益关系。

（一）市场营销观念的产生

市场营销观念产生于20世纪初的美国，是企业进行市场营销活动时的指导思想和行为准则的总和。企业的市场营销观念决定了企业如何看待顾客和社会利益，如何处理企业、社会和顾客三方的利益关系。企业的市场营销观念经历了从最初的生产观念、产品观念、推销观念到市场营销观念和社会营销观念的发展和演变过程。生产观念、产品观念、推销观念一般称为传统营销观念，是以企业为中心、以企业利益为根本取向和最高目标来处理营销问题的观念。它采用的是由内向外的顺序，从工厂出发，以公司现存产品为中心，通过大量推销和促销来获取利润。市场营销观念与社会营销观念被称为现代营销观念，分别是以消费者为中心的顾客导向观念和以社会长远利益为中心的社会导向观念。它采用的是从外向内的顺序，从明确的市场出发，以顾客需要为中心，协调所有影响顾客的活动，并通过创造性的顾客满足来获取利润。因此，真正的营销观念形成于第四个阶段的市场营销观念，这是市场营销观念演变进程中的一次重大飞跃。

（二）市场营销观念的演变和发展

1. 生产观念

其盛行于19世纪末20世纪初，当时经济发展水平相对较低，物资较为短缺。该观念认为，消费者喜欢那些可以随处买到和价格低廉的商品，企业应当组织和利用所有资源，集中一切力量提高生产效率和扩大分销范围，增加产量，降低成本。生产观念是一种重生产、轻营销的指导思想，其典型表现就是"我们生产什么就卖什么"。以生产观念指导营销活动的企业，称为生产导向企业。

2. 产品观念

其是与生产观念并存的一种市场营销观念，都是重生产轻营销。随着经济发展，市场上的产品不断丰富，消费者开始喜欢高质量、多功能和具有某些特色的产品。因此，企业管理的中心是致力于生产优质产品，并不断精益求精。在这种观念的指导下，公司经理人常常迷恋自己的产品，以至于意识不到产品可能并不迎合时尚，甚至市场正朝着不同的方向发展。他们在设计产品时只依赖工程技术人员而极少让消费者介入。

3. 推销观念

其产生于资本主义经济由"卖方市场"向"买方市场"过渡的阶段，盛行于20世纪三四十年代。推销观念认为，消费者通常有一种购买惰性或抗衡心理，若顺其自然，消费者就不会自觉地购买大量本企业的产品，因此企业管理的中心任务是积极推销和大力促销，以诱导消费者购买产品。其具体表现是："我卖什么，就设法让人们买什么"。执行推销观念的企业称为推销导向企业。在推销观念的指导下，企业相信产品是"卖出去的"，而不是"被买去的"。他们致力于产品的推广和广告活动，以求说服甚至强制消费者购买。他们收罗了大批推销专家，做大量广告，对消费者进行无孔不入的促销信息"轰炸"。如美国皮尔斯堡面粉公司的口号由原来的"本公司旨在制造面粉"改为"本公司旨在推销面粉"，并在公司内部成立了市场调研部门，派出大量推销人员从事推销活动。

但是，推销观念与前两种观念一样，也是以企业为中心的"以产定销"，而不是建立在满足消费者真正需要的基础上。因此，前三种观念被称之为市场营销的旧观念。

4. 市场营销观念

其是以消费者需要和欲望为导向的经营哲学，是消费者主权论的体现，形成于20世纪50年代。该观念认为，实现企业诸目标的关键在于正确确定目标市场的需要和欲望，一切以消费者为中心，并且比竞争对手更有效、更有利地传送目标市场所期望满足的东西。

市场营销观念的产生是市场营销哲学的一种质的飞跃和革命，它不仅改变了传统的旧观念的逻辑思维方式，而且在经营策略和方法上也有很大突破。它要求企业营销管理贯彻"顾客至上"的原则，将管理重心放在善于发现和了解目标顾客的需要，并千方百计去满足它，从而实现企业目标。因此，企业在决定其生产经营时，必须进行市场调研，根据市场需求及企业本身条件选择目标市场，组织生产经营，最大限度地提高顾客满意程度。

执行市场营销观念的企业称为市场导向企业。其具体表现是："尽我们最大的努力，使顾客的每一元钱都能买到十足的价值和满意"。当时，美国贝尔公司的高级情报部所做的一个广告，称得上是以满足顾客需求为中心任务的最新、最好的一个典范："现在，今天，我们的中心目标必须针对顾客。我们将倾听他们的声音，了解他们所关心的事，我们重视他们的需要，并永远先于我们自己的需要，我们将赢得他们的尊重。我们与他们的长期合作关系，将建立在互相尊重、信赖和我们努力行动的基础上。顾客是我们的命根子，是我们存在的全部理由。我们必须永远铭记谁是我们的服务对象，随时了解顾客需要什么、何时需要、何地需要、如何需要，这将是我们每一个人的责任。现在，让我们继续这样干下去吧，我们将遵守自己的诺言"。

从此，消费者至上的思潮为西方资本主义国家普遍接受，保护消费者权益的法律纷纷出台，消费者保护组织在社会上日益强大。根据"消费者主权论"，市场营销观念相信，决定生产什么产品的主权不在生产者，也不在于政府，而在于消费者。

5. 社会营销观念

其是以社会长远利益为中心的市场营销观念，是对市场营销观念的补充和修正。从20世纪70年代起，随着全球环境破坏、资源短缺、人口爆炸、通货膨胀和忽视社会服务等问题日益严重，要求企业顾及消费者整体利益与长远利益的呼声越来越高。西方市场营销学界提出了一系列新的理论及观念，如人类观念、理智消费观念、生态准则观念等。其共同点都是认为企业生产经营不仅要考虑消费者需要，而且要考虑消费者和整个社会的长远利益。这类观念统称为社会营销观念。

社会营销观念的基本核心是：以实现消费者满意以及消费者和社会公众的长期福利作为企业的根本目的与责任。理想的营销决策应同时考虑到：消费者的需求与愿望的满足，消费者和社会的长远利益，企业的营销效益。

（三）现代市场营销观念的新领域

1. 创造需求的营销观念

现代市场营销观念的核心是以消费者为中心，认为市场需求引起供给，每个企业必须依照消费者的需要与愿望组织商品的生产与销售。几十年来，这种观念已被公众接受，在实际的营销活动中也倍受企业家的青睐。然而，随着消费需求的多元性、多变性和求异性特征的出现，需求表现出了模糊不定的"无主流化"趋势，许多企业对市场需求及走向常感捕捉不准，适应需求难度加大。另外，完全强调按消费者购买欲望与需要组织生产，在一定程度上会压抑产品创新，而创新正是经营成功的关键所在。为此，在当代激烈的商战中，一些企业总结现代市场营销实践经验，提出了创造需求的新观念，其核心是指市场营销活动不仅仅限于适应、刺激需求，还在于能否生产出对产品的需要。

2. 关系市场营销观念

关系市场营销观念是市场竞争激化的结果。关系市场营销观念的基础和关键是"承诺"与"信任"。承诺是指交易一方认为与对方的相处关系非常重要而保证全力以赴去保持这种关系，它是保持某种有价值关系的一种愿望和保证。信任是当一方对其交易伙伴的可靠性和一致性有信心时产生的，它是一种依靠其交易伙伴的愿望。承诺和信任的存在可以鼓励营销企业与伙伴致力于关系投资，抵制一些短期利益的诱惑，而选择保持发展与伙伴的关系去获得预期的长远利益。因此，达成"承诺-信任"，然后着手发展双方关系是关系市场营销的核心。

3. 绿色营销观念

绿色营销观念是在当今社会环境破坏、污染加剧、生态失衡、自然灾害威胁人类生存和发展的背景下产生的新观念。绿色营销观念主要强调把消费者需求与企业利益和环保利益三者有机地统一起来。它最突出的特点，就是充分顾及到资源利用与环境保护问题，要求企业从产品设计、生产、销售到使用整个营销过程都要考虑到资源的节约利用和环保利益，做到安全、卫生、无公害等，其目标是实现人类的共同愿望和需要——资源的永续利用与保护和改善生态环境。为此，开发绿色产品的生产与销售，发展绿色产业是绿色营销的基础，也是企业在绿色营销观念下从事营销活动成功的关键。

4. 文化营销观念

文化营销观念是指企业成员共同默认并在行动上付诸实施，从而使企业营销活动形成文化氛围的一种营销观念，它反映的是现代企业营销活动中经济与文化的不可分割性。企业的营销活动不可避免地包含着文化因素，企业应善于运用文化因素来实现市场制胜。在企业的整个营销活动过程中，文化渗透于其始终。商品中蕴含着文化，它不仅仅是有某种使用价值的物品，同时它还凝聚着审美价值、知识价值、社会价值等文化价值的内容。如肯德基在中国的装修风格代表中国传统的家庭、亲情、友爱和默契。

5. 整体营销观念

1992年美国市场营销学界的权威菲利普·科特勒提出了跨世纪的营销新观念——整体营销，其核心是从长远利益出发，公司的营销活动应囊括构成其内、外部环境的所有重要行为者，它们是：供应商、分销商、最终顾客、职员、财务公司、政府、同盟者、竞争者、传媒和一般大众。前四者构成微观环境，后六者体现宏观环境。公司的营销活动，从这十个方面进行。

阅读材料【1-1】

我国医药企业营销观念的演变

众所周知，国外营销观念的演变经历了四个阶段：生产观念、推销观念、市场营销观念、社会营销观念。对医药企业而言，促进这些演变的根本原因是市场和企业环境的变化，而这些观念的形成和发展，也经历了一个从不自觉到自觉的过程，在医药企业的经营中也越来越受到重视。

新中国成立以来，我国医药企业的营销观念在短短的几十年内也经历了同国外类似的几个阶段：

"抓中间"。即医药企业的经营重点放在生产制造过程，着重解决生产效率和成本、技术等问题，几乎不考虑市场变化，这是计划体制下企业运作的主要方式。在这种观念指导下的医药企业，根本不能适应市场的变化，被市场淘汰在所难免。

"抓尾巴"。由于医药企业只顾埋头生产，产品滞销是必然会面临的严峻问题。为了解决这一问题，许多医药企业直观地头痛医头，把销售或推销作为营销甚至是企业经营的重点和突破口，花大力气进行人员推销（有的企业甚至是全员推销）、广告、漫无目的的促销大战等。由于市场上的根本问题未得以解决，产销不对路的情况也不会得到根本的缓解，以致造成企业更加举步维艰。值得提醒的是，目前还有相当的企业正是这种观念：有的认为，只要广告做得好，产品就有销路，甚至片面地追求广告轰动效应；销售中比降价而生产中不比成本，结果把自己甚至全行业搞得难以为继；在营销中热衷于求新求异而忽略营销基础工作；不搞任何调研就开始做营销策划；以牺牲企业信誉和前途的手段来维持短期的效益等。

"抓两头"。当认识到"市场需求"这一关键问题时，医药企业开始注重市场调研工作，在生产和销售之前了解市场的需求和变化。了解企业的营销环境，同时也重视销售。应该说，这是我国企业营销观念的重要革命，也是从计划观念转向市场观念的突破口，许多企业也在这一转换中获得新生。但是，在一些医药企业中也出现矫枉过正、畸轻畸重的情况：市场是重要了，但企业内部的生产制造、管理与协调等又被忽略，造成企业内外活动很难协调、成本居高不下、产品结构调整困难、技术进步迟缓等，又影响了企业的长远发展。

"抓一条龙"。市场竞争的经验和教训让越来越多的医药企业认识到：企业的营销是一个有机的过程，任何一个环节的失误可能导致企业经营的失败。先进医药企业认为：从企业的市场调研、预测，到企业的营销决策，再到企业的生产制造、内部管理、技术活动、财务活动，直至市场销售和售后服务，应作为一个整体通盘考虑，然后随市场和企业实力及规划的变化在某些环节和内容上战略性把握并有所侧重，灵活应变。

（资料来源：《中国药学》杂志）

三、医药保健品市场营销新进展

我国医药保健品行业一直处于高速发展的状态当中,但生产经营企业面临的生存压力一直很大,企业除了面临国家压缩行业企业数量的政策影响,还要更加现实地面对激烈的市场竞争。药品保健品企业面临的生存发展环境相对来说比较动荡,变化较快。为了适应这种相对特殊的市场环境,企业需要不断调整市场营销策略,不断实现在营销领域的突破创新,不断以多种营销方式满足不同的市场需求,积极探索新的营销方式、方法;另一方面,随着科技的发展,信息化时代的到来,网络技术不断成熟,企业也应充分利用这些现代资源完善营销方法与职能。

(一)事件营销

1. 事件营销在医药企业的应用与分类

事件营销在医药企业中的应用不胜枚举,在"非典事件"中,广东康人药业通过义捐价值100万元的药品而一夜成名;罗氏制药在"禽流感"与"达菲事件"中,树立起诚信、大度、负责任的企业形象;长春海外制药借助范伟叫卖"感叹号",从感冒药市场中脱颖而出;深圳匹特欧药店管理有限公司借助"联盟"概念一举在全国发展了5000余家药店,年采购规模达到了80亿元。

纵观这些营销个案,都是医药企业将事件营销成功运用的典范。事件营销在运用上有其不同的表现形势。事件营销根据事件的不同分为"借势"和"造势"。"势"通俗地说是潮流、趋势。审时度势,只有用心感受,才能发现"势",用感性和理性去辨别"势"的走向、强弱,去挖掘哪个"点"更具有争议性、新闻性,研究如何传播才具有共振性、爆炸性、裂变性。"借势"和"造势"可以在短期内一触即发,形成人们争议的焦点和时尚话题,达到口碑传播和高度关注。

(1)**借势型事件营销** 所谓借势,是指企业及时地抓住广受关注的社会新闻、事件以及人物的明星效应等,结合企业或产品在传播上欲达到之目的而展开的一系列相关活动。其可分为:明星策、体育策、新闻策、节日策等。

医药企业通过借势的手段成功达到营销目的的例子有很多。以三九制药为例,2000年11月16日,中国国家药品监督管理局(SFDA)发布了《关于暂停使用和销售含苯丙醇胺药品制剂的通知》,随即暂停包括占据感冒药类半壁江山的中美天津史克制药有限公司生产的康泰克和康得等含有PPA药品的使用和销售,这引起了消费者心里恐慌,并使感冒类OTC药品顿时处于水深火热之中。三九制药在这样的震荡形式下,第一时间出击,展开了大规模的新闻战,配合广告攻势,以新闻发布的形式,通过媒体的权威报道,快速在全国产生影响,其生产的感冒药品牌已成为感冒药市场位居前列的领导品牌。

(2)**造势型事件营销** 所谓造势,是指企业通过策划、组织和制造具有新闻价值的事件,吸引媒体、社会团体和消费者的兴趣与关注。其可分为:舆论策、概念策和活动策。通过造势,可以快速提升品牌知名度及美誉度,也可以四两拨千斤,以最小、最少的资源获取最大化的效益。一些成功的企业不乏一些令人叫绝的经典案例,如椰岛鹿龟酒的1.2亿元配方之争等。

对于医药企业,也应该适时运用事件营销这样的策略手段,提高自身的产品竞争力。医药企业要时刻注意新闻媒体的动向,看看新闻媒体现时正热衷于哪一方面新闻事件的报道。

如果企业发现新闻媒体所热衷的方面与自己有关，就可以利用机会制造新闻，使企业和产品成为被关注的对象。

比如2006年在沈阳举办的"世界园艺博览会"，作为世界级别的园艺盛会，新闻亮点自然很多。而在沈阳的大街小巷上随处可以见到宣传世园会的宣传画。位于和平区南五马路上的一家单体药店发现了这个契机，围绕世园会，他们也推出了"园艺与健康"系列活动，针对哮喘患者，联合厂家印制了DM手册，告诉来店消费者家居应该摆什么样的花，游园应该准备什么样的药品等；针对过敏体质患者，依据医院的病例，告之避免去哪些场馆等；针对中老年人，还推出了"购药有奖集报"活动，在购药的同时，给老年人找点事干，丰富了老年人的业余文化生活。通过此举，该药店由名不见经传变得在区域内小有名气。

2. 事件营销对医药企业做大做强的深远意义

事件营销一般具有突发性强、时间紧迫、市场机会大、受众面广、高频率的媒体助阵、信息复杂不容易分辨等特点。因而对医药企业而言，事件营销有着"四两拨千斤"的效果。一个事件如果成了热点，会成为人们津津乐道、互相沟通的话题，传播层次不仅仅限于看到这条新闻的读者或消费者，还可以形成二次传播，引发"蝴蝶效应"；而相比之下，广告的传播一般只是看见的就看见，没看见的就没看见了，传播就局限在一个层面上，与精心策划的事件营销不可同日而语。目前众多药品虚假广告使药品广告的可信度越来越低，消费者趋于理性，使药品广告的作用大打折扣，而事件营销的传播往往体现在新闻上，有效地避免了像广告一样被人本能排斥、反感的情况发生，受众对于其中内容的信任程度远远高于广告。据调查，一个消费者对新闻的信任程度是接受一则广告的6倍。

阅读材料【1-2】

以岭药业事件营销

固然，借助甲流概念才使以岭药业的连花清瘟胶囊（颗粒）完成了营销业绩上一次质的飞跃。但与众多拥有同类产品并期待搭车促销的企业的短期行为不同的是，因SARS流行而突击上市的连花清瘟胶囊（颗粒），坚持以学术带推广，多次利用卫生行政部门平台，在宣传中多点开花，在销售中加大渠道管控，才有可能借助甲流的契机，顺势而上，全面爆发。

背景： 2009年3月，甲型H1N1流感疫情在墨西哥爆发，并迅速横扫全球。自卫生部于2009年5月11日确诊了中国内地首例甲型H1N1流感患者之后，甲流迅速在全国范围内蔓延开来。

定位： 以岭药业同时针对流感治疗药和感冒治疗药市场，宣传连花清瘟胶囊（颗粒）定位于"退热消炎抗病毒，清瘟解毒抗流感"以及"退热消炎抗病毒，清瘟解毒抗感冒"，避免了营销效应对流感事件的过分依赖，降低了企业在生产组织上的难度，最大程度地规避了运营风险。

创意： 甲流爆发之后，国家卫生部研究制定了《甲型H1N1流感诊疗方案》，连花清瘟胶囊（颗粒）位列其中。由于各方面因素的推动，该方案立即在社会上引起强烈反响，形成"蝴蝶效应"，连花清瘟胶囊（颗粒）突然之间供不应求。

2009年8月21日，从卫生部、世界卫生组织和《柳叶刀》杂志共同主办的"流感大流行应对与准备国际科学研讨会"卫星会上传来消息：中药连花清瘟胶囊抗甲型H1N1流感病毒临床与实验研究均取得重大突破。临床实验表明，连花清瘟胶囊的病毒核酸转阴时间与达菲相当，平均退热时间短于达菲，治疗费用仅为达菲的1/8。这条新闻迅速被《新闻联播》在内的国内及全球各大媒体广泛报道。行业内媒体更是纷纷予以剖析解读，形成很强的新闻焦点效应。

搭台：连花清瘟胶囊（颗粒）在甲流爆发之前，由于其广谱抗病毒作用，成为近年来我国病毒传染性公共卫生事件的代表性防治药物。2005年，其被卫生部列入《人禽流感诊疗方案》，成为治疗人禽流感推荐用药；2008年，被国家中医药管理局列入《关于在震区灾后疾病预防中应用中医药方法的指导意见》，成为感冒推荐用药。

执行：以岭药业抓住瞬间产生的轰动效应，加大渠道覆盖与管控力度，尤其是延伸分销通路，注重政府采购，加强价格控制，强力终端拉动，线上线下密切配合，立体作战。

线上传播进一步扩大战果。借助报纸、电视和网络媒体对大众人群的影响力，短时间内高密度地进行媒体投放，展示连花清瘟胶囊的品牌特征，形成媒体的密集效应。在有限的媒介投入下，最大限度地确保了广告投放效果。

开展公益捐赠活动。利用甲流的捐赠活动引起人们的广泛注意，树立良好企业形象，增强消费者对企业品牌的认知度和美誉度。在甲流肆虐期间，以岭药业捐赠连花清瘟胶囊（颗粒）的金额累计超过1000万元。捐赠主要针对学校、机关、部队、社区、贫困地区等重点需要抗甲流药品的地方，在社会上形成了良好的正面效应。

进一步深入进行临床科研。以岭药业与国家中医药管理局共同开展"连花清瘟胶囊治疗甲型H1N1流感循证医学研究"，采用随机双盲、多中心的国际最权威的循证医学研究方法，为连花清瘟胶囊治疗甲型H1N1流感提供了更科学的客观依据，为销售提供了强大的学术支持。

效果：连花清瘟胶囊（颗粒）在较短时间内获得了营销业绩的飞跃。终端覆盖率提高了10倍以上，药店首荐率也提高到了20%以上，城市人群的品牌知晓率从5%提高到40%左右。连花清瘟胶囊防治甲流的事件，还入选了"2009国际十大科技新闻"。其从2008年不到1亿元的销售金额，上升到2009年全年超过5亿元回款的业绩。

临床与实验研究表明，连花清瘟胶囊对甲型H1N1流感病毒具有明确的拮抗作用。病毒转阴率与达菲相当，在退热，改善咳嗽、周身酸痛、乏力方面明显优于达菲，并且安全性高，费用仅为达菲的1/8。

（资料来源：《医药经理人》杂志）

（二）网络营销

网络营销是企业整体营销战略的一个组成部分，是为实现企业总体或者部分经营目标所进行的，以互联网为基本手段营造网上经营环境的各种活动。网络营销概念的同义词包括：网上营销、互联网营销、在线营销、网路行销、口碑营销、网络事件营销、社会化媒体营销等。这些词汇说的都是同一个意思，笼统地说，网络营销就是以互联网为主要手段开展的营销活动。

1. 现今网络营销工具

（1）**黄页登陆** 短时间内将您的公司信息添加到数千家商贸网站的公司信息库中，使您的潜在客户更方便地通过网络找到您公司的相关信息。

（2）**产品推广** 用户可以将设定好的各类企业产品，包括产品样本图片，快速发布到数千个B2B平台的产品库中，实现形象的产品推广。

(3) 商情发布 快速将每个不同的公司商情发布到几千个对应行业类别的 B2B 平台和行业网站上，协助用户实现铺天盖地的商业宣传。

2. 网络营销策略

搜索引擎营销：据 CNNIC《2007 年中国搜索引擎市场调查报告》显示，44.71% 的网民经常使用（每天多次使用）搜索引擎，每天使用一次搜索引擎的用户也占到 17.2%，也即每日使用搜索引擎用户数高达 69.4%，意味着已有超过半数的网民开始依赖搜索引擎的使用。其主要包括：登录百度、Google、雅虎、搜狗、爱问、中搜等搜索引擎与新浪分类目录、雅虎目录、搜狐分类目录等目录网站，以及由关键词分析、搜索引擎排名优化与维护、搜索结果页位置竞价等营销形式构成的搜索引擎优化与营销服务。新型网络营销、促销策略有以下几种方式：网上折价促销、网上赠品促销、网上抽奖促销、积分促销。

3. 药品网络营销

由于药品的特殊性，网络营销渠道同样受到国家有关部门的监管与审批。2002 年 10 月 17 日至 18 日，国家食品药品监督管理局在京召开药品电子商务试点工作会议，确定了 8 家医药经营企业作为药品电子商务的首批试点单位，通过试点，探讨网上药品交易的监管问题。这次试点工作会议确定的试点单位是：中国医药集团、上海复星实业股份有限公司、广东康力医药有限公司、上海市医药股份有限公司、三九企业集团、深圳市一致有限公司、福建新大陆发展有限公司、四川中药通电子商务有限责任公司。随着网络经济的发展，目前全国已有医药商务类网站上百家。然而，终端购买者仍然受到信任关系与消费意识等方面的束缚。首先，我国传统的医药市场不时传出药品质量与安全问题，对于相当一部分人群，虚幻的网络难以获得信任。其次，药品购买活动很大程度上依赖被咨询者。药品网络营销必须注意避免以下几点。

(1) 药品网络营销未计划就实施 很多药品企业一开始对网络营销并没有明确的认识。很多药品企业主或经理人通过报纸、电视等媒体宣传以及朋友的介绍，或者推销员的鼓动，意识到应该进行药品网络营销，通过互联网来扩大自己的业务和销售，于是立即安排人员联系制作药品网站，发布信息，投入网络推广。整个药品网络营销过程未做计划就上马，然后几个月下来，药品网络营销没有什么效果，就宣布失败，对药品网络营销也失去了信心和兴趣。药品网络营销是一个系统工程，涉及很多方面，需要结合自身的实际情况，进行需求分析，制订周密科学的计划，才能取得成功。从开展网站建设、企业信息发布，到制定推广预算，选择适合药品网络营销的方法和产品，安排药品网络营销专职销售、客服等，各项工作应安排到位，持之以恒，使企业的药品网络营销流程得以顺畅，这样才能最终取得理想的网络营销效果。

(2) 药品网站建设重设计轻应用 建设企业网站是开展药品网络营销非常重要的一环。然而事实上，大部分企业网站都没有发挥出应有的药品网络营销作用。这跟企业对网站建设的认识是分不开的。很多企业认为药品网站是企业的网上门面，越漂亮越好。美工设计、Flash 动画、企业形象成为企业最关注的地方，至于网站是否符合药品网络营销的需要，是否便于今后的功能增加或调整，并不考虑。部分网站建设服务商也一味迎合企业的喜好，在表现形式上大下功夫，拉高网站建设费用，至于内在的药品营销功能应用环节则不做深究。网站建设是服务于药品网络营销需要的，这一点一定要明确。网站建设应当设计与应用并重，既要注重企业的形象展示，更应明确网站的药品网络营销服务职能和流程，注重产品或服务展示、用户互动、信息检索、客户体验等环节的建设，使网站更加实用、有效。

(3) 盲目进行垃圾邮件营销、信息群发　很多企业在面对药品网络营销的时候无所适从，不少企业选择了发送垃圾邮件，或进行信息群发到各类BBS、博客和留言簿。虽然短期内企业能够收到一些药品网络营销效果，比如网站访问量上升，能成交一些客户等，但从长远来看，企业所受到的伤害远大于所取得的药品网络营销效果。

首先是企业形象受到损害。垃圾邮件深受网民所厌恶，围绕垃圾邮件的多数是皮包公司、缺乏诚信、产品品质低劣甚至是恶意欺诈、非法产品等形象。一旦企业与垃圾邮件为伍，则其形象在消费者心目中会大打折扣。

其次企业一旦习惯于这种价格低廉、自身伤害性大的药品网络营销方式，盲目追求低付出高回报的畸形网络营销产品，将很难接受真正健康有益的药品网络营销服务和产品，错过药品网络营销机会和企业发展的时机。

(4) 药品网络营销产品跟风购买　当前市场的药品网络营销产品种类繁多，企业在产品选择上面存在很大的困惑。我们往往可以发现一种现象，那就是一旦某个行业的几个企业使用了某种药品网络营销产品，那同行的其他企业则纷纷购买。

不少药品网络营销服务商抓住了企业的跟风购买和攀比心理，通过行业客户见面会、网络营销产品说明会等会议形式，使企业削弱了自己的判断，跟随他人的选择，盲目购买。实践表明，只有适合自己的药品网络营销产品才是好的；跟风购买的网络营销产品往往不仅不是最适合的，还会因为使用过滥，使药品网络营销效果越来越不好。

(5) 用搜索引擎竞价产品守株待兔　目前Google、雅虎、百度等搜索引擎竞价产品是药品网络营销的主流产品，越来越多的企业选择搜索引擎竞价产品。多数企业购买药品竞价产品后并不知道还有维护这回事情，只是静待客户上门。做了一段时间下来就发现起初还有点效果，到后来效果就越来越差了。出现这种情况的原因就在于没有对其进行维护。搜索引擎竞价的效果由多方面的因素组成，每日的消耗预算、关键词上词数量和报告分析等维护工作的好坏直接影响了药品搜索引擎竞价产品的效果。我们的企业在使用药品竞价产品的时候，不应守株待兔，而是应选择有实力的服务商进行产品维护，提升药品网络营销效果。

4. 网上药品保健品的营销策略

"按照国家食品药品监督管理局下发的《互联网药品交易服务审批暂行规定》，具备相应资质企业可在互联网上为药品生产企业、药品经营企业、医疗机构及个人提供药品交易服务"。

电子医药商务的介入将会分流一部分消费者，对医院市场、OTC市场的冲击可想而知。如果产品在全国各大医院有销售，有一定的市场基础和市场规模，有相当一部分的忠诚患者群体，有一定的品牌知名度和美誉度，此时是企业的产品适宜地介入网上药品电子商务的最佳时机，"得先机者得市场"。

(1) 网络销售渠道的建设不是什么企业和产品都适宜的　成功的网络销售渠道＝品牌药品(高附加值产品)＋战略规划，因此企业在考虑网络营销终端建设时需要思考是否具备了以下的条件：①有广告和品牌产品；②有适合网络营销的产品群组合；③有相应配套的组织架构、网络市场的管理体系等。

(2) 组织机构设置和人员配置　设网络销售部，隶属营销总部管理。网络销售部人员配置：网络销售部经理一人，出纳一人，网上热线咨询员三人，邮寄人员二人，策划一人，今后企业依据销售业务量的增加可增补人员。

网络销售部经理负责网上药品营销，制订公司网上销售年度营销计划；督导网上年度营销计划的执行；负责本部门人员的选聘、培训、考核和管理；负责公司药品网上营销的产品策划及促销推广，负责本部门的日常事务性管理。网上销售经理要求勤奋、敬业、踏实，具有宏观营销管理能力，具有一定的药品销售经验和商务管理经验，具有对本部门员工管理考核及喜于应用各种激励手段凝聚团队和领导团队的能力。

网上热线咨询员负责网上和电话咨询，给咨询的患者提供公司药品产品知识及网上交易咨询；确定网上交易完成情况，跟踪调查反馈患者信息。网上热线咨询员要求勤奋、敬业、踏实、普通话标准、口齿伶俐，具有一定的医药学专业知识，并有一定的药品销售经历。

财务出纳负责整理每月的网上药品销售的财务报表并上报，以及本部门的日常财务管理和处理；确认患者网上交易的药品货款到账情况；做好每月销售汇总和销售统计分析，做好每日、每月销售统计报表的录入和整理工作。财务出纳要求勤奋、敬业、踏实、认真负责，具有财务专业知识和工作经验。

邮寄人员负责每日网上药品交易的药品邮寄工作。邮寄人员要求勤奋、敬业、踏实、认真负责、仔细。

策划人员负责公司药品网上销售的年度策划和年度药品的促销推广；负责产品推广策略、产品拓展企划及宣传资料的文案采编创意的撰写；负责企划创意以及媒体预算工作。负责与各媒体、广告公司的业务沟通联系，配合公司产品进行市场推广策划。策划人员要求勤奋、敬业、踏实、思维活跃，具有一定的药品销售经验和经历，熟悉各媒介特别是专业媒介和报刊，有广告策划和药品促销策划的经验和相关专业知识，具备扎实的中文写作能力、沟通能力、独具匠心的营销创意。

(3) 网上售药营销组合　产品组合：品牌产品＋高附加值产品。以品牌产品为主打，带动其他高附加值产品的销售。

价格策略：执行物价局批准的药品销售零售价或企业依据产品不同生命周期（投入期、成长期、成熟期、衰退期），或某一季节、某一节庆等做相应的促销优惠政策调整，以刺激和促进患者的购买欲望。

促销策略：主打产品购几赠一或赠送企业制作的其他促销品，以供网上售药专用。网上售药因其没有中间销售环节，企业有较大的利润空间，可以拿出一部分的利润空间来投入到专业媒介和目标患者关注的媒介上，刊登硬性广告和软性广告文章，提高整体企业形象和品牌知名度，并促进医院市场、OTC市场和网上第四终端市场的销售，最终实现网上销售的第四终端渠道格局。

广告宣传策略：制定年度产品网上广告策划书，有针对性、有计划、有步骤地开展对目标患者的宣传教育。采用硬性广告的推和软性广告的拉来促进患者对企业产品的品牌忠诚度和长期的购买习惯。

会员制策略：以会员制模式稳定和培养患者对企业产品的品牌忠诚度，使企业的产品在网上销售有稳定的患者群购买。

售前售后服务：企业网上咨询人员应热情对待网上及电话患者的咨询，并留下患者的联系方式，以便追踪反馈。针对已购公司药品的患者，要建立客户档案，定期或不定期进行追踪调查和了解并提供无偿的药品知识咨询。特别是针对已购买企业药品的患者要给予提醒或了解其再次购买意愿，以培养忠实患者客户群；向两次以上购买企业产品的患者定期邮寄相关产品资料和最新的促销优惠政策。

企业网上交易流程及规则：电话咨询或网上咨询→留咨询者电话或E-mail→患者确定交易→网上汇款或银行汇款→热线咨询员确认并转出纳确认（货款到账）→出纳转热线咨询

员并转邮寄人员邮寄→热线咨询员确认患者已收到药品。

网上订购规则：患者网上订购企业产品每笔交易业务量最低××盒以上，邮资由购买者支付。付款到公司指定账户后在3个工作日内寄出药品，热线咨询员确认寄出药品是否到达患者手中。

【小结】

1. 市场是商品经济运行的载体或现实表现。商品经济越发达，市场的范围和容量就越大。医药保健品是特殊的商品，医药保健品市场营销是指企业根据医药保健品的特点计划和执行关于服务和创意的观念、定价、促销和分销，在满足顾客需要的同时，企业也获取利润的综合性经营活动。对于该定义的理解，我们应把握以下两个要点：①医药保健品市场营销的中心和目的是满足一切现实的和潜在的顾客防病治病的需要；②开展营销活动时有较多的限制。

2. 营销观念是指企业从事营销活动的指导思想，包括生产观念、产品观念、推销观念、市场营销观念和社会营销观念。生产观念以企业生产为核心，企业生产什么就卖什么。产品观念在提高产品质量的前提下大量生产。推销观念注重大量销售产品。市场营销观念的产生，是市场营销哲学的一种质的飞跃和革命，它不仅改变了传统的旧观念的逻辑思维方式，而且在经营策略和方法上也有很大突破。该观念认为，实现企业诸目标的关键在于正确确定目标市场的需要和欲望，一切以消费者为中心，并且比竞争对手更有效、更有利地传送目标市场所期望满足的东西。社会营销观念是以社会长远利益为中心的市场营销观念，是对市场营销观念的补充和修正，基本核心是：以实现消费者满意以及消费者和社会公众的长期福利作为企业的根本目的与责任。理想的营销决策应同时考虑到：消费者的需求与愿望的满足，消费者和社会的长远利益，企业的营销效益。

3. 我国医药保健品行业一直处于高速发展的状态当中，但生产经营企业面临的生存压力一直很大，企业除了面临国家压缩行业企业数量的政策影响，还要更加现实地面对激烈的市场竞争。为了适应这种相对特殊的市场环境，企业需要不断调整市场营销策略，不断实现在营销领域的突破创新，不断以多种营销方式满足不同的市场需求，积极探索新的营销方式、方法，如事件营销；随着科技的发展，信息化时代的到来，网络技术不断成熟，企业也应充分利用这些现代资源完善营销方法与职能。

【知识训练】

1. 什么是市场？
2. 什么是医药保健品市场营销？对于该定义的理解，我们应把握哪几个要点？
3. 市场营销观念的演变经历了哪五个阶段？
4. 现代市场营销的新领域主要有哪些内容？
5. 事件营销的含义及其成功的要素是什么？
6. 药品事件营销的策略形式有哪些？
7. 简述事件营销的风险及控制。
8. 网络营销常用工具有哪些？
9. 药品保健品网络营销策略有哪些？

【技术点训练】

(一) 基本技术点

学完本项目后，应该能够：

1. 分析市场特点；
2. 明确医药保健品市场营销发展发展趋势。

(二) 训练内容及要求

学生根据所给的背景资料进行交流，分析、辨别王老吉的营销观念，并对网络营销的优缺点进行评述。

王老吉：网络营销一战成名

王老吉——一个百年凉茶品牌，发明于清道光年间（1828年），距今已有184年，有"凉茶王"之称。王老吉虽有百年历史，但在很长一段时间内，王老吉仅在广东、浙南等区域市场内小有名气。在发展到一定规模后，企业受到产品概念模糊、区域消费者认识不同等原因的影响，想要继续发展、走向全国相当困难。

如何找到突破口，让百年品牌在全国打响名号？王老吉做出了种种努力，将定位调整为"预防上火的饮料"后，进行了一系列"怕上火，就喝王老吉"的广告运动，成功提升了销量。但真正使王老吉一跃成为国产饮料第一品牌的则是2008年王老吉的"一捐成名"。

2008年5月12日，汶川地震发生，在5月18日的赈灾募捐晚会上，1亿元的巨额捐款让"王老吉"背后的生产商——加多宝集团"一夜成名"。就在加多宝宣布捐款1亿元的时候，社会公益产生的口碑效应立即在网络上蔓延，许多网友第一时间搜索加多宝相关信息，结果是消息传出10分钟后，加多宝网站被刷爆。"要捐就捐1个亿，要喝就喝王老吉"，"中国人，只喝王老吉"等言论迅速得到众多网友追捧，王老吉的知名度迅速提升，随之而来的企业形象也被无限放大。

第二天在一些网站论坛，流行着这样一个名为"封杀王老吉"的帖子："王老吉，你够狠！捐1个亿，胆敢是王石的200倍！为了整治这个嚣张的企业，买光超市的王老吉！上一罐买一罐！不买的就不要顶这个帖子啦！"这热帖被各大论坛纷纷转载。从当时的百度搜索统计上不难看出，"王老吉"的搜索量在5月18日之后直线上升，而"封杀王老吉"的流量曲线与"王老吉"几乎相当。

天涯社区、奇虎论坛、百度贴吧等关于王老吉的帖子都集中在5月23日18点之前，不断出现王老吉断销的新闻。王老吉几乎一夜间红遍大江南北，甚至有网友在MSN上签名号召瓶装王老吉。而在这场病毒式传播背后，其实是一场网络营销行动。曾捧红芙蓉姐姐、二月丫头等网络红人的网络推手陈墨透露，王老吉的网络热潮是网络推手团队运作的结果。他认为，这次网络营销在切入点上选择得非常好，同时及时准确地利用了论坛、博客、网站等网络营销阵地。专业发帖公司资深主管小A说，"最主要的是捐了一亿元，有底气，这个炒作才做得起来，很好地把握利用了网民心理，单从营销角度来说，这是比较成功的"。

汶川地震后，爱心成为人们的共同祈盼和心理诉求，是打动人们情感世界的"金钥匙"。王老吉大手笔爱心义举恰当其时，博得了民众的各种情感支持，加上商品价廉物美，容易获得消费者的青睐追捧，对其做出"感情投资"自是顺理成章。

（资料来源：易方达医药网）

(三) 组织方法及步骤

1. 教师将学生分成若干组，每组4~6人，安排任务；
2. 学生按小组讨论完成；
3. 各小组派代表阐述小组观点；
4. 教师和学生对每小组的观点改正、修改；
5. 教师点评并总结；
6. 教师指导学生完成工作页。

（四）评价标准（10分）

1. 分析、辨别王老吉的营销观念（4分）

（1）正确分析王老吉营销观念的中心。（2分）

（2）正确辨别王老吉的营销观念属于哪种营销观念。（2分）

2. 分析王老吉的网络营销成功的条件及优缺点（6分）

（1）王老吉网络营销一夜成名的基础是什么？（2分）

（2）你的博客、邮件或QQ收到过销售广告吗？你购买过这些广告产品吗？说说理由。（2分）

（3）有人称该案例为"史上最牛网络营销"，这个案例为网络营销提供了一个怎样的思路？（2分）

项目 2
认识医药保健品营销人员的职业要求

知识目标 ➡➡➡
1. 理解医药营销中诚信的五个层面。
2. 了解营销礼仪与个人形象及企业形象的关系。
3. 学会对营销职业生涯的分析与思考。

能力目标 ➡➡➡
1. 掌握营销礼仪的修养过程和方法。
2. 避免职业生涯原地踏步。

一、诚信

"三鹿奶粉事件"曾经是大家普遍关注的一个焦点,"三鹿"从一个小工厂发展到市值过百亿的规模,这样的企业是中小企业追求的目标,也是我们努力的方向,但单单一个三聚氰胺事件,就令这样一家上市企业破产。为什么会发生这样的情况?在这个竞争激烈的年代,在这个产品信息供过于求的年代,企业应该花费更多的精力在如何去打动消费者、如何去赢得消费者的信任上,而不是单纯地考虑企业的利润最大化问题。消费者希望购买到质量有保证的产品,购买到放心实用的产品,消费者是带着诚意来选购的,商家也应如此回应,生产高质量的实用的产品,带着诚信来与消费者进行交流、互动。

医药是生活必需品,但是它有别于我们的日常必需品。就拿买衣服来说,消费者买到的衣服质量不行,可以换可以再买,但医药不一样,医药如果质量不过关,那可不是买到劣质衣服这么简单,是关乎生与死的问题。做医药就是做诚信,做医药就应该做到让消费者买得放心、用得放心。

营销策划大师何雪林对"诚信"从以下五个层面叙述。

① 对客户"诚信"。从事医药保健品行业的人很不容易,即使药品的质量没有问题,药品的疗效及副作用也还存在着一定病人的个体差异的问题。如果某个病人对企业的某个产品不太敏感,他就可能迁怒于厂商,甚至指责厂商"骗人",或者说产品是"假药"。遇到偏激的病人,应该耐心疏导,而不是激化矛盾。总之,还是多从病人的立场与角度来考虑问题,对他们要多一点儿宽容,多一点儿真情,以真情换真心。有的时候,企业为了避免更大的损失,还不得不"有理"也要"吃点儿亏",因为事情一旦闹大了,新闻媒体就会卷进来,这样,原本很简单的事情就会被搞得很复杂。"策划"与"包装"有一个"度":第一,你可以把自己产品实际所具有的优点宣传到极致,也可以把潜在的优点挖掘出来宣传,但是绝不能"乱说"或"骗人";第二,要遵守广告法。

② 对合作伙伴"诚信"。现在许多企业都讲"团队作战",因为这样可以发挥企业内部各个员工不同的优势,通过优势互补,形成拳头,从而提高企业的整体竞争力。有一家医药保健品企业的中层干部说,他们现在正准备与外地的一家企业搞合作,设备和人员是他们出,技术是外地的企业出。他说,合同已经签了,但是他们准备一旦掌握了技术,就把外地的企业甩了,自己单独干。这家企业的老总和人家还没开始合作就已经准备想办法把别人甩了,以后谁还敢和他合作呢?这么没有信用的企业的产品谁敢买?

③ 对员工"诚信"。很多企业家一味要求员工对企业要忠诚、忠诚再忠诚,而自己对待员工却像个蛮横的工头,甚至用权力来欺压员工。他们漠视员工最基本的权利,朝令夕改,对已明确承诺的激励机制百般抵赖,造成企业员工离心离德。这种企业在危机到来时,就会面临崩盘的危险。企业家对员工不诚信,就别想让员工对企业家忠诚。

④ 对政府主管部门"诚信"。这里所说的政府主管部门主要是指国家食品药品监督管理总局。近年来,药品、保健品广告违法、违规刊播问题十分突出,老百姓反映很大。因此,国家对医药保健品行业的监管越来越严格,加强了对医药保健品广告的审查,加大了对违法广告的审查和打击力度,舆论声讨违法广告的声音不断。

⑤ 对竞争者"诚信"。某集团为了打击品质良莠不齐的对手,策划了一个电视节目。这个节目分上、下两集:上集专说其他厂家如何胡作非为假冒伪劣,一个厂一共只有两只鳖,却做出了一车又一车的鳖精;下集专说该集团如何地守信用,有"一万只王八在锅里",汤熬得很稠。可是,电视台并没有遂厂家的心愿,他们只播了上集,没播下集。于是,消费者对所有做鳖精的厂商都不再信任,很多"鳖精"企业破产。该集团聪明反被聪明误,他们在打倒同行的同时,也打倒了自己,成了同行切齿的对象和笑柄。

二、营销礼仪

在社会主义市场经济条件下,企业与企业之间的竞争已从局部的产品竞争、价格竞争、人才竞争,发展到企业形象的竞争。企业形象是一个综合性的概念,它是由众多个体形象组合而成的,而营销礼仪正是塑造个人形象、企业形象的一种重要手段和工具。

(一)营销礼仪的含义

营销礼仪是指营销人员在营销活动中,用以维护企业或个人形象,对服务对象表示尊重和友好的行为规范。它是一般礼仪在营销活动中的运用和体现。在现代市场经济条件下,作为一名营销人员,要想在竞争激烈的行业领域中取得成功,并保持良好的商业信誉和个人形象,就必须了解、熟悉和正确使用营销礼仪。一般说来,在营销活动中,言行合情合理,优雅大方,自然得体,按约定俗成的规矩办事,按大家都可以接受的礼节程序与客户相互往来,都是营销礼仪的基本内容。

(二)营销礼仪的本质特征

营销礼仪是企业在尊重、诚信、宽容和平等的基础上形成的现代礼仪方式,它的本质是企业形象的一种宣传形式和宣传手段。营销礼仪是企业营销活动和日常工作中所体现的礼仪,包括企业和营销人员的行为或程序礼仪、企业对公众的反映或反馈礼仪。营销礼仪的主体即企业或企业的营销人员,他们既有接受公众礼仪的反馈和引导公众礼仪向善、向美的义务,又有不可因公众对自己的礼仪不周或缺失而产生不满或报复心理,进而影响企业和营销人员应有的礼仪态度和礼仪行为的义务。他们应该始终坚持把营销礼仪与企业的利益联系起来，把个人的礼仪融入企业的营销礼仪之中，自觉维护自身的形象，为企业的发展尽职尽责。

（三）营销礼仪与个人形象

我们知道，个人形象主要是指一个人的相貌、身高、体形、服饰、语言、行为举止、气质风度以及文化素质等方面的综合，而这些正是营销礼仪所涵盖的内容。营销礼仪与个人形象塑造密切相关，以营销礼仪规范自己的言行、仪容、仪表，是展示良好形象的一条有效途径。在现代市场营销活动中，由于营销活动与社会各方面关系越来越紧密，因此每个企业营销人员的个人形象对促进企业营销活动都有重要作用。

① 得体的营销礼仪可以给他人留下美好的第一印象。在营销活动交往中，根据交往的深浅程度可将人的形象分为三个层次，即对于那些只知其名未曾见面的人来说，一个人的形象主要与他的名字相关；对于初次相见只有一面之交的人来说，一个人的形象主要与他的相貌、仪表、风度举止相关；对于那些相知相交很深的人来说，他的形象更多的是与他的品行、文化、才能有关。由此可知，第一印象是由人的相貌、仪表、风度举止等综合因素形成的。对于营销人员来说，留给人良好的第一印象可能是成功的关键，因为营销交往中第一印象具有"首因效应"，并会形成较强的心理定式，对后期的信息产生指导作用，因此对于第一印象要给予高度重视。对自身的形象精心设计，给他人留下美好的第一印象。

② 得体的营销礼仪可以充分展示营销人员良好的教养和优雅的风度。营销礼仪是公司推销员脸上的微笑，是他同别人握手时显示出来的风度。任何公司，不论以何种方式与顾客发生联系，其间必有营销礼仪。营销礼仪正是衡量营销人员教养和风度的一种共识尺度，它要求每位营销人员讲究礼貌、仪表整洁、尊老敬贤、礼让妇女、助人为乐等，如果他的一言一行与营销礼仪规范相吻合，人们就会对他的教养和风度有所称道。

③ 得体的营销礼仪可以恰当地表示对他人的尊重和友好。在日常交往活动中，尊敬他人是获得他人好感进而友好相处的重要条件。尊敬他人就是对别人尊严和人格的尊重。在营销活动中注意自己的个人形象，如做到衣冠整洁、举止文雅，这是对别人的一种尊重。在各种公共场合中，在待人接物活动中，不修边幅、不讲卫生，这种不良形象不仅是对别人、对社会群体的不尊重，而且也是对自己人格的不尊重。可想而知，一个对别人不尊重的人怎么能得到别人的尊重呢？因此在营销活动中，要学会尊重他人，注意自己的文明形象。

（四）营销礼仪与企业形象

企业形象是企业的生命，一个企业良好的形象是它最大的无形资产，是竞争的重要力量，也是企业优势所在。在社会主义市场经济条件下，企业形象好，顾客就比较喜欢购买它的商品，供货商也乐意与之打交道。同时，这样的企业对人才亦具有凝聚力，对投资者具有吸引力，也容易取得政府部门的支持。因此，许多成功企业都十分重视企业形象的塑造与宣传，力求通过有限的、有形的资金、人力投入，获得无限的、无形的重要的资产——良好的企业形象。在企业营销活动中，企业营销人员是企业人员中与消费者及社会公众交往最多的一个群体。可以这样说，没有营销人员的良好形象，就无所谓良好的企业形象。因此，营销人员既是企业良好声誉和形象的直接创造者，也是企业形象的建立和塑造者。

1. 营销人员的形象是企业形象的代表

在社会公众面前，在纵横交错的营销关系中，营销人员需要经常代表企业进行各项活动，代表企业向消费者及社会公众发布企业的一些最新消息，经营新方针、新举措，解答消费者及社会公众对企业及企业产品服务等方面的疑问。在消费者及社会公众心目中,营销人员是企业的代表,营销人员的形象代表着企业的形象。

2. 营销人员是企业形象的主要塑造者

任何一个企业都与社会有着千丝万缕的联系,存在着大量的营销活动。而企业的所有营销活动都是由企业的营销人员策划、组织和实施的。为了求得成功,客观上要求营销人员在不同的交往活动中,都要恰如其分地表现自己的礼仪修养,以良好的社会公众意识展示企业的风貌,用符合礼仪的行为塑造企业的良好社会形象。从某种意义上讲,先有个人形象,然后才有企业形象。个人形象是企业形象的基础。营销人员遵行礼仪,既是个人形象的塑造,又是企业形象的再造。由此可见,营销人员承担着企业形象塑造的重任,是企业形象的主要塑造者。

3. 营销人员是连接消费者和用户的桥梁

企业形象是由多种因素构成的。就对公众的感受和印象方面讲,企业的商品和服务质量是影响消费者与公众的两个重要因素,商品形象同企业形象有密切关系,良好的商品形象能为企业形象增添光彩。而服务质量也是影响企业形象的一个重要方面,服务质量的高低,很大程度上取决于营销人员。营销人员素质的高低,直接影响企业在社会公众和消费者心目中的形象。社会公众和消费者对企业形象的认识,多是依赖于企业员工形象及商品的品质,企业员工形象主要是营销人员的形象。消费者会把营销人员对他们的尊重、关心、负责看做是企业对他们的尊重、关心、负责。因此,营销人员通过营销活动在企业和消费者之间架起了一座桥。

(五) 营销礼仪的修养过程和方法

礼仪修养需要经过长期反复的陶冶、磨练。在这个过程中,除了加深对礼仪的认识之外,还包括激发礼仪情感、养成礼仪习惯等。只有经过反复认识、反复感染、反复实践才能得其要领,真正符合礼仪的规范要求。

1. 营销礼仪的修养过程

(1) 提高营销礼仪认识 从事现代营销活动,就应了解与现代营销活动相适应的营销礼仪。一位营销人员只有在营销礼仪知识的指导下,才能在各种营销活动中如鱼得水、左右逢源。提高对营销礼仪的认识是进行礼仪修养的起点,也是实现营销礼仪修养其他环节的前提和基础。提高营销礼仪认识是将礼仪规范逐渐内化的过程。通过学习、评价、认同、模仿和实践过程,逐渐学习、构造、完善自己的社交礼仪规范体系,并以此来评价他人的行为,调整自己的交际行为和交往行为。人们总是通过学习,尽可能地开阔视野,丰富礼仪知识。一般可通过学习历史、伦理学、心理学、公共关系学等方面的一般知识,以及通过日常的观察、学习、了解社会习俗和风土人情,积累各方面的社会知识。这是开阔视野、增加礼仪知识的重要途径。

(2) 明确角色定位 营销礼仪修养的目的之一是要通过修养,使个人的言行在营销交往活动中与自己的身份、地位、社交角色相适应,从而被人理解、被人接受。

营销活动中的角色则是指在营销活动中处于某一营销关系状态的人,或者说他是指某一个个体在营销关系系统中所占的一定地位。社会对于不同的营销角色提出了不同的行为规范和行为模式。营销活动中的角色既包括社会、他人对具有一定社会地位的人在社交中的行为的期待,也包括对自己应有行为的认识。营销角色是人根据自己对社会期待的认识而实现的、外显的、可见的外部行为模式。具有不同社会经验的人，对于营销角色的评价可能有完全不同的意义。

在营销活动过程中，随着主客关系和社交对象的变化，角色也在会发生相应的变化。一个人扮演的不是一个营销角色，如庆典嘉宾、谈判者、拜访者。既然每一个人在营销活动中都扮演着不同的营销角色，那么重视营销角色定位、加强营销角色的礼仪修养，就有着十分重要的意义，同时，这也为我们加强营销角色的礼仪修养提供客观的根据。

在营销活动中，每个人按其所处的身份地位，为实现其存在价值而会完成一系列行为。当经理就要有经理的样子，当推销员就要有推销员的样子。营销角色不仅给每个人确定自己的行为提供了规范，而且为人们相互识别、相互交际、相互评价、相互理解提供了标准。营销人员在营销活动中往往需要以不同的身份出现，这种身份的变化就是角色的变化，其行为必须符合社会对这一角色所认同的规范。

营销活动中角色不同，应遵循的礼仪要求也就不同。不同的角色，如上下级之间、男女之间、亲朋之间、主宾之间，其礼仪要求是有差别的。在人与人之间的交往活动中，社交成功的主要标志是个人使自己的行为与他人和社会的期待相符合。营销活动中角色的实现是建立在个人对自己的角色的认识基础之上的。例如，一位经理在公司里是管理者，管理着几个部门，其礼仪要求主要体现在听取汇报、检查工作、指导员工、决策规划等方面，要求他能平等待人、科学决策、说话和气等。对外当他面对客户时，则是一名"推销员"，要求他热忱真诚、彬彬有礼、大方得体，两种角色的礼仪要求是不同的。

在营销活动中，要把角色扮演得恰到好处、礼貌有加、事事得体，并不是一件容易的事情。正因为如此，每个营销人员一方面要重视营销活动中角色的定位，增强角色意识，另一方面要加强自己的礼仪修养，以适应多种角色的不同礼仪要求。

(3) 陶冶礼仪情感　在正确认识营销礼仪的基础上，还需要得到感情上的认可，才会自觉地去遵守礼仪规范。如果没有真挚的情感，即使凭理智去遵循礼仪规范，也会显得不自然。例如，营销现场每天要接待成千上万名不同的顾客，有些顾客非常挑剔，如果营销人员没有良好的礼仪情感，是难以做到始终如一、服务周到、以礼相待的。礼仪需要真诚，如果缺乏对他人的关心、重视、尊重，一切礼仪都将变成毫无意义的形式。

陶冶情感包括两个方面：一是形成与应有的礼仪认识相一致的礼仪情感；二是要改变与应有的礼仪认识相抵触的礼仪情感。

(4) 锻炼礼仪意志　要想使遵循礼仪规范变成自觉的行为，没有持之以恒的意志是办不到的。营销人员只有自觉地坚持修养一些基本的行为规范，如站、坐、走、微笑，才能使这些规范行为成为自觉的行为。在现实世界中，礼仪规范实际遵循起来并不是畅通无阻的，"好心不得好报"的事则屡见不鲜，有时你积极主动地帮助别人，却有可能被别人说成是假惺惺；一个人对经理说话礼貌、客气却被视为拍马屁。凡此种种，不仅需要你能克服错误舆论的非难、亲戚朋友的责备和埋怨，而且更需要你有足够的勇气和毅力克服来自本身情绪的干扰，不为眼前的局面所困扰，继续保持良好的礼仪。这种礼仪行为持之以恒，就能取得良好的效果。因此，礼仪修养除了需要提高礼仪认识、陶冶礼仪情操之外，还要注意锻炼自己的礼仪意志。

(5) 养成营销礼仪习惯　营销礼仪修养的最终目标就是要人们养成按礼仪要求去做的行为习惯，如见面的礼仪、电话的礼仪，又如养成控制自己声调、表情的习惯，时间长了也能收到意想不到的效果。总之，在营销礼仪修养过程中，通过一些看得见的礼仪训练，让营销人员通过模仿、学习提高自己的实际操作能力进而养成良好的礼仪习惯，对以后的营销礼仪实践将有所裨益。

2. 礼仪修养的方法

在礼仪修养方面，必须强调实践的作用，与实践相联系是礼仪修养的根本方法，一切礼仪修养如果脱离了实践，就必是空洞的礼仪说教。一般来说，礼仪修养主要通过以下几个方面与实践相联系。

① 只有在人们相互交往所形成的礼仪关系中，才能改造自己的礼仪品质；也就是说，一切礼仪修养必须结合人与人之间的交往活动。一个人只有在人与人之间的交往实践中，在对别人、对组织的各种关系中，才能认识到自己的哪些行为是符合礼仪规范要求的，哪些行为是不符合礼仪规范要求的。同样，要克服自己的不礼貌行为，培养自己的礼仪品质，也必须依赖于实践。人的有礼和无礼的行为，只有在人与人之间的交往关系中才能表现出来，如果脱离了人与人之间的交往关系，是不可能有礼仪修养的。

② 营销礼仪修养要主观和客观相统一，理论和实践相联系，也就是说身体力行。在礼仪修养中，人们懂得了哪些行为是符合礼仪的，哪些行为是不符合礼仪的，要把这些原则、规范立即运用到自己的交往实践中去，运用到自己的生活和工作中去，并时刻以这些准则为标准，对照、检查、改正以至清洗自己思想中一切与礼仪不符合的东西，从而不断提高自己的礼仪品质。

③ 营销礼仪修养是一个从认识到实践的循环往复过程，通过反复，逐渐提高。营销礼仪品质的形成，是一个长期的过程，不能在短期内一蹴而就，一次完成。因此，要使自己成为一个知礼、守礼、行礼的人，就必须把对礼仪的认识运用到实践中去，化为实践中的礼仪行为。然后，对自己的行为再进行反省、检讨，并把从反省中得出的新认识再贯彻到行动中去，如此不断循环，从而达到提高礼仪品质的目的。

三、关注职业成长

医药保健品营销工作是充满挑战和诱惑的，困难重重是挑战，高额的回报是诱惑，自己的业绩领先更是自豪。在挑战、诱惑、自豪面前，营销员是否有意识做好以下工作，则是决定营销员不同人生轨迹的关键。要么灰暗失败，要么光明灿烂。

营销人员，尤其是年轻的营销人员常犯的一个错误就是只重视销售业绩，而不注意工作中其他方面的修养，结果在销售队伍混迹多年仍只是一位普通的销售人员，职业生涯原地踏步。

> **阅读材料【2-1】**
>
> ### 原地踏步，灰暗的人生
>
> 他刚参加工作时是位销售高手，业绩骄人，拿的业绩奖励在同级别的销售员中是领先的。但他不久发现其他业绩不如自己的甚至是业绩二流的销售人员却晋升到领导自己的管理岗位上，而自己无论业绩如何好，拿的奖励如何高，就是不如居于这些管理岗位上的上司拿的综合奖励高。于是他开始抱怨这个社会不公平，并产生种种揣测：他们和某某领导有关系，他们会拍领导的马屁。他们凭什么管理自己？他不服气，甚至开始发难，把时间和精力用在与自己的直接上司作对上，接下来他的销售业绩开始下降。这样一来，他这位销售高手的命运可想而知。他愤愤然辞职，怀着新的希望加盟到另一个企业组织，又从零开始干起销售，自己原先的积累，除了销售经验打了一个大折扣后留存于自己职业生涯的包裹里，其余的统统化为乌有。于是他在新的销售岗位上开始了自己新的人生征程。

他没有悟出自己在原单位失败的主观原因，在原有的思想观念支配下开始新的工作，结果他重蹈原来的覆辙。他这样反复折腾了几个单位后，对自己都没有信心了，甚至找个工作都很困难，因为这世界圈子很小，尤其是同一行当的圈子更小，当他先后到几家新的单位应聘时，发现新的单位销售主管有些甚至比他应聘的岗位高出许多级别的主管都是他原来的同事，或曾经接触过，有的还是他带过的小徒弟。正是因为这些主管对他有所了解，所以他的面试一次次失败。他开始抱怨这些人不念旧情，但这些抱怨对他自己找工作没有任何益处。他也曾经到了几家没有认识自己的人的单位去应聘，那些坐在掌握着他饭碗的岗位上的主管们，尽管比他属于"嘴上没毛"者，但依旧傲慢地把他上下打量一番后，开始了疑惑的甚至是挑剔的下意识中就不想录用的面试，因为坐在这些主管岗位上的人与他素不相识，只能按一般常理去推测："您老这么大年龄还在寻找这么基础的具体工作，而且还跳槽N次，每次都是做重复的最基层的销售员工作？"基于这样的前提他的应聘成功的概率近乎于零，因为招聘者对他的能力和能力以外的许多都持怀疑态度。而且他随着年龄的增长，家庭生活的担子越压越重，使他没有机会做更多的选择，只能是着急挣钱养家糊口，于是他只能是委曲求全做自己最不愿意做的工作，做最低层次的工作，做付出和收获比最低的工作，做随时都有可能被辞退的工作，因为越是这些低层次的工作其竞争越激烈，这样的工作岗位随着社会的进步，随时都有可能消弭，同时许多命运和他一样等待就业的待业者时刻在窥伺着他所在的岗位，伺机取代他。此时，连他自己都感觉到人生的失意、失落、失败，灰暗的前景时刻袭染着他的心灵，逐渐染就了他自己灰暗的人生。此时，他回首早期骄傲于同事的业绩，仿佛只是遥远的蜃楼，或者那时心中的希望好像是发生在他人身上。他至今也许还不明白，最初一起参加工作的同事，处于同一人生起跑线上开始人生跋涉，为什么会有如此大的差别呢？为什么那些还不如自己的人会超过自己呢？甚至成为年薪丰厚的总裁级人物呢？他百思不得其解。突然间他若有所悟，命运如此！

(资料来源：人生指南成功励志网)

如何"干上去"，避免原地踏步？

作为销售人员要想"干上去"，成长到职场的高端，应做到以下七要七不要。

① 要为事业发展而跳槽，而不要轻易为暂时的高收入诱惑而跳槽。销售人员流动性非常大，其原因就是冲着销售提成高而流动，殊不知，销售提成高后面隐藏着许多风险。冲着高提成而去，然而诱人的收入很有可能是镜中的烧饼。于是又见异思迁，到另一家充满收入诱惑的公司里去了，到了以后才发现原先未到之前听到的看到的感性认识虽然都是正面的真实，然而还有更多的负面真实自己根本就没有想到。于是又开始抱怨，但这无济于事，要怪只能怪自己的轻率，其实也根本用不着怪任何人，包括自己。因为任何公司组织都不可能是十全十美，不可能像自己想像的或听到的那么好。一旦感觉不好就想着要逃避，频繁地开始自己职场生涯中的平移工作，走马灯似地几番跳槽后，你会发现自己除了成了职场中的老人外，其他一切的积累与年轻人无异，甚至同年轻人的零数相比自己是负数，当然在与年轻人的同台竞技中也就没有优势了。而成功的跳槽应是为事业发展而跳槽，包括职务的升迁、视野的开阔、难得的锻炼机遇、学习机会以及成长的空间等。

② 要为组织奉献才智和力量，主动做一些与自己销售无关的组织事务工作，不要因为与自己业务无关而袖手旁观。许多年轻的销售人员，只盯着自己的销售业绩，组织中的许多事务性工作视而不见，甚至有时上司安排他做的都不做。有时也做了，但跟上司讨价还价，

舍不得多余的点滴付出，这样的员工只对钱有感情，而对工作，对所在的集体组织没有感情。试想自己对企业组织都没有感情和付出，企业组织能给你什么回报呢？在集体组织中多做些事务性工作，一可以广结人缘，二可以练就自己的服务意识，三可以培养对组织的感情，四可以提升自己管理事务性工作的能力。这才是你付出时间和智慧后的重要所得，而这也正是作为一名组织负责人最起码的要素。

③ 要把自己的经验和智慧与同事们一块分享，不要把自己的经验和智慧隐藏起来。有不少一线销售人员，尤其是年轻的销售人员，业绩做得很好，一旦上司要他们介绍经验，立即就三缄其口，要么就是轻描淡写应付一番，搞得上司十分尴尬。其实有时上司不仅仅是为了提高整个组织的业务能力，也是想树立其在组织中的威信与影响力，让上司尴尬岂不是自弃行为。自私到不愿把自己的经验和智慧与大家分享的人，也不可能从大家那里得到更多，这样的人结局往往是凄惨的。正像桃子与核桃，因为桃子把自己最鲜美的果肉长在外面，让人分享，而桃核儿被随手丢进泥土里，来年就会发芽生长，延续生命，并有可能成长为大树，结出更多的桃子。而核桃则是把它自己最香美的肉紧紧地裹在坚硬的壳里面，目的是保护起来不让人享受，结果人们用比壳更坚硬的石头或锤子把它敲碎，吃掉肉后，碎壳当垃圾随手扔掉，从此化为泥土。

④ 要把问题和建议积极地善意地提交上司，并提出自己的解决办法，而不要喋喋不休地消极抱怨。任何公司的产品都不可能完美无缺，即使世界最知名的公司和其产品也不例外。而这些知名的公司就是在持续性满足客户的需求，解决客户的问题中使产品日益精美，公司日益成长。而解决问题和满足客户的需求则是靠公司里的许多员工积极地想办法解决，而不是抱怨。抱怨只有负面作用。有些员工之所以不愿把自己从客户那里得到的咨讯、意见总结分析出来，很大程度上是认为这些是出力不讨好的事情，甚至会黑暗地认为自己的上司会将自己的想法据为己有，向上邀功，于是宁可烂在自己的肚子里也不说出来。要知道，作为一名普通员工，及时准确报告信息，总结分析汇报工作是最起码的工作职责，有些"聪明"的员工不但不汇报真实的信息和问题，而且故意汇报错误的信息，并在要好的同事、朋友间传扬自己的"聪明智慧"，试想这样的下属会有什么好结局。记住，世间的任何机遇、好事都是给"傻人"准备的，而绝不是给"聪明人"准备的。

⑤ 要拿自己该拿的钱，不明不白的钱一分不要。有些销售人员在业务往来中禁不住利益的诱惑，往往私拿回扣，甚至重要岗位的销售人员拿组织的资源做交换。这样的员工哪家老板敢用？有时，市场上的朋友一起闲聊，有的还后悔当初在某某公司做销售员没有捞一把，而某某都捞了不少，因此某某从此发达了等；也有的朋友聊到有人因做业务员时捞钱失手，被除名等。这些都还是从事件的结果看问题，没有认识到这些行为本身就是不健康的，没有从影响到自己的职业生涯的高度去认识，没有想到健康的职业生涯本身就是自己生活和生命的重要色彩。

⑥ 心态要放平稳、屁股坐正，不要偏向任何一方，包括偏向自己的公司。因销售人员、直接接触客户和合作的各方，这些都是与公司组织利益密切相关的关联方，当然也与自己的利益相关联，如果销售人员的职业意识不强和职业道德欠锤炼的话，面对利益的诱惑会做出损害某一方利益的事情，包括损害自己的企业、损害客户、损害合作方的利益，当然最终自己的利益也会受损。所以作为销售人员必须屁股坐正了，心态放平稳了，然后方能做好事情，做出公正公平的事情来，做出对各方都有利的事情来，否则对关联各方中任意一方不利，事情的结局都有可能很糟糕。

某甲方利用合作方（乙方）与自己的信息不对称，在谈判中赢得了很多优惠条件，明显占了很大便宜。协议签署后，只执行了不长时间，乙方便以一个恰当的借口终止了协议，而没有像甲方最初想的那样提出修改协议条款。甲方失去了一次很好的合作机会和一位合作伙伴。谁都不要把他人当傻子，"聪明人"可能一时占了便宜，但最终吃亏的是自己。销售人员经常犯的错误就是千方百计把产品销售出去，好拿提成奖励，至于客户是否是自己产品的用户则根本不考虑，甚至有可能夸大产品的功能，欺骗客户。这样做其实是害人害公司又害自己。

⑦ 销售员面对客户合理的特殊需求时要敢于打破常规、先斩后奏，而不要一味墨守成规。这是最难做到的一条。作为销售人员，敢于打破常规、先斩后奏的实在是凤毛麟角。这并不是说鼓励莽撞、不遵守制度，而是有其必然的合理性。任何销售制度在它制定出来的时候就意味着是过去时，而现实中的客户需求变化却是随时的，一线销售人员只会拿死的制度套千变万化的现实肯定有被动的时候。

有这样的一则故事：美国钢铁大王卡耐基年轻时代曾做过铁路公司的电报员，一次假日里轮到他值班，突然来了一封紧急电报，其内容是附近铁路上有一列火车车头出轨，要求调度各班列车改换轨道，以免发生撞车事故。由于是假日，卡耐基怎么也寻找不到可以下达命令的上司，眼看时间一分一秒地过去，而一班载满乘客的列车正急速驶向出事地点。卡耐基不得已，只好冒充上司下达命令给列车司机，调度他立即改换轨道，从而避开了一场伤亡惨剧。按规定，电报员擅自冒用上级名义发报，唯一的处分就是立即撤职。第二天，上司当着卡耐基的面，将他递过来的辞呈撕碎，拍拍卡耐基的肩头说："记住，这世界上有两种人永远原地踏步，一种是不肯听命行事的人，另一种则是只听命行事的人。幸好你不是这两种人的其中一种。"

作为一线的销售人员，在一线销售时经常会遇到类似的情况，一方面是销售制度的约束，另一方面又是活生生的客户的现实合理需求，如果固守条条框框的销售制度，很有可能满足不了客户合理正当的需求，这样会出销售事故。有些员工明知销售制度不合常理，但面对客户合理的正当需求时，却害怕制度处罚到自己而不敢去满足，这是害怕担责任的怯懦表现，是对客户、对企业组织不负责任的表现。像这种害怕担责任的销售员就是那种"只听命行事的人"，这样的销售员只能"永远在原地踏步"。

【小结】

1. 做医药就是做诚信，做医药就应该做到让消费者买得放心、用得放心。诚信的内容包括五方面：对客户诚信；对合作伙伴诚信；对员工诚信；对政府主管部门诚信；对竞争者诚信。

2. 营销礼仪是指营销人员在营销活动中，用以维护企业或个人形象，对服务对象表示尊重和友好的行为规范。它是一般礼仪在营销活动中的运用和体现。在现代市场经济条件下，作为一名营销人员，要想在竞争激烈的行业领域中取得成功，并保持良好的商业信誉和个人形象，就必须了解、熟悉和正确使用营销礼仪。礼仪修养是一个需要经过长期反复的陶冶、磨练的过程。在这个过程中，除了加深对礼仪的认识之外，还包括激发礼仪情感、养成礼仪习惯等。在礼仪修养过程中，只有经过反复认识、反复感染、反复实践才能得其要领，真正符合礼仪的规范要求。

3. 医药保健品营销工作是充满挑战和诱惑的，困难重重是挑战，高额的回报是诱惑，自己的业绩领先更是自豪。在挑战、诱惑、自豪面前，营销员是否有意识做好以下工作，则是决定营销员不同人生轨迹的关键：①要为事业发展而跳槽，而不要轻易为暂时的高收入诱惑而跳槽；②要为组织奉献才智和力量，主动做一些与自己销售无关的组织事务工作，不要因为与自己业务无关而袖手旁观；③要把自己的经验和智慧与同事们分享，不要把自己的经验和智慧隐藏起来；④要把问题和建议积极地善意地提交上司，并提出自己的解决办法，而不要喋喋不休地消极抱怨；⑤要拿自己该拿的钱，不明不白的钱一分不要；⑥心态要放平稳、屁股坐正，不要偏向任何一方，包括偏向自己的公司；⑦销售员面对客户合理的特殊需求时要敢于打破常规、先斩后奏，而不要一味墨守成规。

【知识训练】

1. 医药保健品行业的"诚信"有哪五个层面？
2. 营销礼仪的含义与特征是什么？
3. 营销礼仪与企业形象的关系是什么？
4. 营销礼仪的修养过程和方法是什么？

【技术点训练】

(一) 基本技术点

1. 掌握营销礼仪的修养过程和方法。
2. 深刻认识到工作业绩和其他方面的修养都是成就辉煌事业不可缺少的。

(二) 训练内容及要求

青云直上：命运的主宰

他刚参加工作时也是做销售工作，业绩虽不算特别突出，但一直在单位算中上等水平，一做就是3年。但他在做好销售工作的时候，经常积极地做客户访问笔记，每天把客户的意见记录下来，并在后面附上自己的意见看法，时间久了就形成了自己独到的见解，并把这些问题和意见形成书面的报告，呈给自己的直接上司。每次开会发言他不仅见解与众不同，而且有理有据，在做好销售工作的同时，还主动帮助上司和周围的同事干活，尤其是经常做自己团队中的事务性工作。上司有时也很自然地把这些活派给他做，可他并不太介意，继续学他的雷锋，做他的好事，而且在交流销售心得时还主动把自己的经验、招数拿出来与大家共享，这在别人看来是傻子举动。期间公司业绩虽有一定波动，但他一直坚持下来，后来他的上司因外部机遇调走了，而他因资格老而且原上司极力推荐和大家的良好口碑自然接替了原上司的工作。后来他也遇到过一位脾气不好、毛病比较突出的上司，但他没有抱怨，从来不在人前议论上司的不是，而是积极默默地配合上司的工作。这位上司后来因群众意见大、队伍不稳定、业绩上不去被企业辞退，他自然晋升接替这个位子。后来，他在工作中也有过外部的机遇，也曾经调动过工作，但他的调动不是简单的因挣钱多而跳槽，更多的是看重发展机遇，是职务上的晋升。就这样，他在大学毕业工作8年后的刚刚而立之年便升任某一颇具规模的公司的副总裁，主管业务市场工作，年薪也以数十万元计。在猎头公司的眼里他更是价值不菲的"奇货"。而当年那些认为他比较傻的"精明"之人大多还都在第一线做"资深"销售代表，原地踏步。而且随着年龄的增长，那些"资深"销售代表作为基层员工，其竞争优势正逐渐让位于更年轻的员工。

(资料来源：人生指南成功励志网)

(三) 组织方法及步骤

1. 教师安排任务；
2. 学生按小组讨论完成；
3. 各小组派代表阐述小组观点；
4. 教师和学生对每小组的观点改正、修改；

5. 教师点评并总结；
6. 教师指导学生完成工作页。

(四) 评价标准（10分）

1. 营销礼仪的修养和方法（6分）

(1) 正确分析案例中主宰命运的因素。（3分）

(2) 在学习和生活中，可以提高自己的营销礼仪吗？有何具体方法？（3分）

2. 正确分析营销业绩与营销礼仪在职业成长中的地位（4分）

情景实训一　医药营销职业生涯规划

实训1　认识销售人员的职业要求

一、实训目的

销售员是企业的命脉，一家公司只有把产品销售出去才能生存。销售人员共同的素质要求包括：人际交往能力强；对行业特点及产品性能非常熟悉，且能熟练运用专业术语为客户讲解；抗挫折能力强，不怕被拒绝。要使学生对销售员的素质要求有正确的理解，为将来成为销售管理打下良好的基础。

二、实训要求

(1) 认真观看影片《永不放弃》，并讲述影片的主要内容。

(2) 将学生分成若干组，每组7～10人，按步骤展开讨论。

(3) 各小组将讨论结果整理分析后，派代表阐述观点。

三、实训内容

(一) 实训背景

《永不放弃》是一部优秀的日本影片。主人公"英雄"与他的母亲相依为命，从故事一开始就注定了他们生活的艰辛与残缺中的不和谐。最让人揪心的是"英雄"本身就不是一个身体健康的年轻人，他因从小得了小儿麻痹症，行走起来腿是一瘸一拐的。行走的艰难和不流畅的语言表达也注定了他生活的坎坷与命运的多舛。"英雄"的母亲永远保持世界上慈母都惯有的温柔的微笑，虽然她清楚地知道他的儿子有明显的生理上的缺陷，但她一直激励她的儿子他是最棒的，她坚定地相信"英雄"的身上流淌着他已故父亲"最优秀汽车销售员"的血液。她激励他们母子俩都拼命赚钱，等赚到钱后搬到对面一幢新修的房子里面去。在很多人看来，这只是一个很单纯的小理想。但是，人总是需要给自己找到一个奋斗的理想坐标。在"英雄"母亲的帮助和他自身的坚持下，几经周折，他终于进了一家销售净水器的公司，经过锲而不舍的努力，以勤奋与不屈为基础，以真诚换取真诚，以善良换取善的回报，他终于拿到了一个销售冠军。这个冠军来源自奋斗的泪泉，闪烁着人性至善的圣洁的光辉。"英雄"的事业之路仍在向前拓展，他成就的或许并不是伟业，但对于一个身有残疾的人而言，他通过不屈不挠的努力战胜了最大的敌人：自己自卑的心理。

(二) 实训步骤

【第一步】复述影片内容。

组织全班同学观看日本励志影片《永不放弃》，看后同桌的两同学一个复述影片内容，另一同学修正与补充。

【第二步】就如下问题展开小组讨论。

(1) 主人公"英雄"的妈妈怎样引导他自强自立的？

(2) 主人公"英雄"具备一个优秀营销人员什么样的素质？

(3) 对于"学营销先学做人"，你是怎样理解的？

(4) 要想升为营销管理人员，还需做哪些方面的努力？

【第三步】小组派代表发言。

四、实训评估标准

实训分工分组由学生自己负责，教师起指导作用，课题结束时进行实训交流，师生共同评价工作成果。

考核内容：是否按时完成实训课题，讨论问题是否抓住要点，全组成员参与情况等。

实训 2　医药营销人员职业生涯规划

一、实训目的

通过规划求得职业发展，制定出医药营销生涯各个阶段的发展平台，并且拿出攻占各个平台的计划和措施，然后由老师对切入点的所在市场状况、行业前景、职位要求、入行条件、培训考证、工作业务、薪酬提升等运作进行详细的指导，如：要上每个平台，需要多长时间、补充哪些知识、增加哪些人脉等，而自己则沿着主干道去充电，几年后成为业内的精英，从而使自己的薪水和职位得到提升。

二、实训要求

(1) 要求每位学生设计一个适合自身职业发展的医药营销职业生涯计划。

(2) 将学生分成若干组，每组 7～10 人，按操作步骤展开讨论。

(3) 各小组将讨论结果整理分析后，派代表阐述观点。

三、实训步骤

【第一步】学习设计职业生涯规划的目的、意义和方法。

(1) 要求每位学生课外找一份业内某精英成长经历，并认真阅读；

(2) 给学生按 6～8 人为一小组进行分组，小组内针对找到的材料讨论交流；

(3) 老师讲解做好医药营销职业生涯规划的目的与方法。

【第二步】要求每位学生分析如下内容。

(1) 分析自己的兴趣、能力、个人特质，并说出医药营销职业价值观；

(2) 分析自己的家庭环境对自己所从事的医药营销职业产生的影响；

(3) 分析学校的专业学习及实践训练；

(4) 分析医药营销的就业形势、就业政策和竞争状况；

(5) 分析医药行业的现状及发展趋势；

(6) 分析某工作区域的城市发展前景、文化特点及气候水土等。

【第三步】以小组为单位按如下步骤展开讨论。

(1) 在综合第二步分析的基础上思考自己的职业胜任能力；

(2) 同学间相互点评；

(3) 确定职业成长每一阶段的努力目标。

【第四步】完成医药营销职业生涯规划的撰写。

【第五步】点评与总结。

(1) 每组同学选出一个代表展示作品；

(2) 组织各组学生相互评点；

(3) 教师总结。

四、实训评估标准

实训分工分组由学生自己负责，教师起指导作用，课题结束时进行实训交流，师生共同评价工作成果。

考核内容：是否按时完成实训课题，讨论问题是否抓住要点，全组成员参与情况等。

情景二
分析医药保健品市场

　　市场营销是一个系统过程，在这一系统过程中，市场分析占有重要的位置。市场分析是企业市场营销管理过程的出发点。在企业市场营销管理过程中，每一环节互相衔接，形成有机的结合。基础工作没做好，后面诸环节就会失掉存在的基础。企业营销规划是确定企业营销任务、目标和具体发展方向的重要工具。在企业制订营销规划时，其首要的任务是要确定企业经营方向。市场分析也是确定企业经营目标的重要依据。通过市场分析，企业经营目标就能符合市场的变化。

项目 3
分析医药保健品市场营销环境

> **知识目标** →→→
> 1. 解释医药营销环境、医药营销微观环境、医药营销宏观环境。
> 2. 分析企业所处的市场营销环境。
> 3. 提出企业面对营销机会和环境威胁时采取的对策。
>
> **能力目标** →→→
> 1. 能评析企业所处的市场营销环境。
> 2. 能提出企业面对营销机会和环境威胁时采取的对策。

企业是在一定的市场营销环境中运作的，市场营销计划的执行和完成会受到市场营销环境现状及趋势的很大影响。医药企业在做市场营销计划或相关市场营销决策时，必须以医药市场营销环境作为重要依据，对其全面、深入地考察和了解，并善于分析和识别由于环境变化而造成的主要机会和威胁，及时采取适当的对策。

一、医药保健品市场营销环境概述

（一）医药保健品市场营销环境的概念与特点

企业内部的各种生产要素构成了企业的内部系统条件。然而，企业的一切活动又从属于外界环境这个更大的社会系统，因此企业的生存和发展必须以一定的外部环境作为条件和前提。

医药保健品企业的市场营销环境，就是指与医药保健品企业经营有关的、影响企业生存与发展的所有内外部客观要素的总和，亦即医药保健品赖以生存的内外部社会条件。

医药保健品企业的市场营销环境的特性有：确定性与不确定性并存，可控性与不可控性并存，机会与威胁并存。

企业市场营销及经营管理的实质，就是谋求和保持企业的外部环境、内部环境和企业目标三者之间的动态平衡。

（二）医药保健品市场营销环境的类型

医药保健品市场营销环境的影响因素广泛又复杂，根据影响力和制约力的不同，主要分为宏观营销环境和微观营销环境两大类。

宏观营销环境又称间接营销环境，是指影响企业生产经营的社会性因素，包括人口、经济、自然环境、技术、政治和文化因素。宏观营销环境又可细分为经济环境、科技环境、社会文化环境、政治法律环境和自然环境等，它们对整个市场具有全局影响力。因此，医药企业在进行市场营销环境分析时，要对外部宏观环境进行科学严谨的调查研究，把不利因素变为有利因素，使营销活动符合环境要求。

微观营销环境又称直接营销环境，指与企业紧密相连，直接影响企业营销能力的各种参与者，包括：企业本身、市场营销渠道企业、顾客、竞争者及社会公众。微观营销环境又可细分为企业内部环境和企业外部环境。企业内部环境是指企业内部各部门的关系；企业外部环境包括原材料、设备、资金、能源的供应商、中间商的活动、竞争对手的活动以及顾客和社会公众的反映等。

（三）医药保健品市场营销环境分析的意义

（1）研究市场营销环境为企业营销带来双重作用，规避风险，把握机会

① 环境给企业营销带来的威胁。营销环境中会出现许多不利于企业营销活动的因素，由此形成挑战。如果企业不采取相应的规避风险的措施，这些因素会导致企业营销的困难，带来威胁。为保证企业营销活动的正常运行，企业应注重对环境进行分析，及时预见环境威胁，将危机减小到最低程度。

② 环境给企业营销带来的机会。营销环境也会滋生出对企业具有吸引力的领域，带来营销的机会。对企业来讲，环境机会是开拓经营新局面的重要基础。为此，企业应加强应对环境的分析，当环境机会出现的时候善于捕捉和把握，以求得企业的发展。

（2）研究市场营销环境是企业市场营销活动的基础　市场营销环境是企业营销活动的资源基础。企业营销活动所需的各种资源，如资金、信息、人才等都是由环境来提供的。企业生产经营的产品或服务需要哪些资源、需要多少资源、从哪里获取资源，必须分析研究营销环境因素，以获取最优的营销资源，满足企业经营的需要，实现营销目标。

（3）研究市场营销环境是制定营销战略和策略的客观依据　企业营销活动受制于客观环境因素，必须与所处的营销环境相适应。但企业在环境面前绝不是无能为力、束手无策的，应发挥主观能动性，制定有效的营销策略去影响环境，在市场竞争中处于主动，占领更大的市场。

（四）医药保健品市场营销环境的分析方法

由于市场环境变化的复杂性和多样性，使多种因素交织在一起，难以对各种指标进行量化。因此，医药市场环境分析一般采用定性分析的方法。宏观环境与微观环境的分析方法会有所不同。常用的分析方法有专家分析法、SWOT 分析法、任务环境分析法及组织内部环境分析法。专家分析法主要是向有关医药保健品市场专家进行相应的咨询和调查，从而得到正确的结论。组织内部环境分析法主要是分析企业各种组织内资源的拥有状况和利用能力，包括组织资源分析、组织能力分析、组织文化分析。下面重点介绍 SWOT 分析法和任务环境分析法。

1. SWOT 分析法

SWOT 分析法是一种企业内部分析方法，即根据企业自身的既定内在条件进行分析，找出企业的优势、劣势及核心竞争力之所在。其中，S 代表 strength（优势），W 代表 weakness（弱势），O 代表 opportunity（机会），T 代表 threat（威胁），其中，S、W 是内部因素，O、T 是外部因素。按照企业竞争战略的完整概念，战略应是一个企业"能够做的"（即组织的强项和弱项）和"可能做的"（即环境的机会和威胁）之间的有机组合，可用"机会与威胁对比分析"图（见图 3-1）表示。

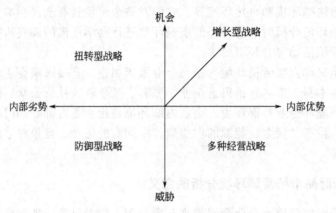

图 3-1　机会与威胁对比分析

随着市场营销环境的改变，企业所面临的机会和威胁都可能在不断地发生变化，今天的机会可能成为明天的威胁，合理的企业战略可以把今天的威胁转化为明天的机会。SWOT 分析评价的步骤如下：

① 确认当前的战略是什么？
② 确认企业外部环境的变化。
③ 根据企业资源组合情况，确认企业的关键能力和关键限制。
④ 按照通用矩阵或类似的方式打分评价。把识别出的所有优势分成两组，分的时候以两点为基础：它们是与行业中潜在的机会有关，还是与潜在的威胁有关。用同样的办法把所有的劣势分成两组，一组与机会有关，另一组与威胁有关。或者用 SWOT 分析表，将优势和劣势按机会和威胁分别填入表格。
⑤ 将结果在 SWOT 分析图上定位。
⑥ 战略分析：a. 理想的市场，高机会而且企业内部优势明显，企业宜选择增长型战略；b. 冒险的市场，高机会但企业内部弱势明显，企业宜选择扭转型战略；c. 困难的市场，高威胁而且企业内部弱势明显，企业宜采取防御型战略；d. 成熟的市场，高威胁但企业内部优势明显，企业宜采取多种经营战略。

以上的变数全要依靠企业充分重视医药保健品市场营销环境的研究分析工作，并及时调整相应的营销策略，使医药保健品市场营销环境向有利于企业生存、发展的方向变化，使之成为企业发展的加速力。

2. 任务环境分析法

任务环境分析法采用了迈克尔·波特在《竞争战略》一书中提出的行业现有的竞争状况，包括行业的集中程度、相关产品的差异性、剩余生产能力和退出障碍、产品成本、规模经济和固定成本之间的比率；替代产品和服务的威胁，包括买方成本对替代产品的态度、替代产品的性价比；新进入者的威胁，包括经济规模、资本需求、绝对成本优势、产品差异、分销渠道、政府政策和法律、应对竞争的策略；供应商的议价能力；客户的议价能力，包括买卖双方规模的相对大小和集中度、购买者信息的完全程度、产品差异化的程度、纵向一体化的程度。

二、医药保健品市场宏观营销环境分析

宏观营销环境指对企业营销活动造成市场机会和环境威胁的主要社会力量。分析宏观营

销环境的目的在于更好地认识环境，通过企业营销努力来适应社会环境及变化，达到企业营销目标。

1. 人口环境分析

人口是市场的第一要素。人口数量直接决定市场规模和潜在容量，人口的性别、年龄、民族、婚姻状况、职业、居住分布等也对市场格局产生着深刻影响，从而影响着企业的营销活动。企业应重视对人口环境的研究，密切关注人口特性及其发展动向，及时地调整营销策略以适应人口环境的变化。

(1) 人口数量及增长速度分析　人口数量是决定市场规模的一个基本要素。如果收入水平不变，人口越多，对食物、衣着、日用品的需要量也越大，市场也就越大。企业营销首先要关注所在国家或地区的人口数量及其变化，这对人们生活必需品的需求内容和数量影响很大。我国第六次全国人口普查结果显示，截至 2010 年 11 月 1 日，全国总人口为 1370536875 人。第五次全国人口普查（截至 2000 年 11 月 1 日）总人口为 129533 万人，10 年增长 5.49%。庞大的人口数量在给经济、社会的发展提供丰富的劳动力资源的同时，也给经济发展、社会进步、资源利用、环境保护等诸多方面带来沉重的压力。

(2) 家庭结构　家庭是商品购买和消费的基本单位。一个国家或地区的家庭单位的多少以及家庭平均人员的多少，可以直接影响到某些消费品的需求数量。同时，不同类型的家庭往往有不同的消费需求。第六次全国人口普查结果显示，大陆 31 个省、自治区、直辖市共有家庭户 401517330 户，家庭户人口为 1244608395 人，平均每个家庭户的人口为 3.10 人，比 2000 年第五次全国人口普查的 3.44 人减少 0.34 人。在我国，1990 年平均每个家庭户的人口为 4 人，1995 年降为 3.7 人。家庭数量的剧增必然导致小家电和住房等需求的迅速增长。

(3) 年龄结构　不同年龄的消费者对商品和服务的需求是不一样的。不同年龄结构就形成了具有年龄特色的市场。企业了解不同年龄结构所具有的需求特点，就可以决定企业产品的投向，寻找目标市场。第六次全国人口普查结果显示，大陆 31 个省、自治区、直辖市和现役军人的人口中，0～14 岁人口为 222459737 人，占 16.60%；15～59 岁人口为 939616410 人，占 70.14%；60 岁及以上人口为 177648705 人，占 13.26%，其中 65 岁及以上人口为 118831709 人，占 8.87%。同 2000 年第五次全国人口普查相比，0～14 岁人口的比重下降 6.29 个百分点，15～59 岁人口的比重上升 3.36 个百分点，60 岁及以上人口的比重上升 2.93 个百分点，65 岁及以上人口的比重上升 1.91 个百分点。人口老龄化正对社会提出前所未有的挑战。人口老龄化问题涉及社会保障、劳动生产率、经济和市场结构、医疗体制、家庭结构等。

(4) 性别结构　性别差异会给人们的消费需求带来显著的差别，反映到市场上就会出现男性用品市场和女性用品市场。企业可以针对不同性别的不同需求，生产适销对路的产品，制定有效的营销策略，开发更大的市场。第六次全国人口普查结果显示，大陆 31 个省、自治区、直辖市和现役军人的人口中，男性人口为 686852572 人，占 51.27%；女性人口为 652872280 人，占 48.73%。总人口性别比（以女性为 100，男性对女性的比例）由 2000 年第五次全国人口普查的 106.74 下降为 105.20。男女比例失调现象有所缓和。

(5) 教育与职业结构　人口的教育程度与职业不同，对市场需求表现出不同的倾向。随着高等教育规模的扩大，人口的受教育程度普遍提高，收入水平也逐步增加。企业应关注人们对报刊、书籍、电脑这类商品需求的变化。第六次全国人口普查结果显示，大陆 31 个省、自治区、直辖市和现役军人的人口中，具有大学（指大专以上）文化程度的人口为

119636790人;具有高中(含中专)文化程度的人口为187985979人;具有初中文化程度的人口为519656445人;具有小学文化程度的人口为358764003人(以上各种受教育程度的人包括各类学校的毕业生、肄业生和在校生)。同2000年第五次全国人口普查相比,每10万人中具有大学文化程度的由3611人上升为8930人;具有高中文化程度的由11146人上升为14032人;具有初中文化程度的由33961人上升为38788人;具有小学文化程度的由35701人下降为26779人;文盲人口(15岁及以上不识字的人)为54656573人,减少30413094人。

(6) 社会结构 我国绝大部分人口为农业人口,农业人口约占总人口的80%左右。第六次全国人口普查结果显示,大陆31个省、自治区、直辖市和现役军人的人口中,居住在城镇的人口为665575306人,占49.68%;居住在乡村的人口为674149546人,占50.32%。同2000年第五次全国人口普查相比,城镇人口增加207137093人,乡村人口减少133237289人。这样的社会结构要求企业营销不能忽视农村这个大市场。

(7) 民族结构 我国是一个多民族的国家。民族不同,其文化传统、生活习性也不相同。具体表现在饮食、居住、服饰、礼仪等方面的消费需求都有自己的风俗习惯。企业营销要重视民族市场的特点,开发适合民族特性、受其欢迎的商品。

(8) 人口的分布与流动 人口有地理分布上的区别,人口在不同地区密集程度是不同的。各地人口的密度不同,则市场大小不同、消费需求特性不同。当前,我国有一个突出的现象就是农村人口向城市或工矿地区流动,内地人口向沿海经济开放地区流动。企业营销应关注这些地区消费需求和消费结构上发生的变化,应该提供更多的适销对路产品满足这些流动人口的需求,这是潜力很大的市场。

2. 经济环境分析

经济环境是影响企业营销活动的主要环境因素,它包括收入因素、消费支出、产业结构、经济增长率、货币供应量、银行利率、政府支出等因素,其中收入因素、消费结构对企业营销活动影响较大。

(1) 消费者收入分析 收入因素是构成市场的重要因素,甚至是很重要的因素。因为市场规模的大小,归根结底取决于消费者的购买力大小,而消费者的购买力取决于他们收入的多少。企业必须从市场营销的角度来研究消费者收入,通常从以下四个方面进行分析。

① 国民生产总值。它是衡量一个国家经济实力与购买力的重要指标。国民生产总值增长越快,对商品的需求和购买力就越大;反之,就越小。

② 人均国民收入。这是用国民收入总量除以总人口的比值。这个指标大体反映了一个国家人民生活水平的高低,也在一定程度上决定了商品需求的构成。一般来说,人均收入增长,对商品的需求和购买力就大,反之就小。

③ 个人可支配收入。指在个人收入中扣除消费者个人缴纳的各种税款和交给政府的非商业性开支后剩余的部分,可用于消费或储蓄的那部分个人收入,它构成实际购买力。个人可支配收入是影响消费者购买生活必需品的决定性因素。

④ 个人可任意支配收入。指在个人可支配收入中减去消费者用于购买生活必需品的费用支出(如房租、水电、食物、衣着等项开支)后剩余的部分。这部分收入是消费需求变化中最活跃的因素,也是企业开展营销活动时所要考虑的主要对象。这部分收入一般用于购买高档耐用消费品、娱乐、教育、旅游等。

⑤ 家庭收入。家庭收入的高低会影响很多产品的市场需求。一般来讲,家庭收入高,

对消费品需求大，购买力也大；反之，需求小，购买力也小。另外，要注意分析消费者实际收入的变化，注意区分货币收入和实际收入。

（2）消费者支出分析　随着消费者收入的变化，消费者支出会发生相应变化，继而使一个国家或地区的消费结构也发生变化。德国统计学家恩斯特·恩格尔于1857年发现了消费者收入变化与支出模式，即消费结构变化之间的规律性。恩格尔所揭示的这种消费结构的变化通常用恩格尔系数来表示，即：恩格尔系数＝食品支出金额/家庭消费支出总金额。恩格尔系数越小，食品支出所占比重越小，表明生活富裕，生活质量高；恩格尔系数越大，食品支出所占比重越高，表明生活贫困，生活质量低。恩格尔系数是衡量一个国家、地区、城市、家庭生活水平高低的重要参数。企业从恩格尔系数可以了解目前市场的消费水平，也可以推知今后消费变化的趋势及对企业营销活动的影响。

阅读材料【3-1】

约七成消费者的消费支出增长

中国经济网北京2011年4月21日讯，69%的消费者比去年同期增加了家庭消费支出，与上季度持平；只有2%的消费者减少支出，比上季度还下降1个百分点。

按收入分组看，各收入阶层消费者支出与上个季度相比变化不大，高、中、低收入消费者分别有64%、72%和71%的消费者比去年同期增加了支出。

按年龄分组看，消费支出随着年龄的增长递减，但各年龄层的消费者增加支出的比重均比上季度有不同程度的增加。其中，年龄39岁以下的消费者增加支出的比重最高，达到了71%；40~49岁和50~59岁的消费者分别有69%和66%比去年同期增加了消费支出，与上季度相比变化不大；年龄在60岁以上的消费者也有55%增加了支出，比上季度下降5个百分点。

对于增加家庭支出的消费者，其最主要的消费项目仍然是食品杂货，比重达86%。其他主要增加的消费项目包括：水电煤气、通讯费用、衣服和节假日花费，选择这些项目的比重分别为56%、49%、44%%和41%；其中增加通讯费用和节假日花费支出的分别比上季度增加了2和3个百分点，增加水电煤气和衣服支出的均比上季度下滑了4个百分点。此外，消费者还较多地在外出就餐、家庭开支和电子产品等方面增加了支出。对于削减支出的消费者，选择减少衣服支出和节假日的消费者比重均达56%，位居第一位，分别比上季度增加1和14个百分点。此外，消费者还主要削减了外出就餐和食品杂货等方面的花销，比重分别为51%和50%。

（资料来源：中国经济网）

（3）消费者储蓄分析　消费者的储蓄行为直接制约着市场购买量的大小。当收入一定时，如果储蓄增多，现实购买量就减少；反之，如果用于储蓄的收入减少，现实购买量就增加。居民储蓄倾向受到利率、物价等因素的影响。人们储蓄目的也是不同的，有的是为了养老，有的是为未来的购买而积累，当然储蓄的最终目的主要也是为了消费。企业应关注居民储蓄的增减变化，了解居民储蓄的不同动机，制定相应的营销策略，获取更多的商机。

（4）消费者信贷分析　消费者信贷，也称信用消费，指消费者凭信用先取得商品的使用权，然后按期归还贷款，完成商品购买的一种方式。信用消费允许人们购买超过自己现实购买力的商品，创造了更多的消费需求。随着我国商品经济的日益发达，人们的消费观念大为改变，信贷消费方式在我国逐步流行起来，值得企业去研究。

3. 政治法律环境分析

政治法律环境是影响企业营销的重要宏观环境因素，包括政治环境和法律环境。政治环境引导着企业营销活动的方向，法律环境则为企业规定经营活动的行为准则。政治与法律相互联系，共同对企业的市场营销活动产生影响和发挥作用。

(1) 政治环境分析　政治环境是指企业市场营销活动的外部政治形势。一个国家的政局稳定与否，会给企业营销活动带来重大的影响。如果政局稳定，人民安居乐业，就会给企业营销造成良好的环境；相反，政局不稳，社会矛盾尖锐，秩序混乱，就会影响经济发展和市场的稳定。企业在市场营销中，特别是在对外贸易活动中，一定要考虑东道国政局变动和社会稳定情况可能造成的影响。政治环境对企业营销活动的影响主要表现为国家政府所制定的方针政策，如人口政策、能源政策、物价政策、财政政策、货币政策等，都会对企业营销活动带来影响。例如，国家通过降低利率来刺激消费的增长；通过征收个人收入所得税调节消费者收入的差异，从而影响人们的购买；通过增加产品税，如对香烟、酒等商品的增税来抑制人们的消费需求。在国际贸易中，不同的国家也会制定一些相应的政策来干预外国企业在本国的营销活动，主要措施有：进口限制、税收政策、价格管制、外汇管制、国有化政策。

(2) 法律环境分析　法律环境是指国家或地方政府所颁布的各项法规、法令和条例等，它是企业营销活动的准则，企业只有依法进行各种营销活动，才能受到国家法律的有效保护。近年来，为适应经济体制改革和对外开放的需要，我国陆续制定和颁布了一系列法律法规，例如《产品质量法》、《企业法》、《经济合同法》、《涉外经济合同法》、《商标法》、《专利法》、《广告法》、《食品卫生法》、《环境保护法》、《反不正当竞争法》、《消费者权益保护法》、《进出口商品检验条例》等。企业的营销管理者必须熟知有关的法律条文，才能保证企业经营的合法性，运用法律武器来保护企业与消费者的合法权益。对从事国际营销活动的企业来说，不仅要遵守本国的法律制度，还要了解和遵守国外的法律制度和有关的国际法规、惯例和准则。例如前一段时间欧洲国家规定禁止销售不带安全保护装置的打火机，无疑限制了中国低价打火机的出口市场。日本政府也曾规定，任何外国公司进入日本市场，必须要找一个日本公司同它合伙，以此来限制外国资本的进入。只有了解掌握了这些国家的有关贸易政策，才能制定有效的营销对策，在国际营销中争取主动。

4. 社会文化环境分析

社会文化环境是指在一种社会形态下已经形成的价值观念、宗教信仰、风俗习惯、道德规范等的总和。任何企业都处于一定的社会文化环境中，企业营销活动必然受到所在社会文化环境的影响和制约。为此，企业应了解和分析社会文化环境，针对不同的文化环境制定不同的营销策略，组织不同的营销活动。企业营销对社会文化环境的研究一般从以下几个方面入手。

(1) 教育状况分析　受教育程度的高低，影响到消费者对商品功能、款式、包装和服务要求的差异性。通常文化教育水平高的国家或地区的消费者要求商品包装典雅华贵，对附加功能也有一定的要求。因此企业营销开展的市场开发、产品定价和促销等活动都要考虑到消费者所受教育程度的高低，采取不同的策略。

(2) 宗教信仰分析　宗教是构成社会文化的重要因素，宗教对人们消费需求和购买行为的影响很大。不同的宗教有自己独特的对节日礼仪、商品使用的要求和禁忌。某些宗教组织甚至在教徒购买决策中有决定性的影响。因此，企业可以把影响大的宗教组织作为自己的重要公共关系对象。在营销活动中也要注意到不同的宗教信仰，以避免由于矛盾和冲突给企业营销活动带来的损失。

（3）价值观念分析　价值观念是指人们对社会生活中各种事物的态度和看法。不同文化背景下，人们的价值观念往往有着很大的差异，消费者对商品的色彩、标识、式样以及促销方式都有自己褒贬不同的意见和态度。企业营销必须根据消费者不同的价值观念设计产品，提供服务。

（4）消费习俗分析　消费习俗是指人们在长期经济与社会活动中所形成的一种消费方式与习惯。不同的消费习俗，具有不同的商品要求。研究消费习俗，不但有利于组织好消费用品的生产与销售，而且有利于正确、主动地引导健康的消费。了解目标市场消费者的禁忌、习惯、避讳等是企业进行市场营销的重要前提。

5. 自然环境分析

自然环境是指环绕人们周围的各种自然因素的总和，如阳光、空气、水、森林、土地等。随着人类社会进步和科学技术发展，世界各国都加速了工业化进程，这一方面创造了丰富的物质财富，满足了人们日益增长的需求；另一方面，面临着资源短缺、环境污染等问题。从20世纪60年代起，世界各国开始关注经济发展对自然环境的影响，成立了许多环境保护组织，促使国家政府加强环境保护的立法。对营销管理者来说，应该关注自然环境变化的趋势，并从中分析企业营销的机会和威胁，制定相应的对策。

（1）自然资源日益短缺　自然资源可分为两类，一类是可再生资源，如森林、农作物等。这类资源是有限的，可以被再次生产出来，但必须防止过度使用。另一类资源是不可再生资源，如石油、煤炭、银、锡、铀等。这种资源蕴藏量有限，随着人类的大量地开采，有的矿产已处于枯竭的边缘。自然资源短缺，使许多企业将面临原材料价格大涨、生产成本大幅度上升的威胁；另一方面又迫使企业研究更合理地利用资源的方法，开发新的资源和代用品，这些又为企业提供了新的资源和营销机会。

（2）环境污染日趋严重　工业化、城镇化的发展对自然环境造成了很大的影响，尤其是环境污染问题日趋严重，许多地区的污染已经严重影响到人们的身体健康和自然生态平衡。环境污染问题已引起各国政府和公众的密切关注，这对企业的发展是一种压力和约束，要求企业为治理环境污染付出一定的代价，但同时也为企业提供了新的营销机会，促使企业研究污染控制技术，兴建绿色工程，生产绿色产品，开发环保包装。

（3）政府干预不断加强　自然资源短缺和环境污染加重的问题，使各国政府加强了对环境保护的干预，颁布了一系列有关环保的政策法规，这将制约一些企业的营销活动。有些企业由于治理污染需要投资，影响扩大再生产，但企业必须以大局为重，要对社会负责，对子孙后代负责，加强环保意识，在营销过程中自觉遵守环保法令，担负起环境保护的社会责任。同时，企业也要制定有效的营销策略，既要消化环境保护所支付的必要成本，也要在营销活动中挖掘潜力，保证营销目标的实现。

6. 科技环境分析

科学技术是社会生产力中最活跃的因素，它影响着人类社会的历史进程和社会生活的方方面面，对企业营销活动的影响更是显而易见。现代科学技术突飞猛进，科技发展对企业营销活动影响作用表现在以下几个方面。

（1）科技发展促进社会经济结构的调整　每一种新技术的发现、推广都会给有些企业带来新的市场机会，导致新行业的出现。同时，也会对某些行业、企业造成威胁，使这些行业、企业受到冲击甚至被淘汰。例如，电脑的运用代替了传统的打字机，复印机的发明排挤了复写纸，数码相机的出现夺走了胶卷的大部分市场等。

(2) 科技发展促使消费者购买行为的改变　随着多媒体和网络技术的发展，出现了"电视购物"、"网上购物"等新型购买方式。人们还可以在家中通过"网络系统"订购车票、飞机票、戏票和球票。工商企业也可以利用这种系统进行广告宣传、营销调研和推销商品。随着新技术革命的进展，"在家便捷购买、享受服务"的方式还会继续发展。

(3) 科技发展影响企业营销组合策略的创新　科技发展使新产品不断涌现，产品寿命周期明显缩短，要求企业必须关注新产品的开发，加速产品的更新换代。科技的发展、运用降低了产品成本，使产品价格下降，要求企业能快速掌握价格信息，及时做好价格调整工作。科技发展促进流通方式的现代化，要求企业采用顾客自我服务和各种直销方式。科技发展使广告媒体多样化，信息传播快速化，市场范围更加广阔，促销方式更加灵活。为此，要求企业不断分析科技新发展，创新营销组合策略，适应市场营销的新变化。

(4) 科技发展促进企业营销管理的现代化　科技发展为企业营销管理现代化提供了必要的装备，如电脑、传真机、电子扫描装置、光纤通讯等设备的广泛运用，对改善企业营销管理、实现现代化起了重要的作用。同时，科技发展对企业营销管理人员也提出了更高要求，促使其更新观念，掌握现代化管理理论和方法，不断提高营销管理水平。

三、医药保健品市场营销微观环境分析

营销部门的工作是通过满足顾客需求并使其满意来吸引顾客，并建立与顾客的联系。但是，营销部门仅靠自己的力量是不能完成这项任务的。它们的成功依赖于公司微观环境中的其他因素——本企业的其他部门、供应商、营销中介、顾客、竞争对手和各种公众因素。这些因素共同构成了医药企业的价值传递系统。

1. 企业其他部门

企业的营销活动并不仅仅只是由营销部门独立参与和完成的。在制订营销计划时，营销部门应兼顾企业的其他部门，如财务、人事、采购、生产、管理等部门，所有这些相互关联的部门构成了公司的内部环境。

在医药市场微观环境中，企业内部环境是完成营销工作的基础，对企业的生存和发展起着决定性作用。高层管理部门负责制定公司的使命、目标、总战略和政策，营销部门则依据高层管理部门的规划来做决策，而营销计划必须经最高管理部门的同意方可实施；财务部门负责寻找和使用实施营销计划所需的资金、核算收入与成本，以便管理部门了解是否实现了预期目标；研发部门负责研制安全而吸引人的产品；采购部门负责供给原材料；生产部门负责生产品质与数量都合格的产品。这些部门都对营销部门的计划和行动产生影响。从营销概念来说，就是所有这些部门都必须"想顾客所想"，并协调一致地提供上乘的产品。

2. 供应商

供应商是整个顾客价值传递系统中重要的一环，指的是能够提供医药企业生产所需的各种资源的个人或企业。尤其作为药品生产企业，原材料的质量直接决定了药品的质量。供应商的变化对营销有重要影响。营销部门必须关注供应商的供应能力——供应短缺或延迟、工人罢工或其他因素。这些因素短期内会影响销售，长期则会影响顾客的满意程度，所以医药企业要与供应商保持良好的合作关系，但也不能过分依赖于某个或某几个供应商。

营销部门也必须关注企业主要原料的价格趋势，防止因供应成本上升而使企业产品价格上升，从而影响企业的销售额。

3. 营销中介

营销中介是帮助医药企业将其产品促销、销售、分销给最终消费者的组织。常见的营销中介包括以下几种：药品经销商、货物储运商、营销服务机构、金融机构。

制药商的药品销售渠道曾经实行全国统一规划，省以下统一管理，药品计划调拨，经济统一核算，渠道销售实行"三级批发、一级零售"，层层调拨，通过医院最终到达消费者手中。20世纪90年代，最早的一批民营医药商业公司开始出现，药品销售渠道开始被整合，医院、药店、诊所都有可能成为同一家医药公司的客户。伴随着中国药品零售市场的开放，单体药店涌现，但对药品销售渠道并未形成威胁，通过药品零售市场销售的药品比例也比较小。而连锁药店一出现，则立即成长为一股不可忽视的力量，至1998年步入发展高峰，连锁药店数量达到7万家。2000年连锁药店获批可以跨省连锁，其渠道力量再度增强。随后，伴随着GSP认证的实施，至2004年底连锁药店达到了18万家，出现了拥有2667家门店的重庆桐君阁大药房这样的大型连锁药店。

药品经销商能帮助医药企业找到顾客或把产品卖给顾客。他们处在企业和消费者之间，参与商品流通，促进分销及买卖行为的发生，是连接药品生产企业和消费者的纽带。由于他们加入流通，使得营销过程趋于科学、合理，明显地促进了经济生活的发展。随着市场经济体制的改革，寻找经销商并不是件容易的事。药品生产企业不能像从前那样从很多独立的小型经销商中任意选择，而必须面对大型且不断发展的销售机构，尤其是许多新近崛起的大药店。由于它们具有门店多、销售量大，覆盖面广、价格低的优势，常常可以操纵交易条件，甚至能将某个药品生产商拒之市场的大门外。

货物储运商帮助药品生产企业将药品从原产地运到目的地，这一过程包括存储和移送货物。在与仓库、运输公司打交道的过程中，药品生产企业必须综合考虑成本、运输方式、速度和安全性的问题，从而决定运输和储存的最佳方式。

营销服务机构包括市场调查公司、广告公司、传媒机构和营销咨询公司，它们帮助药品生产企业正确地定位和促销产品。由于这些机构在可信度、质量、服务、价格等方面变化较大，在选择时要慎重。

金融机构包括银行、信贷公司、保险公司和其他机构。它们能够为交易提供金融支持或对货物买卖中的风险进行保险。大多数企业都需要借助金融机构来为交易提供资金。

医药企业不仅要使自己的业绩最好，还要与各类营销中介建立和保持有效的伙伴关系，以使整个系统取得最佳业绩。

4. 顾客

医药企业应当仔细研究其顾客市场。根据购买目的和方式的不同进行划分，市场主要包括以下五种：①消费者市场，由个人和家庭组成，仅为了自身消费而购买药品和服务；②产业市场，购买产品和服务是为了进一步深加工，或在生产过程中使用，如药厂对中药材或中药饮片的购买，将其深加工成药品；③中间商市场，购买产品和服务是为了转卖，以获取利润；④政府市场，由政府机构组成，购买产品和服务用以服务公众，或作为救济发放；⑤国际市场，由其他国家的购买者组成，包括消费者、生产者、中间商和政府。

药品作为一种治病救人的产品，具有和普通产品不同的特点，其顾客也和普通产品顾客不同。通常认为药品市场的顾客即为患者，患者的范围十分广泛，营销人员应该根据购买目的和需求不同，遵照"患者至上、按需供应"的原则，制定不同的营销策略，把满足患者的需求作为医药企业经营的准则，只有这样才能在激烈的市场竞争中获胜。

特别需要指出的是：药品市场和普通商品市场相比，具有"决策权与使用权分离"的特点。这一点也是与普通商品市场有着本质区别的地方，特别是处方药市场的终端销售，表现为消费者需要什么药、什么品牌、购买数量等问题的决策权不是在买方消费者手中，而是在医生的手里。消费者对药品品种的取舍，在多数情况下只能服从医生的意愿进行选择，无法主宰自己的消费行为，尤其是药品的销售主要集中在医院的状况下。这也就要求医药企业在药品销售过程中关注医生这样一个特殊群体，充分考虑他们在销售渠道中的独特地位，制定合理的营销策略，提高营销效率。

5. 竞争者

从营销学的观点看，一个企业要想获得成功，就必须比竞争对手做得更好，让顾客更满意，所以说，竞争可以带给企业动力，并不一定是坏事。按照竞争程度由弱到强，可以将企业的竞争对手分为：①愿望竞争者（提供不同产品满足不同需求的竞争者，如抗感冒药制造商和胃药制造商）；②普通竞争者（提供能够满足同一种需求的不同产品的竞争者，如生产青霉素类、头孢类、大环内酯类产品的企业）；③产品形式竞争者（生产同种产品但不同规格、型号、式样的制造商）；④品牌竞争者（产品相同，规格、型号也相同，但品牌不同的制造商）。

据国家有关部门分析，"十一五"期间，中国药品保健品市场总体上的竞争态势是：大、中、小企业并存，以中、小企业为主；进口产品市场份额不断扩大；三资企业市场趋于稳定；竞争将日趋激烈。

从整个药品行业来看，首先，虽然近几年中国医药企业规模不断扩大，"十一五"时期形成了一批具有国际竞争力的大型医药企业集团，加上中国对医药生产企业和医药流通企业分别实施 GMP 和 GSP 认证，将有大量的企业因为不能通过质量认证而被淘汰出局或者被其他企业兼并，但在短时间内，以前形成的、以中小企业为主的竞争格局还是难以改变。其次，近几年来跨国医药企业已经纷纷采取合资或者独资的方式进入国内市场，国内药品生产企业将面临进口产品、外资企业产品和国内企业产品之间的竞争；最后，20 世纪中后期开始，非医药企业纷纷进军医药产业，如海尔集团。而进入 21 世纪以来，非医药企业进军医药产业的趋势更为明显，如中国香港李嘉诚的和记黄埔公司，从 2001 年以保健食品为切入点进军内地医药领域开始，2003 年又和同仁堂联手组建了北京同仁堂和记医药投资有限公司，专门从事中医药事业项目投资等。

从药品经营的领域来看，在化学原料药领域，外资企业所占比重大概为 11% 左右，而内资企业的生产力水平与外资企业的差距较小。可以说，在"十一五"时期，原料药的竞争主要还是在国内企业之间进行。由于中国主要以中低档化学原料药生产为主，进入难度小，产品过剩现象严重，企业之间竞争激烈，价格战愈演愈烈。在中药领域，近几年来，一些植物药消费和生产比较发达的西欧国家（如德国、法国等）的制药公司开始仿制中国传统的中成药，并逐步打入中国中药市场。有的外国企业甚至从中国进口中药材，加工成中成药之后大量返销中国。中国企业应做好应对来自"洋中成药"的市场冲击的准备。在生物制药领域，中国国内生物制药企业还是以仿制为主，随着我国对知识产权保护的日益重视，中国生物制药的范围将被迫缩小到为数不多的产品和品种上，国外生物药品的新产品和新品种将大量进入，以致占领国内市场。中国企业应加强自身的研发实力，努力开发具有自主知识产权的新药。在与竞争者的较量中，根本不存在对所有企业都适用的、战无不胜的营销战略。每个医药企业都要考虑与竞争对手相比自己独特的市场规模和市场定位。尤其是中国以生产仿制药为主的许多中小企业，只有寻找到独特的差异化优势才能在竞争中立足和发展。

6. 公众

医药企业的微观营销环境还包括各种公众因素。公众是指对一个企业实现其目标的能力有兴趣或有影响的任何团体。其主要包括：①金融公众，影响一个企业获得资金的能力，主要的金融公众包括银行、投资公司和股东；②媒体公众，由发布新闻、特写和社论的机构组成，主要包括报纸、杂志、电台和电视台等；③政府公众，管理层必须考虑政府动态，关注政府部门，尤其是对企业经营起直接指导作用，如工商、税务、药品监管等部门；④"市民行动"公众，一个企业的营销战略可能会受到消费者组织、环境组织、少数民族组织等的质询，企业的公关部门要负责搞好企业与消费者和市民组织的关系；⑤当地公众，每个企业都有像附近居民和社区组织这样的当地公众，大型企业通常会指定一个专门的社区关系负责人来与社区打交道，如参加会议、回答质询和给公益事业捐赠等；⑥一般公众，企业需要关心一般公众对其产品和活动的态度，企业的公众形象影响其产品的销售；⑦内部公众，一个企业的内部公众包括它的员工、经理和董事会等，大企业往往采用内部通讯和其他手段给内部公众传递信息，鼓舞士气。当雇员对自己的企业感觉良好时，他们的积极态度也会影响到外部公众。一个企业在制订针对顾客的营销计划的同时，也应制订针对其主要公众因素的营销计划，若企业希望从每个特定公众那里得到特别的回应，如信任、赞扬、时间或金钱的帮助，就要针对这个公众因素制订一个具有吸引力的营销计划，以实现其目标。

四、分析企业营销机会与环境威胁

1. 利用 SWOT 分析法和任务环境分析法

利用这两种分析方法来分析和评价企业所经营的业务，可能会出现以下四种不同的结果。

（1）理想业务　即高机会和低威胁的业务。
（2）冒险业务　即高机会和高威胁的业务。
（3）成熟业务　即低机会和低威胁的业务。
（4）困难业务　即低机会和高威胁的业务。

2. 能提出企业面对营销机会和环境威胁采取的对策

（1）对机会的反应　企业对所面临的营销机会，必须慎重评价其质量。当企业通过分析和评估，确认市场对某种产品有某种需求，企业也有营销能力时，应积极地创造并适时地利用机会。

（2）对威胁的对策
① 反抗：企业通过自身努力扭转不利因素的发展。
② 减轻：通过调整营销策略改善对环境的适应性，尽可能减轻环境威胁，降低风险程度。
③ 转移：通过内外环境分析，有目的有步骤地将企业资源转移到风险相对较低、盈利更多的市场领域。

【小结】

1. 医药保健品企业的市场营销环境，是指与医药保健品企业经营有关的、影响企业生存与发展的所有内外部客观要素的总和，亦即医药保健品赖以生存的内外部社会条件，包括宏观营销环境和微观营销环境。

2. 宏观营销环境指对企业营销活动造成市场机会和环境威胁的主要社会力量。分析宏观营销环境的目的在于更好地认识环境，通过企业营销努力来适应社会环境及变化，达到企业营销目标。宏观营销环境的因素包括人口环境、经济环境、政治法律环境、社会文化环境、自然环境、科技环境。

3. 微观营销环境又称直接营销环境，指与企业紧密相连，直接影响企业营销能力的各种参与者，包括：企业本身、市场营销渠道企业、顾客、竞争者及社会公众。微观营销环境又可细分为企业内部环境和企业外部环境。营销部门的工作是通过满足顾客需求并使其满意来吸引顾客，并建立与顾客的联系，但是，营销部门仅靠自己的力量是不能完成这项任务的。它们的成功依赖于公司微观环境中的其他因素——本企业的其他部门、供应商、营销中介、顾客、竞争对手和各种公众因素。这些因素共同构成了医药企业的价值传递系统。

4. 能提出企业面对营销机会和环境威胁采取的对策。

【知识训练】

1. 试述医药保健品市场营销环境的概念。
2. 医药保健品市场营销环境的类型有哪些？
3. 医药保健品市场营销环境的分析方法有哪些？
4. 宏观营销环境分析包括哪几方面的内容？
5. 微观营销环境分析包括哪几方面的内容？

【技术点训练】

（一）基本技术点

1. 能评析企业所处的市场营销环境。
2. 能提出企业面对营销机会和环境威胁时采取的对策。

（二）训练内容及要求

某制药企业的新品开发

新药是制药业的灵魂，也是制药企业的主要利润来源。某制药企业的新产品开发存在很多问题。首先，该制药企业的研发投入严重不足，研发方面的投入始终在占总销售额的0.5%左右徘徊。国外制药企业的研发费用一般占到当年销售额的15%左右。其次，该企业了解国际药品市场法规、熟悉国际营销实践的人才匮乏。此外，在各发达国家进行专利申请、药品注册、临床验证的费用较高，该企业难以承受。

1999年修订的《新药审批办法》（以下简称"办法"）突出了鼓励创新、加强新药保护的立法精神。首先，新"办法"延长了一至五类新药的保护期限，其中一类新药保护期从8年延长到12年，其他各类新药的保护期均有所延长。在新药保护期内只允许取得新药证书的企业生产销售新药，其他企业不得仿制，以保护新药研制生产企业不致遭受激烈的价格竞争。其次，在药品价格管理方面，法规规定新药可以在定价时取得更高的毛利率，以使新药生产企业获得更高的利润。此外，政府为提高本土企业的研发和生产能力，鼓励外国企业与本土企业建立合资公司甚至建立全资子公司，并制定双轨式税收制度，即将外国企业的所得税从33%减至17%，不设置他们用外汇进行投资的上限，对其产品进行优先购买，尤其是遗传工程、疫苗和生物技术产品。

国际上新药的开发是个漫长的过程，从注册专利到新药上市一般需十至十二年。因此中国和美国关于知识产权的协议给国内制药企业大约十年的保护期，国内企业可利用这段时间强化自己的新药开发能力。

西方制药企业的主要注意力放在开发新药上，对生产工艺的改进提高相对不够重视。我国某制药企业虽然新药开发能力差,但长于跟踪仿制,对改进生产工艺、降低生产成本投入较多,目前已经在部分原料药品种上拥有生产成本优势。应该继续强化、突出这一比较优势,提高产品质量标准,尽量提高产品档次,积极参与国际市场竞争。

应独辟蹊径,从资源丰富的天然药用植物中寻找新药。利用组合化学的方法,从筛选化合物开始寻找专利新药,其开支之大、周期之长可能是一般企业难以承受的。但我国有着丰富的天然药用植物,利用现代植物化学、生物化学方法从天然药物植物中寻找新的药用化合物可能是一条捷径。国际、国内都有这方面成功的先例,如抗癌药物紫杉醇是从太平洋冷杉的树皮中提取的,红豆杉树皮中紫杉醇含量也很丰富。我国传统使用的疗效显著的中药材、中成药品种众多,可以探索从中分离出一种或数种单一分子的有效成分,利用现代药理学方法阐明其机理,可能会有所收获。企业可进行这方面的有益尝试。

应充分利用国内丰富的基因资源,高起点介入基因技术的新药开发。20世纪70年代,基因技术逐渐发展起来,近年的基因技术发展日新月异,特别是人类基因组计划的完成,为基因组药物的开发提供了可能。我国在基因技术方面与国外的差距相对较小,并且具有丰富的基因资源。因此,集中人力、物力、财力,高起点进入基因制药领域,寻找致病基因,有目地开发相关治疗药物,可作为制药企业重点突破的新药开发领域。

(三)组织方法及步骤

    1. 教师将学生分成若干组,每组4～6人,安排任务;

    2. 学生按小组讨论完成;

    3. 各小组派代表阐述小组观点;

    4. 教师和学生对每小组的观点改正、修改;

    5. 教师点评并总结;

    6. 教师指导学生完成工作页。

(四)评价标准(10分)

    1. 分析、辨别资料中的制药企业新药开发面临的营销环境(6分)

    (1)正确分析企业新药开发面临的机会和威胁。(3分)

    (2)正确分析企业新药开发面临的优势与劣势。(3分)

    2. 分析企业面对营销机会和环境威胁时采取的对策(4分)

项目 4
分析医药保健品购买者行为

知识目标
1. 简述医药保健品消费者市场购买行为的因素。
2. 简述医药保健品组织市场购买行为的参与者。
3. 说出医药保健品消费者市场的购买决策过程。
4. 说出医药保健品组织市场购买行为的决策过程。

能力目标
1. 正确理解医药保健品消费者市场的购买决策过程。
2. 正确理解医药保健品组织市场购买行为的决策过程。

市场营销的目的是满足顾客的需要，因此首先要了解和分析顾客的需要，这就需要对市场做进一步的分类，然后针对不同市场在需求和购买行为上的差异制定不同的营销策略。

一、分析医药保健品消费者市场购买行为

医药保健品是特殊的商品，与普通商品消费者市场有相同的一面，又有其独特的一面。所谓医药保健品消费者市场，是指为了满足其防病治病、维护健康等生理需要，并能购买医疗保健用品和服务的个人或家庭。

（一）我国医药保健品消费者市场的特点

1. 药品消费者市场的特点

（1）消费过程有比较多的参与者，且参与者各自充当特定角色 在消费过程中，处方药的使用权和选择权是分离的，医生为患者选药品但自己不消费，患者使用药品但自己无权选择。非处方药（OTC）选择权虽然患者拥有，但其毕竟是用来治病救人并且药品知识专业性较强，由于信息的不对称，医生处于优势地位，因此消费者在购买和使用时会十分关注医生的意见，且很多 OTC 的首次购买即产生于医生处方。据美国 Scott-Levin 医疗保健咨询公司最近的一份调查显示，约有 50% 的病人根据医生的建议使用 OTC。而在国内，这一比例更高，在我们的调查样本当中，约有 80.2% 的被调查者认为，在其购买和使用 OTC 前，医生的推荐对其影响很大。

（2）药品消费高度理性 消费者购买处方药必须有医生的处方；OTC 品种较多，消费者选购较自由，但消费者有需要时才选择购买，因此药品购买行为是理性的、有计划性的，冲动性消费行为比较少见。另外，药品是特殊商品，价格敏感度低，属部分弹性需求，影响消费者购买药品行为的因素中，疗效和适应症是第一位的。

（3）对在药店购买药品的认知度高 随着医院看病贵、看病难现象的突出，城市居民开始接受"大病进医院，小病进药店"的消费习惯，对一些家庭常用药，如感冒、皮肤外用、肠胃等的药品，均能根据自身用药知识和经验自行购买，所以这些药也是零售市场上销量最大的类别。同时，还有"医院开处方到药店买"的习惯，对于一些慢性疾病，比如常发病肝炎，患者在医院多次购买药品后，一般都会选择到药店咨询购买，因为药店销售的药便宜。

2. 农村OTC消费者市场的差异性

（1）农村消费者购买理性度低于城市，经验型消费比例高 农村患者对OTC药品知识了解很少，对药品的选择，首次受医生、零售店员或广告影响，以后购药多依据自己对药品疗效的感觉和认识，对常见疾病都有自己心目中疗效好的药品。城市市场消费者受教育程度高，接受信息多，对品牌认知度高但忠诚度不高，尝试性购买行为频繁，特别是购买一些慢性疾病的治疗用药，城市消费者更趋向于尝试不同的新药。

（2）农村市场药品人均消费额要比城市市场低 据统计，农村居民人均可支配收入低，农村市场药品人均消费额比城市市场低。

（3）农村OTC市场药品价格敏感度较高 因为可支配收入和经济条件的限制，农村患者在选购药品时，对价格的敏感度一般较城市高2～3倍。对于治疗急性疾病的药物，他们对单包装的价格较为敏感；而对于慢性疾病的治疗，他们更关心疗程价格。城市市场对药品价格敏感度相对低，影响他们购买药品的因素中，疗效、品牌居前列，而价格并不是关键因素。比如感冒药，在城市市场，消费者的价格承受范围一般是5～12元/盒，而在农村市场，感冒药超过6元/盒，就会被认为是较贵的药物。

（4）农村市场消费者更容易接受专业人士的推荐 农村消费者OTC购买选择上自主性较差，比较容易听从医生和药店工作人员的推荐，突出表现在他们自我诊疗比例较低。城市市场消费者平常关注健康疾病知识，对药品了解也多，特别是一些"久病成医"的消费者，对医生推荐的接受度要低于农村市场，对药店店员推荐的接受度更低。这与农村人口的知识水平较低及信息不畅有关。

（5）农村消费者自我保健意识不强 长期受经济收入和医疗保障制度不完善因素的影响，农村患者是"大病不敢看，小病拖"的心理，自我保健意识单薄，一般有不舒服的症状才去买药，自主选择OTC药品的信息来源主要是医生和他人的推荐，或者是自身使用药品经验。而城市居民社会福利相对较好，可支配收入高，因此保健类OTC药品一般在城市市场销售得好。

3. 保健品消费者市场的特点

家庭使用的保健品偏向于对症，同时强调优质、廉价、疗效。礼品包装的保健品偏向于功能广泛，适应人群广，同时强调包装、强调档次。保健品的消费者主要是40岁以上的中老年人群，一般来说女性对于保健品的需求要高于男性。一类城市在消费能力及消费意识等指标上都要优于二类城市；农村在消费能力及消费意识等指标上较低；消费者最倾向于到商场、超市购买保健品，直销也成为一种重要的购买渠道。

（二）我国医药保健品消费者市场的发展趋势

1. 医药消费需求开始急剧增长

《2010年度中国医药市场发展蓝皮书》（以下简称《蓝皮书》）指出，2010年全国医院用药总规模为4520亿元，同比增长22.5%；2010年药品零售市场规模约为1739亿元，同比增长17%；2010年社区医院市场和农村市场规模为1297亿元，同比增长27.9%。但是，与处方药相比，OTC行业的发展还相对较慢。资料显示，2007年，我国OTC市场增长11.5%，处方药市场增长25.8%；2008年，OTC市场增长6.8%，处方药市场增长27%；到了2009年，OTC市场增长7.7%，处方药市场则增长了27.1%。

2. 保健品行业逐渐走向成熟

随着新政策陆续出台及重新洗牌，保健品消费从2003开始呈现快速上升状态。

占据保健产品最大销售量/额的依然是抗疲劳、调节血脂、免疫调节等几类主要功能产品。尽管国家放开了对保健品功能的限制，但消费者的功能偏好还没有发生大的变化。

保健品的价位偏高。保健品市场是消费品市场，购买过程主要是消费者个人购买行为，因此保健品的消费与居民的消费水平相关。而保健品的高利润、高需求弹性为进一步降低价格提供了客观基础。

消费者对保健品的消费行为发生了很大变化。家庭使用成为了消费者购买保健品的主要目的，而用来送礼则成为次要目的。因此，效果好而又实惠的保健品得到了更多的欢迎。保健品的购买人群与消费人群的区别在减小，朋友介绍与口碑宣传在消费者的信息获取中越来越重要，消费的季节性则逐渐模糊。

消费者的选择渠道日益多样化。以超市和连锁药店为主、直销为辅的流通渠道成为保健品主要的销售通道。

消费者更青睐差异化营销。以倡导个性化服务为特征的营销模式将成为保健品市场的热门话题，个性化需求与服务、亲情化售后服务将成为亮点，但在目前的保健品市场上电视与报刊杂志等仍然是宣传主流媒体。

3. 保健品行业发展的趋势预测

(1) 边缘食品、天然生物、中药是优先发展品种　对市场的细分突出适宜性和针对性，充分利用市场间隙，开发边缘食品；天然生物保健品以及高科技含量的中药保健食品市场潜力巨大。

(2) 中国保健品行业投资方向推荐的功能产品　抗疲劳、调节血脂类保健品，维生素矿物质类保健品，具有改善睡眠等功能的保健品在未来几年内具有着巨大的发展潜力。

(3) "套餐"将成为欧美流行保健食品的新形式，也将在我国风行　保健品在欧美称"保健食品"或"健康食品"，也称营养食品，日本先称"功能性食品"，1990年改为"特定保健用食品"，并纳入"特定营养食品"范畴。世界各国对保健食品的开发都非常重视，新功能、新产品、新造型和新的食用方法不断出现。20世纪90年代以来，"套餐"成为欧美等发达国家消费保健食品的新形式之一。如美国生产的一种保健食品，每份内装腺体提取物4片、蜂花粉1片、蜂王浆1片、西伯利亚人参1片和矿物质1片等。又如有的保健品由辅酶Q10、维生素E软胶囊、维生素A、复合维生素、人参片各1粒组成。在其包装盒上注明了组成"套餐"的品种名称、功能成分、主要原料、适宜人群、食用量及食用方法、储藏方法及注意事项等内容。

国外有研究认为，单一保健食品很难同时具备多种保健功能，而人群的营养保健需要、疾病治疗的保健需求又是多种多样的。营养保健专家或营养医师有义务、有责任为大众提供针对特定人群的科学方便的合理组合，以解决消费者在众多保健食品市场上难以适从、盲目选购的问题。

"套餐"这种组合及消费包装形式的出现，在欧美、日本等国产生了良好的反映，非常适合人们现代的生活节奏，获得了广大消费者的认可，众多"套餐"保健品不断出现。

(三) 影响医药保健品消费者购买行为的因素

医药保健品消费者购买行为是指消费者为满足其个人或家庭治病及维护健康而做出购买医疗保健产品的决策，并通过合法手段将决策产品转移到手中的过程。这个概念包含了需要产生、做出决策、实施购买等分过程。企业应通过对消费者购买行为影响因素的把握，掌握其购买行为的规律，制定有效的市场营销策略，实现企业营销目标。影响医药保健品购买者行为的因素主要有以下几点。

1. 文化因素

随着消费者文化水平的提高，保健意识增强，对于预防疾病和身体保健逐渐地重视起来，特别是高收入阶层和中老年人对补充维生素、增强免疫功能、防病强身、改善生活质量的保健品及OTC药品的消费支出增加了。现在的中青年女性更舍得购买减肥和养颜的医药保健产品。

2. 社会因素

消费者购买行为受到一系列社会因素的影响，如消费者的相关群体、家庭和社会角色与地位。一些消费者会因为角色和地位因素，在选择保健品和非处方药时考虑品牌和档次。

儿童和青少年的OTC药品和保健品消费主要受家庭中父母的影响，因为父母更有经验，他们在产品的购买和消费方面起着决定性作用，一般来说是决策者。子女从父母身上可以学习到一些常见病的诊断和治疗方法。这将影响子女在成人后的消费观念。

白领阶层在选购医药保健产品时，更倾向于知名品牌和声誉好的公司的产品，如合资药品。

3. 个人因素

消费者的保健品和OTC购买决策也受其个人特征的影响，比如消费者对自己的病情变化的感知、对品牌特征的感知、对其他备选品牌的态度，特别是受其年龄所处的生命周期阶段、职业、经济环境、生活方式、个性和自我概念的影响。

成年人、对病情判断力强的人，购买保健品和OTC药的可能性更大些；自我保健和自我药疗意识强的人、工作节奏快的人、不享受医疗费用报销的人，去药店购药的次数更多。

许多慢性病患者如高血压、慢性胃炎、糖尿病病人等需要长期服药，这些患者在经过几次医生诊治和处方后，知道了自己的病情，知道该用什么药，知道该用什么保健品辅助治疗，可能会直接去社会零售药店和超市购买。

4. 心理因素

在我国消费者的认识中，受传统中医药文化的影响，普遍认为中药的毒副作用小，许多中药在预防和保健方面作用显著，比西药更安全；中药在一些慢性病的治疗方面可能比西药更有效；中药的作用也全面，可以从根本上治疗疾病。一般的家庭中都会备有三七伤药片、红花油、健胃消食片等一些中成药。而在起效速度方面，普遍认为西药比中药见效快。

5. 产品因素

产品质量是产品的生命，消费者用药行为目的比较单纯，就是要获得身体的康复，所以衡量医药保健品是否具有较强的市场竞争力的最重要的标准就是效果。从20世纪90年代中期开始的广告战、人海战、疗效战、原理战、原料战、促销战，使整个医药保健品产业处处充满着火药味。但现在的消费者谁也不会再细看报箱里的小报了，谁也不会再把路边发的传单放在手里超过五分钟了,谁也不会再那么相信电视广告里的明星了,谁也不会再那么相信商店里的促销员了,而保健品的销量连年递增,说明消费者更看重产品自身因素。医药保健品自身因素主要有:①药物的疗效或保健品的功效好,有利于消费者的下次购买,进而有利于该产品的销售;②新产品容易被消费者接受的一个原则就是小包装,小剂量、小包装,或者同样疗效剂量越小越有利于销售;③药物的剂型是药物应用的形式,对药效的发挥影响较大,而不同的剂型可能影响药物的疗效和销售情况,例如片剂和胶囊的消化利用率比气雾剂的差很多,且没有气雾剂的方便,这可能就会影响到服用效果和销售情况。

(四)医药保健品消费者行为与决策

消费者行为表面看起来是纷繁复杂的,但也是有规律可循的。为了掌握消费者行为的一般规律,国内外学者在进行大量研究的基础上,提出了消费者购买类型和模式等理论。研究消费者购买决策模式,对于更好地满足消费者的需求和提高企业市场营销工作效果具有重要意义。这里我们仅介绍一些具有代表性的典型模式。

1. 消费者购买决策的一般模式

消费者购买决策的一般模式是S-O-R模式,即"刺激-个体生理、心理-反应"。该模式表明消费者的购买行为是由刺激所引起的,这种刺激可能来自于消费者身体内部的生理、心理因素,也可能来自于外部的环境。消费者在内外部各种因素的刺激下,就产生了购买动机;继而在动机的驱使下,做出购买商品的决策,并实施购买行为;在实施购买行为后,还会对购买的产品及其服务或品牌做出评价,这样就完成了一次完整的购买决策过程。这个过程中,刺激和反应是外显的,但中间过程(消费心理)是复杂而且无法看到的,所以消费者心理被称作消费者购买行为的"暗箱"或"黑箱"。

消费者购买行为的"S-O-R"模式揭示了消费者购买行为的规律,对解释消费者的购买行为具有普遍意义,同时也为企业的产品营销和服务提供了依据。这一模式表明,消费者最终的购买行为取决于内外部刺激及消费者本身的心理过程。也就是说,营销刺激以及其他刺激被消费者认知后,购买者的特征和决策过程导致了购买决策。因此,向消费者提供适当的、符合消费者内在心理活动发生发展规律的刺激,才能比较顺利地促使消费者形成购买决策,最终完成购买。

2. 尼科西亚模式

1966年,尼科西亚(Nicosia)在《消费者决策过程》一书中提出了这一决策模式,该模式由以下四大部分组成。

① 信息流程。从信息源到消费者态度,包括企业和消费者两方面的态度。企业将有关产品的信息通过广告等媒介传至消费者,经过消费者的内部消化后,形成态度。

② 信息寻求及方案评估。消费者对商品进行调查和评价,并且形成购买动机的输出。消费者态度形成后,对企业的产品产生兴趣,通过信息收集来评估,因此产生购买动机。

③ 消费者采取有效的决策行为。消费者将动机转变为实际的购买行动,这一过程受品牌的可用性、经销商因素的影响。

④ 信息反馈。消费者购买行动的结果被大脑记忆、储存起来,为消费者以后的购买提供参考或反馈给企业。消费者购买产品以后,经过使用对所购买产品产生实际的认知,由使用的满意程度决定是否再次购买,同时企业也从消费者使用的满意程度和再次购买意向获得信息的反馈,以作为产品、价格以及渠道和促销策略改进的参考依据。

尼科西亚模式推理严谨，简单明了，对市场营销理论做出了积极贡献。但该模式忽视了外界环境对消费行为的影响。

3. EKB模式

EKB模式又称恩格尔（Engel）模式，为目前消费者行为模式理论中比较完整而且清晰的一个理论。此模式是由美国的三位教授——恩格尔（Engel）、科拉特（Kollat）和布莱克威尔（Blackwell）于1968年提出，并于20世纪80年代修正而成的理论框架，其重点是从购买决策过程去分析，可以说是一个购买决策模式。

恩格尔模式认为：外界信息在有形和无形因素的作用下，输入中枢控制系统，即对大脑引起、发现、注意、理解、记忆与存储的个人经验、评价标准、态度、个性等进行过滤加工，构成信息处理程序，并在内心进行研究评估，对外部进行探索即选择评估，从而产生决策方案。在整个决策研究评估选择过程，同样要受到环境因素，如收入、文化、家庭、社会阶层等影响。最后产生购买过程，并对购买的商品进行消费体验，得出满意与否的结论。此结论通过反馈又进入了中枢控制系统，形成信息与经验，影响未来的购买行为。EKB模式认为，消费者的决策程序由以下五个步骤构成。

问题认知→收集信息→方案评估→选择→购买结果。

以上是消费者决策过程中的五个阶段，然而这个过程同样可能受到其他因素的影响，诸如外在的文化、参考群体、家庭以及个人内在的动机、人格形态、人口统计变量等。其中人口统计变量及人格形态是构成消费者之间购买行为差异的主要因素。

4. 霍华德-谢思模式

霍华德-谢思模式由学者霍华德（Howard）在1963年提出，后他与谢思（Sheth）合作并于1969年对该模式进行了修正。其重点是从四大因素考虑消费者购买行为：①刺激或投入因素（输入变量）；②外在因素；③内在因素（内在过程）；④反映或产出因素。

霍华德-谢思模式主要是解释一段期间内的品牌选择行为，通过消费者的学习过程来探讨消费行为，它将购买决策分为三种类型：①广泛性问题解决；②有限性问题解决；③例行性问题解决。

霍华德-谢思模式利用心理学、社会学和管理学的知识，从多方面解释了消费者的购买行为，是可适用于各种不同产品和各种不同消费者的购买模式，其参考价值较大。但这种模式过于繁杂，不易掌握和运用。

（五）医药保健品消费者购买决策过程及对应营销技术

1. 确定购买者的角色

患者购买决策的参与者在医药保健产品消费领域，很多时候患者的购买决策不是由一个人完成的。购买药品的提议和是否购买以及购买什么品牌的决策往往是由不同的人来完成的，人们在一个购买决策过程中可能充当以下角色。

① 发起者：首先想到或提议购买某种药品和医疗服务的人。

② 影响者：其看法或意见对最终决策具有直接或间接影响的人。

③ 决定者：能够对买不买、买什么、买多少、何时买、何处买等问题做出全部或部分最后决定的人。

④ 购买者：实际采购的人或实际付钱的人。

了解不同参与者在购买决策中扮演的角色，并针对其角色地位与特性，采取有针对性的营销策略，有利于较好地实现营销目标。

2. 确定购买者决策行为的类型

消费者在购买商品时，会因商品属性或所处情境等因素的不同，而投入购买的程度不同。根据购买者在购买过程中参与的程度和品牌间的差异程度，可将消费者的购买行为进行分类。依据消费者行为理论，患者购买决策行为可以分为以下四种类型。

(1) 复杂的购买行为　当消费者初次选购价格昂贵、购买次数较少的、冒风险的和高度自我表现的商品时，往往表现为高度介入的购买行为。由于对这些产品的性能缺乏了解，为慎重起见，他们往往需要广泛地收集有关信息，经过认真学习，产生对这一产品的信念，形成对品牌的态度，并慎重做出购买决定。鉴于医药产品的风险属性，在绝大多数情境下，医药产品的购买都属于复杂购买行为。

(2) 减少不协调感的购买行为　当消费者高度介入购买，但又无法判断各品牌有何差异时，对所购产品往往产生不协调感。因为消费者购买一些品牌差异不大的商品时，虽然他们对购买行为持谨慎的态度，但他们更注重价格、购买时间、地点等因素，而不是花很多精力去收集不同品牌间的信息并进行比较，且从购买动机产生到决定购买之间的时间较短。因为购买时对产品比较不是很全面，消费者购买某一产品后，或因产品自身的某些方面不称心，或得到了其他产品更好的信息，从而产生不该购买这一产品的后悔心理或心理不平衡，这就是购后的不协调感。在医药产品消费领域，购后不协调感的产生还往往由于一般患者对医药知识的缺乏以及服药后希望疾病迅速消除的急迫心理。为了改变这样的心理，追求心理的平衡，消费者常常广泛地收集各种对已购产品的有利信息，以证明自己购买决定的正确性。同时，其也和医生沟通或者从其他渠道获得所用药品疗效的相关信息，以便达到心理的平衡。

(3) 广泛选择的购买行为　又叫做寻求多样化购买行为。当一个消费者购买的商品品牌间差异大，但可供选择的品牌很多时，他们并不会花太多的时间选择品牌，而且也不专注于某一产品，而是经常变换品种。比如购买抗感冒药，消费者一般不会特别忠诚于某个品牌。这种品种的更换并非对上次购买不满意，而是希望有所变化。

(4) 习惯性的购买行为　消费者有时购买某一商品的动机已经不是因为特别偏爱某一品牌，而是出于习惯。比如很多日常生活用品价格低廉，品牌间差异不大，消费者购买时大多不会关心品牌，而是靠多次购买和多次使用而形成的习惯去选定某一品牌。

针对这种购买行为，企业要特别注意给消费者留下深刻印象，企业的广告应当强调本产品的主要特点，以鲜明的视觉标志、巧妙的形象构思赢得消费者对本企业产品的青睐。

在医药营销实践中，除了要研究患者的消费类型外，对影响患者购买行为因素的研究也是医药营销的一个重要内容。借鉴消费者行为学理论，并根据医药消费者购买行为的具体情况，我们把影响医药消费者购买行为的有关要素归纳为外在影响因素和内在影响因素，具体包括如文化因素、相关群体因素、家庭因素、经济因素、心理因素和药物因素等。

3. 分析购买过程

医药消费有急迫性，时间看上去虽不长，实际上却包含着一系列连续的步骤。发现需要是起因，收集信息和比较是决策过程的深化，实际购买是决策的结果，评价是对决策的总结和下一次决策的重要依据。

(1) 发现需要　引起消费者购买产品的需要：①突发性需要，如疾病发作，产生不适的症状等；②经常性需要，如疾病多发季节的即将到来，提前考虑购买OTC药品，比如夏季来临，购买治疗蚊虫叮咬的OTC药；③无意识需要，比如设在超市的保健品产品展示，促销活动等会引起非计划购买行为发生。

(2) 信息收集　消费者信息来源有四种：个人来源，如家庭、朋友、邻居和熟人；商业来源，如广告、推销员、经销商、包装、陈列；公共来源，如大众传播媒体、消费者评审组织；经验来源，如使用产品。营销人员应该通过媒体广告、店堂布置、店堂广告、促销和包装，以及人员推销等方式提供给消费者信息。另外，医生、店员、消费者、家人、朋友都可以传递产品信息，所以在营销策划中要重视他们的作用。

4. 比较评价

（1）评价因素　对保健品药品品牌的评价包括以下因素：功效、安全性、服用方便性、价格、包装、公司声誉等。综合评价高的品牌应该作为购买意图。

（2）消费决策关注品牌　药品多为治疗一般疾病的常备药品，如感冒药、止痛药、肠胃药、皮肤药等，这些药品一般在生产技术上都比较成熟，不具有专利技术方面的竞争优势；而正因为技术工艺的简单，又使此类药品的生产厂家众多。市场上同一种OTC药品往往具有多个品牌，市场竞争异常激烈。保健品也有类似情况，生产厂家众多，同一功效产品往往具有多个品牌。

因为消费者不具备辨别产品内在品质的能力，所以代表产品品质和信念的品牌成为消费者购买药品和保健产品的导向。在广泛决策制定期间，消费者倾向于搜寻产品信息，所以用一种品牌促销来中断他们的问题解决过程相对容易。成功的产品销售必须用消费品的营销手段建立产品品牌和促进产品销售。

鉴于品牌对于保健品和药品评价的重要性，因此除了医生意见和自身经验之外，广告实际上成为人们了解药品和保健品的重要来源和影响人们购买决策的重要因素。

5. 购买决策

消费者在评价阶段可能形成某种购买意图而偏向购买他喜爱的品牌，然而在购买意图与购买决策之间，可能受到他人的态度影响和未预期到的情况因素影响。

专业人士具有左右医药保健品购买决策的能力，尽管保健品属于食品的范畴，尽管OTC药品无需医生处方，消费者即可在药店购买，但是医药保健品毕竟是用来防病治病的，并且医药保健品知识的专业性较强，还不是一种普及性知识，所以消费者在购买和使用医药保健品时，十分关注专业人士如医生、药剂师、营养师等人的意见。

店员与消费者进行交流是一个重要的市场营销策略。有调查结果表明：药店店员对消费者购买医药保健品的影响大于其他各种广告媒体。值得注意的是，一旦店员向消费者推荐某种药品或保健品，有74%的消费者会接收店员的意见，这表明在医药保健品消费中店员能起到很大的作用。

6. 购后行为

医药保健品都有很详细的使用说明书，消费者按照说明书文字就可以很方便地使用，而对使用效果是否满意，是否有不良反应发生，首先取决于该产品的选择是否对应一个人的体质。如果购买的OTC药品不对症，治疗效果必然大打折扣，还可能产生不良反应。如果药品选择对症，就要看产品本身的功效和不良反应，是否疗效好，起效快，而不良反应小。保健品是食品，但是，如果选择的保健品不对应一个人的体质及饮食习惯，保健功效会大打折扣，如对一个习惯食用植物油的高血脂体质，深海鱼油几乎没有功效。

消费者如果使用医药保健产品后满意，必然强化他的产品信念，会刺激下次的购买。他往往会记下上次医生或店员推荐的产品名称，或者直接拿着产品包装盒，指名购买同样的产品。

总之，医药保健品市场营销者只有在了解消费者行为的基础上，制定出使目标顾客的需要和欲望得到满足和满意的营销策略，才有成功开发市场的可能。

二、分析医药保健品组织市场购买者行为

保健品的终端销售不同于药品受到众多的限制，可以在超市设柜台，也可以独立开设专卖店，但由于缺乏专业人员的使用指导，顾客更愿意去药店购买保健品，下面重点讲述医药保健品组织市场购买者行为。

（一）组织市场概述

1. 医药保健品组织市场定义及类型

医药保健品市场购买行为的直接目的不是为了自我的使用，而是为了获利。人们采购医药保健品和劳务的目的或是为了进一步加工生产成其他产品然后出售，或是直接销售。由所有这样的个体和组织构成的总和叫医药保健品组织市场。由于医药保健品的特殊性，一些需求还来自各级政府机构和非营利组织市场等。在这个市场上，因为购买者主体是组织，所以其购买也称为集团性购买。

医药保健品组织市场一般由产业市场、中间商市场、政府机构和非营利组织市场等组成。

（1）产业市场　指购买产品、医药中间体、原辅材料和服务用于进一步加工、制造其他医药保健产品或服务，并用以销售或租赁以获取利润的企业和个人所组成的市场。作为朝阳产业，我国医药保健品产业市场发展迅猛，市场规模正在不断扩大。医药保健品产业与生命、健康、生活质量等密切相关，是永远成长和发展的产业。医药产业与宏观经济的相关度较低，在经济萧条时期也能保持较高的增长速度。化学制药是我国医药产业的支柱，但目前主要以仿制非专利药品为主。在化学原料药方面，我国由于生产规模大、成本低而具有国际竞争力，是世界上化学原料药主要出口国之一，但我国的药物制剂技术开发研究不够，制剂水平偏低，许多制剂产品剂型少，质量稳定性不高。目前我国药品生产所用的辅助材料品种规格偏少，质量也不稳定。药用制造机械、包装材料的发展也较落后。随着竞争的日趋激烈，新药和新技术的开发和创新成为医药企业的发展动力，这些都为我国医药产业的进一步发展提供了广阔的空间。

（2）中间商市场　指购买医药保健产品直接用于转卖或租赁以获取利润的企业、机构和个人，由各种医药保健产品批发和零售商、各级各类医院和医疗诊所等组成。

医药保健品批发商和零售商介于医药生产企业和医药消费者之间，专门从事医药保健品流通活动。医院、药房及超市药房、保健品专柜是医药保健品的中转站。

我国80%以上的药品都要通过医生处方开给患者。药品毕竟是用来治病救人的，并且药品知识的专业性较强，还不是一种普及性知识，没有医生处方，消费者不能买到处方药。消费者在购买和使用OTC药品及保健品时，也十分关注专业人士如医生、药剂师等人的意见。据美国某医疗保健咨询公司的一份调查，约有50%的病人根据医生的建议使用OTC药品和保健品。这就造成了医药保健品消费者（病人）行为的依赖性，使医生在医药保健产品消费过程中处于一种控制、支配消费的地位。另外，我国公费医疗制度规定，病人应在指定的医院看病和取药，用药的决策权和药费的控制权均掌握在医生手中，所以，医生对药品的消费者有巨大的影响，在整个药品市场中的导向作用是任何人不能替代的。

（3）政府机构和非营利组织市场　指为行使政府职能和履行非营利组织职能而购买医药产品和服务所构成的市场。政府的医疗卫生保健制度、我国的计划生育政策、应对战争和突

发性公共卫生事件的要求等，使各级政府部门成为医药产品和服务的购买者。红十字会、慈善机构、救助机构等非营利组织既不同于企业，也不同于政府机构，它们具有稳定的组织形式和固定的成员，独立运作，发挥特定社会功能，以推进社会公益而不以营利为宗旨，也是医药产品和服务的购买者。

2. 医药保健品组织市场购买行为的参与者

医药保健品组织市场购买行为以专业性强、参与人员多、机构稳定（医院里只有药剂科专门负责药品的采购工作）等为其特色。研究分析每一个组织购买过程中参与者及担当的不同角色，有助于企业在营销过程中采用正确促销策略，这对于专门做医院推广工作的医药（厂家）代表而言就显得尤为重要。从采购行为中参与者所承担的任务不同来分析，有以下几种角色。

（1）使用者　他们是实际使用某种药品或服务的人员，或例行采购行为中的仓库有关管理人员。在大多数情况下，由他们首先提出采购要求，并具体提出产品的品种、规格等。

（2）影响者　他们是影响采购决策的人员，如相关科室主任，他们通常对新特药品进行审查把关，协助采购工作正常进行。

（3）决策者　指有权决定产品数量、规格、品种、价格及供货厂家的人，如院长、药剂科主任。

（4）采购者　指实际完成采购任务的人员。

（5）批准者　指那些有权批准决策者或采购者所提购买方案的人员，如医院药事委员会成员或医院院长。需要指出的是，在实际采购工作中这些人员的组成或担当的角色经常会变动。

首先是不同单位（医院）情况不同，因此营销人员必须具体问题具体分析；其次是医院基本目录药品采购与医院新特药品的采购又有很大区别。肯定地说，在医药营销过程中做新特药品的"进医院、上量"等工作是难度最大的。

3. 医药组织市场的特征

（1）市场需求方面

① 购买者数量少，但购买数量大。一方面，医药组织市场上购买者的数量远比医药消费者的数量少得多，组织市场营销人员比消费者市场营销人员接触的顾客要少得多。我国现有医药生产企业近五千家，医药商业企业一万多家，各类医院就更多了，但与我国由13亿人口组成的潜在医药消费者市场相比，其数量还是显得微不足道。另一方面，组织市场单个用户的购买量比消费者市场单个购买者的需要量大得多，医药市场上所有药品都要经过它们的手才能形成或销售，每个购买者购买的数量之大，是任何个人消费者所不可比拟和不可想象的。

② 购买者地理位置相对集中。购买者所处位置与国家的经济政策、经济布局、经济条件、自然资源、投资环境等因素密切相关。组织市场购买者往往集中在一定的地理区域，从而导致这些区域的采购量占据整个市场的很大比重。例如我国的医药企业密集的地区以东部沿海经济发达的地区为主，如江苏、浙江、天津、山东、广东等。大型医药商业企业、零售企业和大型医院都集中在大中城市里。

③ 购买者的需求是派生需求，但需求价格弹性小。派生需求也称衍生需求，医药组织市场的需求是从消费者对医药最终产品和服务的需求中派生出来的。

医药组织市场购买者的需求最终取决于医药商品市场对最终产品的需求，如对原料药、中间体、化工原料、中药材等的需要，直接来自于医药商品市场对这些产品的制剂产品的需求。并且其需求对其中间产品价格的波动敏感度不高,在短期内更是如此,不像医药消费者会因为价格的变化而改变需求。但由于经济学上的加速原理,其受经济前景和医药科技发展影响较大。

(2) 购买单位方面

① 更多的购买参与者。医药组织市场的购买决策受更多机构和人的影响。大多数企业和医院有正式的采购组织,即采购中心,重要的购买决策一般要由技术专家和高级管理人员共同做出,审批程序复杂、审查严谨。这就要求营销人员也具备良好的专业素质,掌握相应的营销技巧。

② 组织购买属于理性购买,专业性较强。与医药消费者市场不同,医药组织市场购买的理性程度极高,面对的采购人员都是专业人士,对所要采购产品的性能、质量、规格和技术要求了如指掌,不像消费者市场有那么多的冲动购买。其对营销人员的要求极高,既要具备专业医学、药学知识,又要具备必需的市场营销知识,为了应对受过良好训练的采购人员,供应商必须对其销售人员进行严格培训。

③ 购买具有连续性,业务关系相对稳定。由于医药组织购买技术性强、产品替代性差、质量要求严、需求具有连续性和稳定性,因此组织购买经常需从供应厂家直接购买,并且一旦合作成功,其关系会长久维持下去。

(3) 购买决策行为方面 医药组织市场的购买决策类型可以分为以下三种。

① 直接采购。医药组织市场的购买者往往直接向供应商采购,不经过中间环节,特别是在采购价格昂贵或技术复杂的产品和服务时。

② 购买过程复杂但规范。医药组织市场购买常常涉及大量的资金、复杂的技术、准确的药价成本-效益评估,以及采购中心中不同层次人士之间的人际关系。因此,医药组织市场购买往往要经历较长时间。调查显示,产品销售从报价到产品发送中间的时间通常以年计。另外,组织购买过程比较程式化,大宗药品购买通常要求提供详尽的产品说明书、书面采购订单等,对供应商有严格筛选和正式批准的过程。

③ 互惠购买。医药产业市场中的医药原辅材料购买者之间往往相互依存,在采购过程中经常互换角色,即在采购过程中经常互惠采购,即"你买我的产品,我就买你的服务"。有时这种互惠体现在三方甚至更多。

4. 医药组织购买行为的影响因素

医药组织购买行为根据其需要不同,大致分为两大类:一是新任务采购,指为了适应制造新产品或扩大销售品种而增加的需要;二是连续型采购,指由组织正常的生产经营计划所产生的采购需要。医药组织市场的购买行为与医药消费者市场购买行为截然不同。例如个人消费者经常会因受到众多非技术性的干扰和影响而改变需要,如来自医生和药店店员的建议。但医药组织市场则不然。医药组织购买行为的动机比较单纯,表面的目的是为了生产或经营的连续,降低生产经营成本,但根本的目的还是为了获得经济利益。当然绝不是说经济因素是影响其行为的唯一因素,环境因素、社会因素、心理因素等都会对组织购买行为产生影响。按其影响范围可分类四类:环境因素、组织因素、人际因素及购买参与者个人因素。

(1) 环境因素 环境因素是指影响医药组织市场购买者生产经营的外部环境因素,它包括政治法律、医药科技、市场竞争、经济、人口、社会文化等。在正常情况下,这些外部因素既可以为他们提供市场机会,也可能制造生存障碍,其直接制约医药组织购买者的经营内容、市场规模,规范着他们的生产经营行为,并用经济的、行政的、法律的、舆论的等手段对他们的市场行为做出公平的评判与选择,只有适者才能生存。因为药品的特殊性,国家的监督管理非常严格，如药事法规对医院进药环节有明确而具体的要求。由于医药企业生产经营者与组织购买者存在着一荣俱荣、一损俱损的依存关系，所以营销人员必须密切注意这些环境因素的发展变化，对这些影响因素可能对组织购买者的作用方向和力度做出正确的判断，并及时调整营销策略，力求将问题转变成机会。

（2）组织因素　组织因素是指影响医药组织市场购买者购买行为的内部状况。组织市场购买者本身也都是一个一个按照国家有关法律要求组建而成的生产经营企业或机构，就其采购工作而言，它的经营目标、采购政策、业务程序、机构设置、采购制度等都一应俱全。企业营销人员与这些组织客户打交道时，也必须对这些内容进行充分的了解，如医院的进药程序、药事委员会的构成、参与采购工作的所有人员及对供货时间、产品质量、付款时限的具体规定等，从而规范自我的营销行为并尽量与这些具体的要求相吻合。

（3）人际因素　人际因素是指组织市场购买者内部的人事关系等，这些也可能影响其采购活动。在这些组织内部，由于参与购买过程的部门和人员较多，所承担的角色和作用各不相同。他们相互之间的关系和影响程度，经常是市场营销人员费尽心机想了解的内容，但往往也是最难掌握的东西，因为变化太大，且没有太多的规律性。例如组织与组织不一样，并且每一个人的影响程度也会随他所处的环境条件（如心情、职位、需要等）的变化而变化。对于这些人际因素切不可盲目猜测，而是要深入了解，仔细辨析。市场营销学者提醒营销人员：寻找并满足决策者的需要，是营销成功的关键要素之一。

（4）个人因素　医药组织市场购买行为经常被认为是"理智的"行为，如医院采购药品。但当供应药品的质量、疗效、价格、服务等相类似时，医院采购人员的个人因素就会产生较大的作用。这些因素通常指采购人员的年龄、收入、教育程度、职位、性格、兴趣、爱好及职业道德、敬业程度、与医药代表的关系等。人是感情动物，在其决策过程中不可能不掺入感情色彩。所以医药企业营销工作不仅要在药品质量、价格、服务等"硬件"上下工夫，也要在与采购人员经常沟通、建立良好稳固的私人关系等"软件"上做文章。这也验证了"做生意先做人，成功的生意人也是成功做人的人"这一现代营销哲学。

5. 医药组织购买行为的决策过程

药品的采购工作是保证医药公司、零售药店、医院正常经营和杜绝假冒伪劣药品、保证药品质量和患者用药安全的重要环节，因此无论是国家药事法规还是每个医院、医药公司、零售企业都对采购工作制定有严格的规章制度。一般所需采购的药品在数千种左右，其特征是品种多、数量大、周转快。采购工作总的要求，首先是保证全部采购药品的优质和安全有效；其次是根据经营的需要保持一定数量的药品品种和数量，保证基本药品目录中的常用药和主要品种不断货，以供医生和患者选用；最后是按国家有关规定认真做好毒、麻、精神、贵重药品和有效期药品的管理工作。药品采购工作要经过什么样的环节，主要依据采购药品的不同或政策规定的不同而定。现以医院为例介绍说明各类药品的采购、进药过程。

① 提出采购计划。根据有关规定，医疗单位药品采购由药剂科统一管理，其他科室不得自购、自制、自销药品。采购的药品以本院基本用药目录为依据，不得购销与医疗无关的各种生活用品或化妆用品。为保证药品质量，严禁从个人手中或未取得《药品经营许可证》的非法药品经营单位采购药品。药品采购计划，首先由药品仓库有关人员根据库内药品的使用消耗情况及临床需求等，掌握所需药品的品种、规格、数量等，按管理规定制订药品进购计划，填写药品计划申购单，最后由药剂科主任审定签字。

②采购调研。接到采购任务后到具体洽谈前，药品采购人员需进行较为详细的情报调研工作，对有关货源、质量、价格等进行多方的比较对比。由于医疗单位比较重视当地医药经营部门这个货源主渠道，药品生产企业应事先与医药公司签订营销合同，采取合法的促销措施，力争使医药公司把本企业药品作为主打产品。同时，本企业的营销人员（医药代表）也应采用上门推销的方法做好推广工作，帮助医药公司做好医院工作。当然，详细的印刷精美的企业资料和产品资料（说明书、报价表、有关证明材料）在任何时候都是药品推销中不可缺少的东西。因为它既能提供采购人员所想知道的各种信息，又是企业形象和实力的一种体现与拓展。

③采购洽谈。医院采购人员在掌握供应厂商和产品情况的基础上，根据医院采购计划，就药品品种规格、数量质量、价格、供货方式、供货时间、结算方式、违约责任等内容进行谈判。

④签订合同。即以法律文书的方式确定供需双方的权利与义务。根据国家规定，只有同时持有"二证"（即《药品经营企业许可证》、《营业执照》）才能成为合法的药品供应者，所以药品生产企业在选择药品代理人或医药经营公司之前就应加以注意。

⑤评估履约情况。即药品采购合同履行情况的追踪与评价。一方面监督医药公司或厂商是否按合同规定按质、按量、按时供货，同时根据合作情况确定以后是否继续合作。所以医药企业要增强法律意识，既严格履行合同，如果必要也应学会用法律武器维护自己的利益。

【小结】

1. 医药保健品是特殊的商品，与普通商品消费者市场有共性的一面，又有其独特性的一面。所谓医药保健品消费者市场，是指为了满足其防病治病、维护健康等生理需要，并能购买医疗保健用品和服务的个人或家庭。药品消费者市场有如下特点：消费过程有比较多的参与者，且参与者各自充当特定角色；药品消费高度理性；对在药店购买药品的认知度高。农村消费者购买理性度低于城市，经验型消费比例高；农村市场药品人均消费额要比城市市场低；农村OTC市场药品价格敏感度较高；农村市场消费者更容易接受专业人士的推荐；农村消费者自我保健意识不强。

2. 医药保健品消费者购买决策过程及对应营销技术：确定购买者的角色，确定购买者决策行为的类型，分析购买过程，比较评价，购买决策，购后行为。消费者如果使用医药保健产品后满意，必然强化他的产品信念，会刺激下次的购买。他们往往会记下上次医生或店员推荐的产品名称，或者直接拿着产品包装盒，指名购买同样的产品。

3. 医药保健品组织市场指，个体和组织采购医药保健品或劳务的目的或是为了进一步加工生产成其他产品然后出售，或是直接销售，从而获得经济利益。换言之，这种市场购买行为的直接目的不是为了自我的使用，而是为了获利。由于医药商品的特殊性，一些需求还来自各级政府机构和非营利组织市场等。在这个市场上，因为购买者主体是组织，所以其购买也称为集团性购买。医药保健品组织市场一般由产业市场、中间商市场、政府机构和非营利组织市场等组成。医药保健品组织购买行为以专业性强、参与人员多、机构稳定（医院里只有药剂科专门负责药品的采购工作）等为其特色。研究分析每一个组织购买过程中参与者及担当的不同角色，有助于企业在营销过程中采用正确的促销策略，这对于专门做医院推广工作的医药（厂家）代表而言就显得尤为重要。

【知识训练】

1. 药品消费者市场的特点有哪些?
2. 农村 OTC 消费者市场的差异性是什么?
3. 我国医药保健品消费者市场的发展趋势是什么?
4. 影响医药保健品消费者购买行为的因素有哪些?
5. 简述医药保健品消费者购买决策过程及对应营销技术。
6. 简述医药保健品组织市场定义及类型。
7. 医药保健品组织市场购买行为的参与者有哪些?
8. 医药组织购买行为的影响因素有哪些?
9. 简述医药组织购买行为的决策过程。

【技术点训练】

(一) 基本技术点
　　1. 能分析消费者购买决策过程。
　　2. 能结合对消费者购买决策分析和调研提出相应的营销技术。
(二) 训练内容及要求
　　要求学生自己联系调研服务对象,调研消费者满意度。
(三) 组织方法及步骤
　　1. 教师将学生分成若干组,每组 4～6 人,安排任务;
　　2. 学生按小组设计调研方案,并分配调研任务;
　　3. 各小组派代表展示调研成果;
　　4. 教师和学生对每小组的成果提出修改建议;
　　5. 教师指导学生完成调研报告。
(四) 评价标准(10 分)
　　1. 在分析消费者购买决策过程的基础上设计调研方案(6 分)
　　(1) 正确分析消费者购买决策过程。(3 分)
　　(2) 设计与前面分析相对应的调查提纲。(3 分)
　　2. 根据对调研数据的分析提出相应的营销对策(4 分)

项目 5
医药保健品市场调查

知识目标 ➔➔➔
1. 了解企业对市场调查认识的误区。
2. 辨别医药调查与一般商品的营销调查有什么本质上的区别。
3. 简述医药保健品市场常用的调查方法。

能力目标 ➔➔➔
1. 学会选择与使用专业的市场调研公司。
2. 简述处方药、处方行为和态度的常用调查方法。

产品的"科技含量"高当然好,一方面它能有效地阻止其他竞争品牌进入你的"领地",另一方面也可以给消费者带来更多的实惠。但是,"科技含量高"并不等于一定就市场好,它们完全是两个概念。比如说某人运用高科技手段发明了治疗某种少见病的药,疗效也很不错,可是全世界一共也没几个得这种病的人,所有患这种病的人就是都买了他的药,他的企业还是不会有任何经济效益可言。可见,"科技含量高"并不一定就等于市场好,即使是对高科技的产品也要进行市场调查。

一、企业对市场调查认识的误区

1. 企业不愿意去做市场调查的原因

① 市场调查需要花费金钱、时间与精力,企业有点儿舍不得钱,也担心影响正常工作,延缓新产品上市的时间。他们不知道搞市场调查花的是小钱,却可以获得大思路、避免大风险。他们不知道搞市场调查就是"正常工作"的一部分。

② 认为市场调查是在特定的范围内,在特定的时间、地点,对特定的人群进行的调查,因此调查得出的结果不够全面,有片面性和局限性,容易产生误导,没有用。事实上,没有任何一次市场调查是十全十美的,市场调查所得出的数据与结论都不是绝对精确的,都是相对的,确实有局限性,应该属于模糊数学的范畴。但是,我们还是可以从中得到对"大势把握"的材料。

③ 认为市场调查最后得出的结论自己早就知道了,市场调查纯属多此一举。实际上并不是这样的,市场经验再丰富的人也不可能先知先觉,他即使凭着自己的市场经验,可以对大势把握得很清楚,也会存在许多的遗漏,而且他也需要验证一下自己的"大势把握",或者进一步得到"量"的把握与预测。许多好的创意,都是在市场调查过程中逐渐形成的。

2. 企业市场调查时的误区

① 企业市场调查只重视过去与现在的状况而忽略将来的发展趋势。不少企业的调研报

告反映市场过去与现在的状况较多,而对将来的情况涉及不多。当然,对市场将来趋势的预期有赖于对市场过去与现在资料的收集与分析。但是,这仅是获得未来资料的一个重要途径,并不是全部。最直接的方法应是在市场调研活动中,想尽办法挖掘市场信息。

② 定性调研多,定量调研少。当前的企业市场调研报告多是定性调研报告,定性报告的最大缺点就是不准确,从而为企业的决策带来不便。例如,一份企业的产品调研报告结论是:消费者对他们的产品评价为"好"。从这个"好"字可以看出消费者对该产品还是基本满意的,即具有一定的有效性。可是到底有多好,如果竞争对手的产品也被消费者评价为"好"(在产品严重同质化的今天这种可能性是很大的),那将如何比较评价?这时候定量调研的好处就显了出来,我们可以根据消费者满意程度的不同给出不同的分数让消费者选择。比方说采用百分制,消费者感觉越好分数越高。这样就避免了定性报告的缺陷,使调研结果具有可比性。当然并不是所有的调研都能定量进行,应有意识地把两种调研形式结合起来,使其互为补充。

③ 市场调研很简单,企业的市场部完全可以做好。市场调研是一种专业而复杂的运作过程,它涉及方法的选择、抽样方法的决定、问卷的设计、执行的技巧与严谨度、资料的分析整理等。只要其中任一环节有闪失,市场调查的可信度和有效性就会受到影响。一家营销策划公司接到一个有关饮料的咨询项目,本着对客户负责的态度,营销策划中涉及的市场调研活动都必须在策划公司亲自主持与参与下进行。可客户却坚持他们已通过其市场部收集了非常翔实准确的市场信息,只允许策划公司在这些信息的基础上进行策划。可结果是,在这些调研数据的基础上所做出的新产品的试销活动遭到了失败。为了找到失败的原因,策划公司的顾问团队深入市场一线对各方面的信息进行了收集整理。原来导致试销失败的主要原因是目标市场的消费者不喜欢新产品的口味。可市场部的调研结果显示:新产品的这种口味应是目标顾客的首选。为什么会出现这种结果?经过对市场部调研活动的仔细分析,主要有两个原因导致了市场部调研结果的偏差。一是调研的样本过少、过窄;二是问卷设计有问题,开放性问题太多,而这不利于问题的集中。经过调整,产品的试销活动最终取得了成功。

④ 很多市场调研数据都是企业亲自收集来的,用于决策应非常可靠。市场调查的结果还应该配合企业本身对市场的了解与经验,加进自己的策略性思考与判断力,才能使市场调查数据发挥出更大的参考价值。市场调查只能提供客观的市场信息,充其量是营销决策的参考,光凭调查结果,尚不足以做决策。因为除了市场资料外,决策还涉及个人的判断、智慧和胆识及其他一些主客观条件与状况等复杂因素。因此,调查者的经验十分重要,有准确的数据不一定推出英明的决策,将它当作有价值的参考资料,既不抹杀它,也不迷信它,才能正确地对待市场调查运作及结果。

⑤ 市场信息收集得越多越好。市场信息的"量"对决策的准确性有一定的影响,但市场信息的"质"更为重要。当然,这种质是建立在一定的信息量基础之上的,但市场信息并不是收集得越多越好,理由如下:

a. 过多的市场信息会对企业的决策造成干扰。当我们面对很多信息的时候,往往茫然无助、难分主次。

b. 信息的收集有一定的成本,在企业的经营活动中,必须牢记控制成本的重要性,对于市场调研也不例外,要对市场调研所要达到的目的与可能的支出做一比较,如果某些信息对调研结果的影响不大,而取得成本却很大,则坚决取消。一个有关日用品的调研项目,企业原计划调研50家竞争对手的情况,经费预算为30万元。但该企业经把竞争对手进行分类,经过分析,最后把调研的目标企业定为16家,费用为20万元。后来的事实证明,该企业在降低了成本的同时,还提高了工作效率。这样做还有利于我们把大部分精力放到主要竞争对手身上。

c. 各类信息对某一调研项目的影响的优先级不同,所以在市场调研活动中要分清主次,在实际操作中要重其重轻其轻,并不是所有的信息都是越多越好。

3. 选择和使用市场研究服务的误区

① 委托方过分压低调研费用,不能正确评估市场研究的价值和价格。具体表现是用不可能的时间和费用,要求调研公司解决所有的问题而忽视质量;期望一次市场调研能回答所有想知道的问题;缺乏重点,导致调查访问时间过长,被调查者提供信息失真。这些现象是非常普遍的,造成这些现象的原因有两方面:一方面是研究项目委托企业不舍得花费资金,不能够正确评估市场研究所带来的价值;另一方面是一些刚成立的小研究公司为了争取客户不得不"委曲求全",以至于误导了企业对市场研究价值和价格的判断。某医药健康行业网络公司欲投资健康服务项目,为在华外籍人员和年收入30万元以上的国内人士提供医疗健康服务,公司决定委托一家研究公司研究该项目的可行性。负责该项目的市场部人员联系了数家专业研究公司,得到的最低报价是24万元,最后选择了最低报价公司,并强行将价格压到10万元。两个月后,当该公司拿到最后报告并对300份问卷进行抽查时,发现其中一些问卷结果有严重的问题,双方最后不欢而散。问卷调查出现问题,很可能是研究公司因预算问题而取消了质量控制程序,以至于报告交到客户手中才发现问题。对外籍和国内高收入人群进行调查是一项难度较大的项目,若需要300份有效问卷,至少要访问330人。外籍人士又有配额,日本人、韩国人、东南亚华人、北美人、欧洲人,单就一个语言问题,就不是轻易可以解决的。而且,由于要求该调查解决的问题太多,问卷长达8页,为了确保及时收回问卷,研究公司只好采用面谈访问的形式,无疑又增加了执行费用。客观地讲,即使取消质量控制程序,税后该研究公司也不可能有利润。

② 将市场研究公司看作商业间谍,缺乏对市场调研的科学认识。市场研究公司是由一批专业人员组成的,往往包括具有市场营销、心理学、社会学、统计学和行业专业背景(如医学和药学)的人。他们掌握市场研究的专业方法和技术,懂得如何通过科学的方法,系统地收集信息,然后进行分类、整理和分析,有针对性地为客户提供建议,解决经营中遇到的问题。为此,市场研究公司需要大量的市场信息。但是,市场研究公司不是专门帮企业搞情报的,严格说来,市场研究公司不是"商业间谍"。某上市公司欲扩大其输液产品市场份额,为此找到一家专业市场研究公司,要求市场研究公司出面收集竞争对手的销售额和促销资料(促销演示文件等),以找到有效的竞争策略。研究公司的研究人员提出对该产品市场竞争状况进行调查,但是,最后该公司以不能获得对手演示文件为由否决了此建议,甚至埋怨市场研究公司"一家专业公司,这么一点情报都搞不到"。

③ 不了解专业市场研究公司各有专长,过分注重被委托方规模。某原料药企业意欲进入OTC产品市场,公司管理层希望与国外公司合作,用自己的原料药生产心脑血管病用药。为此,需要了解心脑血管药品市场,评估产品市场机会,确定渠道销售策略。由于公司是第一次使用专业市场研究公司,为得到较满意的结果,选择了一家国内知名的大型研究公司,双方约定30个工作日完成调查工作并提交报告,以便赶在医药公司总经理和总工程师出国前拿到报告。由于该研究公司是一家主要从事日用消费品市场研究的公司,主要为几家大的消费品公司服务,研究人员中并无医药背景人员,在设计问卷和医生面访时,一旦涉及具体药理药性问题便不知所措。管理层顾及不到这样一个"小项目",人员配备不足,眼见交报告日期临近,该研究公司不得不将该项目转包给一家医药行业的专业市场研究机构。

④ 企业有居高临下的"甲方心态",缺乏对专业研究咨询人员的尊重。"招标"这一购买手段往往适用于以"买方市场"为主导的情况之下,正因为如此,凡采用招标形式的企业往往有十分明显的"购买心态",这就会造成发标方与竞标方产生明显的不平等状态。国内医药保健品企业应用和体验专业市场调研的时间不长,多听取专业市场研究机构的建议是非常必要的。在调查设计上,委托方应该多听取专业调研公司的建议,因为他们最了解被调查者接受访问时的状态,不同目的的调研需要收集哪些信息,以及用什么方法等。

二、医药保健品常用调查方法

(一) 案头调研

1. 案头调研基本概念

所谓案头调研,就是指搜集整理与该产品有关的文献资料。如果我们准备购买"降血脂Ⅰ号药",为了减少市场盲目性,我们的调查主要是回答好以下十个问题:①所有的"降血脂"药全球年销售额共有多少?②所有的"降血脂"药在中国市场的年销售额共有多少?③在所有的"降血脂"药中,在中国市场销量位于前两三位的西药品牌是什么?年销售额各是多少?占市场份额各多少?是哪些厂家生产的?这些厂的规模与实力怎么样?企业性质或类别是什么?④在所有的"降血脂"药中,在中国市场销量位于前两三位的中药品牌是什么?年销售额各是多少?占市场份额各多少?是哪些厂家生产的?这些厂的规模如何?企业性质或类别是什么?⑤位于前两三位的"降血脂"西药、中药以及我们欲购买的"降血脂"药的价格如何?成人每天正常服用一个月需要花费多少钱?平均每天支出各需多少钱?⑥销量位于前两三位的"降血脂"西药、中药的疗效与副作用比较。⑦这几种销售成功的"降血脂"药的运作模式各是什么?策划出的利益诉求点是什么?运用了哪些广告制胜的模式?还有哪些失误、遗漏或不足?⑧我们将要购买的"降血脂Ⅰ号药"的疗效、副作用,与销量位于前两三位的"降血脂"西药、中药相比,有哪些优势与劣势?理论上有没有突破?如何扬长避短?⑨"降血脂Ⅰ号药"的营销级别是多少级?从理论上看,我们有几种策划方法,可以使得它的营销级别得以提升?哪种方法看起来更好?或者可以得到什么独特的利益诉求点?⑩经过营销策划,有没有可能实现对现在市场上销售最成功的"降血脂"药的超越?超越后,其他"降血脂"药有可能用什么办法进行反击?我们的对策是什么?近期有没有潜在的尚未显现的强有力的竞争对手会出现?经过系统策划后,"降血脂Ⅰ号药"预期可以在全国的市场份额中占有多大的比例?年销售额可达到多少?依据是什么?什么时间可以达到这一目标?

2. 案头调研二手资料中的外部来源

处方药二手资料中的外部资料来源主要有以下四种。

(1) 艾美仕市场研究公司　艾美仕市场研究公司的数据采用抽取样本城市和样本医院得出的数据并进行放大,其涵盖的城市有168个,医院数量700多家,外资制药企业多采用艾美仕的数据。

(2)《中国医院药品商情》　这是国内有关医院用药情况较为详细的统计资料。该资料统计的城市有:北京、上海、广州、哈尔滨、沈阳、天津、石家庄、南京、杭州、济南、西安、郑州、武汉、长沙、成都、重庆。这16个城市中共有234多家医院进入统计范围,其中样本医院的筛选分层系统采用随机抽样的方法。

(3)《中国医药统计年报》　其是国家每年出版的医药方面的统计年鉴之一,该年报分为综合册、化学制药分册、中药和生物制药分册、医疗器械分册,每个分册都含有主要经济指标、主要制剂品种产量、新药批准情况、临床用药分析、销售领先品种等,是国家目前比较权威的医药统计资料。

(4) 东一信达《中国医药健康产业系列市场研究报告》 一些专业研究咨询机构会自主编制一些医药市场方面的专业行业研究报告,如东一信达医药市场研究中心定期更新的《中国医药健康产业系列市场研究报告》。这些报告会综合国家、行业协会及统计机构披露的数据进行总结分析,得出相关结论和趋势性预测。通常这类报告分类详细,可以为医药企业和咨询公司所采纳。

案头调研的优点是花费少,快捷,省事,有利于决策者迅速地对欲购买的新产品有一个"大势把握"。但它也有缺点,就是:①案头资料可能已经过时,不能作为当前作决策的依据;②案头资料可能不准确,也不能作为决策的依据;③有些资料搜集不到。

(二) 实地调研

1. 销售企业购买药品前的调研

(1) 药店调研 某医药公司准备购买一种降血压的新药,先调查一个大药店、两个中等大的药店。他们直接和药店的药师、药士或其他知情人士交谈,以获得药店降血压药中月销量分别处于前三位的西药和中药的第一手资料,再把从三个药店得来的调查材料综合一下,看看可以得出什么结论。

(2) 医院药房调研 调查两个大医院、一个社区门诊部,分别和住院部药房和门诊部药房的负责人或负责统计的人交谈,以弄清楚医院和门诊部的降血压药月销量分别处于前三位的西药和中药的基本情况。然后把所得的材料综合一下,看看可以得出什么结论。

(3) 医生调研 医生调查抽样要求:①大医院心脑血管医生占1/2左右;②大医院老年病或老年保健医生占1/4左右;③社区医生占1/4左右;④老、中、青医生各占约1/3。共调查30个左右医生即可,用不着做300个医生的大样本调查,这样既快又省钱,而且对准确性也没有什么大影响。主要要搞清楚以下几个问题:①这个医生常爱给病人开哪个或哪两三个降血压药?为什么?②他对医院里销量位于前三位的降血压西药和中药的疗效与副作用是怎么评价的?优缺点各是什么?③他对药店里销量位于前三位的降血压西药和中药的疗效与副作用是怎么评价的?优缺点各是什么?④他认为老年病人对哪一种或哪几种药更加青睐?为什么?还有哪些遗憾或不满意?⑤他心目中最好的降血压药是什么样?最后总结一下,通过对这些医生的调查,可以得出哪些结论?

对医生进行调研很重要,因为他们每个人的心里都装着许多病例。企业生产的药,许多都是要通过他们的手开给病人,他们和病人直接接触,最有发言权。

(4) 病人调研 共调查30个高血压病人,也做小样本。主要要搞清楚以下几个问题:①他经常服用哪一种降血压药?为什么?②他对销量较高的降血压西药是怎么看的?③他对销量较高的降血压中药是怎么看的?④他对这些降血压药还有哪些不满意或遗憾?⑤他心目中最好的降血压药是什么样的?

最后总结一下,通过对30个病人的调查,可以得出哪些结论?如果新产品是保健品,则需要对潜在消费者调研。

(5) 疗效与副作用的实际情况调研 疗效、副作用关系到药品的"生命",副作用太大的药品病人也不容易接受,要注意这一点。为了防止文字申报材料中的水分太多,我们必须要进行实际的疗效与副作用的调查,以获得第一手资料。做30个病例的小样本就可以,不需要做300个病例的大样本。可以和主要竞争品牌进行对照观察。因为只有"知彼知己",

才能"百战不殆"。

(6) 策划水平调研　主要要搞清楚以下几个问题：①主要竞争品牌降血压药的药名、产品包装、用药说明、价格定位是什么？还有哪些不足？②主要竞争品牌降血压药的广告媒体选择与广告投入情况怎样？有哪些失误？③主要竞争品牌降血压药的运营模式是什么？④主要竞争品牌降血压药的独特利益诉求或独特卖点是什么？选得准不准？还有哪些不足？我们如何超越？

2. 医生处方行为与态度的研究方法

在医生处方行为和态度研究中，常用定性研究的方法：如医生深度访谈和小组座谈会，为了能够了解某种药物处方的频率，还可以结合一种定量研究的方法——医生处方抄录。

(1) 医生深度访谈　医生深度访谈是医生处方行为研究中经常采用的一种定性研究方法，医生深度访谈是一种无结构的、直接的、一对一的个人访问。在访问过程中，需要访问员掌握高级技巧通过医生了解想要的信息。通常一次医生深度访谈需要花费30~60分钟或更多的时间。医生深度访谈的优点是获得的资料比较全面，没有对问题答案的限制。虽然访问员事先有一个粗略的访问提纲并试图按提纲进行访问，但在问题的具体措辞和访问顺序上要受到医生反应的影响，在访问过程中有很多机会评价所获得的资料或答案的可信度，并且访问的弹性非常大，对于医生的回答，如果不清楚还可以重复询问及对问题做解释，从而明白医生对问题的真正看法。医生深度访谈适合了解一些复杂的问题，所以访问技术十分关键。

深度访谈的缺点是成功与否完全取决于访问员的访问技巧和医生的配合程度。深度访谈的结果和数据常常难以分析，因此需要熟练的心理学家来协助解决数据问题。另外，深度访谈占用的时间和花费较多；并且在一个研究中，医生样本量会受到很大的限制。

医生深度访谈有别于对其他消费者的面访或深访，必须由具有专业背景的访问员来实施，甚至有时需要研究人员亲自进行，这是由医药类项目的特殊性造成的，即被访者具有以下特点。

① 医生工作的忙碌性。由于医生或主任工作都很忙，没有很长的空闲时间来接受你的访问，并且在医生办公室进行访问，环境嘈杂，病人时常进出办公室，同时主任级医生或许会经常接听电话，因此访问很难在安静的环境中进行。除非将医生约出，但这不仅增加了项目执行难度，同时需要企业支付更多的费用。

② 医生的专业性。访问的问题多为疾病或药物问题，没有专业的医药知识很难和医生进行沟通和交流。另外，专业性差的访问员也很难被医生接受，从而不愿谈出很多实质性的问题，使访问的目的难以达到。

③ 医院管理的严格性。如果被访问的医生是在门诊的诊室工作，接触的容易程度将提高，但访问难度增加，如果病人很多，医生将很难接受访问。住院部的医生访问相对容易，但由于医院管理严格，非探视时间外部人员很难进入，因此与医生接触的难度亦大大增加。

(2) 医生小组座谈会　医生小组座谈会是医生处方行为研究中另一常用的定性研究方法，根据项目的具体要求，选择符合标准的医生8~12人为一组，在主持人的引导下，对某一研究主题进行深入探讨。

医生小组座谈会具有的优点是：参与的医生之间的互动作用可以激发新的思考和想法，这是一对一的面谈所达不到的。而且，群体的压力可以使激进者把自己的想法控制得更现实些。参与者之间积极的互动作用还意味着对委托商而言，通过小组座谈会来获得第一手的医生信息比通过一对一的面谈更为快捷和有趣。

另外，公司的产品经理、市场部经理甚至研发人员可以直接坐在单面镜后面观察与医生的访谈过程，并直接了解相关信息，了解医生的想法和观点，即医生想要的有关产品信息和推广信息，这是一对一的面访所达不到的。

相对于深度访谈来说，医生小组座谈会对于主持人的要求更为严格。除常规项目所需要的主持人应具备的条件外，还需要有一定的专业要求，即医药背景与主持人经验完美结合。这样的人才目前来说很少，如果不是专业的医药市场研究公司很难拥有这样的人才。因此，一般的市场研究公司大多不建议客户进行医生的小组座谈会，而常常是采用医生深度访谈的定性研究方法。

但同任何研究方法一样，定性研究也存在着一些缺点和局限性。

第一个局限性在于营销组合的细微差别即会决定营销工作的成败，而定性调研不能像大范围的定量调研一样区分出这种差别。

第二个局限性是定性调研并不一定能反映出调研者感兴趣的人群。很难说由10个医生组成的小组能够代表所有的医生，或者代表某一医院的医生，小样本以及自由讨论这两点会使得在同一定性调研中出现多种不同的倾向。另外，接受定性调研的人总是不受限制地讲述他们所感兴趣的事。小组中的主导人物可能会使得整个小组的讨论与调研者所关注的主题仅有一点点相接近的地方。如某个医生小组座谈会中如有一位某类疾病的国家级学术带头人，当他与其他医生坐在一起的时候，会不知不觉地谈论起某种疾病及其治疗，这可能原本与题目关系很小；或者碍于他的权威，很多人不想多讲话，或只讲官话、套话，这些都将极大地影响项目得出真实的结论。因此只有非常有经验的调研人员才能将讨论重新引回主题，同时又不压制讨论者的兴趣、热情和表达自己的意愿。

定性调研的最后一点不足在于，大量自称是专家的定性调研人员根本没有受过正式的培训却亦能进行工作。因为在市场调研领域中没有一个相关的认证组织，所以任何人都可以称自己是定性调研专家。不幸的是，毫无戒心的委托商很难分辨调研者的资格或是研究结果的质量。相反，组织高质量的定量调研则需要进行广泛的知识培训。所以，在定量项目中要想滥竽充数即便不是不可能，至少也是非常困难的。

（3）医生处方抄录　在医生处方行为研究中，为了能够得出某些定量结论，经常使用的研究方法是医生处方的抄录。通过抄录医生处方，可以对医生访谈（包括小组座谈会）研究得出的结论进行验证和补充，并能够得出某种药物的市场份额和市场容量的统计数据，结合二手资料的研究，充分了解和分析竞争态势。由于医生处方抄录是定量研究，所以抽样样本的设置和分布显得尤为重要，应尽量保证其抽样覆盖性及抽样科学性，通过使用功能先进的大型统计分析软件可保证数据的可信度及有效性。

3. 保健品准代理商调查样板市场的常用方法

目前通过样板市场的示范性作用来招商的企业很多，但样板市场也良莠不齐。由于一些保健品代理商过分相信样板市场操作方式，想简单复制迅速赚钱，导致一些保健品企业不计成本，投入大量的人力、物力、财力选择一到两个样板市场进行短期轰炸，大力炒作，以此造就虚假繁荣，吸引经销商来考察市场达到目的。因此为了做代理而考察样板市场就要擦亮眼睛，做好调研。

（1）计算广告的投入产出比　要仔细地计算广告投入与实际销量的比例。有的样板市场的广告投入很大，销量也很好，看起来红红火火，但是要是真的计算起投入产出比，可能根本就不赚钱，甚至亏空不小。如果是这样的样板市场那么就可以看出厂家是在招商圈钱，这样的产品千万别做，否则会输得很惨。目前在上海销售的某通便产品，零售价不到三十元钱

（代理销售），上市初期广告投入力度很大，一周两到三次的半版甚至整版报纸广告，如果到终端去问销量，能看得出卖得不错，其实仔细算一算其广告的投入产出比，就会发现该商家根本就不赚钱，甚至还亏得不少，而且广告越做亏得越多。可是要是不做广告货就卖不掉，烂在手里，亏得更多，只能硬着头皮做下去。

（2）调查终端的控制能力　如果厂家敢拿出样板市场给"准代理商"看，那么这个样板市场从表面上看就应该是很不错的，这时要考察市场终端时就要看看厂家对终端的控制能力如何。一般的厂家大都把自己公司所在城市作为样板市场，而这样的厂家大都在当地扎根多年，有强大的销售网络和人脉关系，甚至还有自己的连锁药房和多家专柜、专卖店。如此一来，厂家对终端的控制能力就相当强大，可以省下一大笔终端费用。如果调研市场时对这样的情况不明了，那么同样的产品自己做的时候就可能做不好。有些代理商对终端的掌控能力有限，对广告的投入又能力有限，后果可想而知。

（3）到公司、专卖店、终端药房问销量　有的公司采取电话直销送货上门和专卖店直销的方式，销量可以占到其总销量的60%或更多。这种情况下，如果仅仅到终端看销量显然不准确，因为如果其销量集中于送货上门、专卖店直销，那么你就要去他的公司和专卖店蹲点看实际销量到底如何，这样调查出的结果才真实。有的公司以会议营销销售其产品，你可能在终端看不到产品的影子，但是他做一场活动就能销售几万元甚至几十万元。

（4）看广告投放后的反馈情况　很多保健品是通过广告轰开市场的，那么到样板市场考察时就要看广告投放后的情况。而大多数的样板市场都已经营一两年甚至更长时间，比如上海的某厂家，在上海苦苦挣扎了数年，可是销售依然不景气。该厂家后与广告公司合作，利用媒体在上海进行广告轰炸。其在上海选择了多家报媒投放软硬广告，但实际效果并不佳。而如果你看其广告反馈信息可能并不差，实际上是因为该厂家选择的媒体很多。试想，在上海做十家的报纸广告（一个报媒十个咨询电话，一天就是一百个，你到了其咨询中心，就会感觉销售很火），再做其他媒体，再进入居民小区宣传栏，这么大的投入，对于初来调研市场的人来说，一定以为他的广告效果不错。而如果你也这样做，那么你要考虑能否做得起；而如果你不这么做，那么你的广告就更没效果。所以，在调研这样的市场时，一定要查清样板市场的广告投入情况，都在哪方面投了，广告反馈来自于哪个方面。仔细核算后，再看能否赢利，是否适合自己。而且你考察的多是已进入成熟期的市场，那么就要调研市场导入和成长期的广告投入力度，如果你玩不了那么大，那么你做的时候可能就做不起来。

通过以上的分析，我们可以看出，对于一些代理商来说，要选择一个产品做代理千万不可盲目、冲动，必须做好市场调研。调研，就是调查研究，不能只是调查，更重要的是研究。研究调查信息的真实性，研究市场的动态，研究产品营销的可行性。而市场调研中对消费者的调研则是重中之重。现代营销已经从传统的 4P 向 4C 转变，以前是以产品为中心，现在则是以顾客为中心。因此产品要进入市场一定要调研消费者的需求是什么，只有去迎合，东西才能好卖。产品的卖点不是由你的产品本身决定的，而是由消费者的买点（即需求）决定的，因此，在进行市场调研时，最重要的是调研出自己的产品在消费群体中是不是有市场，能不能卖得出，卖得好。

总之，保健品的营销离不开市场调研，但是对于一些中小型保健品企业和代理商，市场调研是一个令其感到迷茫的问题：在人力上，没有专职的市调人员，或者没有独立的市调部门；在财力上，请不起专业的、务实的市场研究公司，间或根本就不相信研究公司。但是市场调研工作又不能不做，不做就不知道你要讨好的对象是谁，他是怎么想的，他究竟需要的是什么；不做就不知道自己的竞争对手是怎么做的、将怎么样？有多少企业因为没有做好市场调研而纷纷失败，又有多少代理商因为没做好市场调研而将项目盲目上马，因此而一蹶不振。

三、如何选择专业市场研究公司

所谓专业市场研究，就是由职业市场研究和营销管理咨询人员开展的市场调研活动。市场营销活动是一种在营销组织者和消费者（市场）之间双向信息流通的过程，市场营销调研具有将消费者、顾客和公众与营销者连接起来的职能。这些信息用于识别和确定营销机会及问题，提炼和评估营销活动，监督营销绩效，改进人们对营销过程的理解。专业的市场营销调研规定了解决这些问题所需的信息，设计收集信息的方法，管理并实施信息收集过程，分析结果，最后要沟通所得的结论及其意义。

1. 如何找到合适的药品市场研究公司

目前国内市场研究公司大部分集中在北京、上海、广州三地，这些市场研究公司有外资的、有私营的，有多至数百人，少至一两个人组成的公司。由于市场研究行业在中国的发展时间较短，而且在初期（20世纪80年代后期）大多数都是单纯做一些数据采集阶段的执行工作，外加简单的数据分析，造成在研究水平上各家公司参差不齐，服务自然就有质量高低之分。企业在确定要做调研项目后，就需要选择一家合适的专业市场研究公司来承担这项任务。选择时应遵循以下原则。

(1) 明确需要解决的问题，锁定市场调查目标　企业要想解决营销中遇到的问题，就必须有明确的方向和目标。一般来说，企业要对自己遇到的困难有明确的认识，同时需要了解哪一些信息是自己已经有的，哪一些需要外力帮助和支持，这些信息能够有针对性地解决哪些问题。只有明确了方向、目标和需求之后，与市场研究公司才能有良好的沟通，否则往往会跌入"头痛医头，脚痛医脚"以及"眉毛胡子一把抓"的误区。

(2) 信赖有品牌的市场研究公司　目前，作为智力服务型行业的市场研究公司也非常重视品牌建设，很多市场研究公司会经常在一些报纸、杂志等媒体公开发布一些自主的研究结果。从这些研究结果可以看出市场研究公司的研究实力，从数据当中来评估市场研究公司是比较好的办法。通常，市场研究公司都不会去做"硬广告"，也就是"医不叩门"。专业研究文章和数据发布得多的品牌公司，也是值得信赖的市场研究公司，因为这些公司的技术人员通常都会是某些研究领域的专家，同时对于方案设计、数据的收集和阐释能力都较强，并且公司内部的运作非常规范。目前可以结合国内的《医药经济报》、《医学信息》、《当代医药市场》、《医药技术与市场》、《医药企业》、《中国经营报》、《中国医药报》等媒体上的一些市场研究公司的数据和文章来进行选择。

(3) 选择市场研究公司，专业要对口，特长要对路　市场研究公司的专业特长各有不同，天下没有包医百病的医生，也没有无所不能的市场研究公司。它一般可分为很多专业类型，各市场研究公司对行业的认知深度也各不相同，企业在选择市场研究公司时必须做出正确判断。目前很多市场研究公司内部都有明确的分工，例如内部设立了按照行业划分的专业研究事业部，或者有些市场研究公司只从事某一些行业的市场研究，这样能够有效地和有针对性地解决问题。事实上，医药保健品行业是比较特殊的行业，专业性很强。专业从事医药保健品市场研究的机构并不多，找一些无关的市场研究机构也没有必要，还不如把这些时间和精力花在与医药专业研究公司的沟通上。

2. 如何评估市场研究公司

(1) 人员素质　这里指的人员素质是一些基本的素质，例如受教育程度、责任心、从业时间等。除受教育程度和从业时间外，其他的指标都很难量化。每人对个人素质的判断指标都不一样。市场研究项目的质量，在很大程度上取决于项目操作人员的素质和经验。尽管很多公司在简介中都会告之其博士或硕士学位人员的比例，但最重要的还是该项目小组的成员，尤其是谁来做你这个项目的主要研究人员和项目经理。他们的水平基本上代表了项目所能达到的水平。但要注意的是，这里指的不是挂名总负责的人员，而是实际执行的研究员，而且研究员应该是没有身兼多个项目，只是专心负责一个项目。另外，研究人员最好是有过市场营销方面的经验，这样的研究才不会是纯理论派的研究。

（2）研究经验　"经验"一方面指项目研究人员从业时间的长短，另一方面也应包括该公司对医药行业的了解程度和是否从事过类似项目的调研。在市场调查行业的经验越多，就愈能准确地界定客户的问题，对各种调查方法的优缺点也愈了解，对实地执行中易出现的问题能够及时预测和把握。

对于定性调查，从业经验就尤为重要。定性研究最常用的方法是焦点小组座谈，一个有经验的主持人能够从容地控制座谈的进程，调节气氛，调动每个参加者的主动性。一个有经验的主持人与一个没有多少经验的主持人，得到的信息不仅在数量上不同，在质量上也不一样。同理，对于面对面深度访谈项目，访谈人员的经验直接涉及访谈结果的深度和广度。

（3）公司声誉　这是一个比较软性的标准。委托企业在选择市场调查公司时，确实能对声誉做出自己的评判，尽管评判标准不一样。声誉好的调查公司起码在以下几点能让客户放心：第一，能按时间要求完成调查项目；第二，高质量完成调查项目；第三，坚持职业道德标准，为客户保密。

（4）专业化程度　一般来说，市场调查公司的人员一般分为专职人员和兼职人员两种。公司的研究人员、技术人员等一般是专职人员，而访问员、复核员、编码员、行业专家等一般是兼职人员。实地督导也有专职和兼职两种。

不同的市场调查公司要求的专业设施有所不同。例如，一个擅长做电话调查的市场调查公司应该有专门的电话调查设施，如隔开的电话间等；一个经常做定性研究的公司应该有为举行焦点小组座谈会而准备的单面镜研究室。

专业化不仅指研究技术和设施，就医药企业来讲，在评估时更重要的是弄清该研究公司对医药行业的了解程度，是否拥有医药背景专业人士，是否拥有医药项目研究经验。

（5）研究方案　市场研究公司提供的调研方案，在一定程度上反映了该公司的研究实力及其对此项目的重视程度。通常，一份调研方案应该包含以下内容：研究背景、研究目的、研究思路、研究内容、研究方法（调查地点选择、数据采集方式、样本设计、样本量设计）、质量控制方法、最终结果、研究时间、研究费用预算等方面。这些方面组成了一个完整的调研方案。

对于专项研究来说，每个客户的每个项目都是特别的，要有针对性地解决问题。因此，每个调研方案的设计也应该有针对性，而不是千篇一律的，就算是某些比较相似问题的研究已经有比较固定的研究模式，仍然需要根据客户的具体情况做相应的变化和改进。有些市调公司往往改改名称和研究背景，照抄以前的方案。客户如果仔细看一下，就很容易能辨别出来。

另外，也要看调研方案是否考虑了客户的实际情况。有些方案充满了深奥的专业名词和研究模式，但实际上并不是每个项目都需要复杂的分析技巧，重要的是能否有效解决企业的问题。因此，一个调研方案质量好坏的关键在于：它是否能够针对客户的问题，根据客户自身的实际情况，提出合理有效的调研解决方法。

（6）费用预算　市场研究公司的报价自然是客户在做选择时的一项重要考虑因素。每个调研公司有自己的报价体系和方法。需要注意的是调研公司的报价只有在调查方法、质量、地域等都相同时才具有可比性。

值得注意的是,在考虑选择专业调研公司提供外包调研服务时,收费的高低确实是应该考虑的因素。大部分带有营销咨询性质的市场研究项目与单纯结构式问卷调查(定量研究)不同,设计方案往往差别较大。这样,仅以报价为主要评标标准就缺乏科学性。目前国内专业市场调研公司的收费基本上还比较正常。企业在使用专业研究咨询公司时,应把重点放在对方的服务是否能解决企业营销中出现的具体问题上,更加关注调研的质量,在调研过程中要充分沟通。如果在费用开支上毫无道理地压价,受委托的调研公司不得不在各环节降低标准以降低费用,会给质量带来隐患。企业从节省成本的角度来考虑纵然无可厚非,但是市场研究项目同样是一分价钱一分货,便宜不会有高质量的调研报告。

综合起来,以上几个标准可以归纳为两个大类,一是能不能干,二是收费多少。委托方自然是希望能找到价廉质高的市场研究公司为自己服务,但高质量的调查意味着更多的劳动和投入,也就意味着花费的增多。所以在选择市场研究公司时,最重要的一点不是选择价钱低的公司,而是找到价钱与质量相当的,并且质量符合客户要求的公司。在价钱和质量的权衡上,需要重点考虑的是该项市场调查对决策的重要性如何。

【小结】

1. 企业对市场调查存在的误区主要表现在三个方面。第一,企业不愿意去做市场调查。第二,调查期间存在一些技术性方面的误区。第三,选择和使用市场研究服务的误区。由于认识上的误区,企业往往认识不到调查对企业生存发展的重大意义。"科技含量高"并不等于一定就市场好,它们完全是两个概念。比如说某人运用高科技手段发明了治疗某种少见病的药,疗效也很不错,可是全世界一共也没几个得这种病的人,所有患这种病的人就算都买了他的药,他的企业还是不会有任何经济效益可言。可见,"科技含量高"并不一定就等于市场好,即使是对高科技的产品也要进行市场调查。

2. 医药调查是一项专业性很高的调查活动,其基本方法有案头调查和实地调研。案头调研二手资料中的外部来源有艾美仕市场研究公司、《中国医院药品商情》、《中国医药统计年报》、东一信达《中国医药健康产业系列市场研究报告》等。实地调研包括:药店调研、医院药房调研、医生调研、病人调研(或潜在消费者调研)、疗效与副作用的实际情况调研和策划水平调研。

3. 由于医药调查的专业性,很多调研活动都必须由专业性的调研机构完成。所谓专业市场研究,就是由职业市场研究和营销管理咨询人员开展的市场调研活动。市场营销活动是一种在营销组织者和消费者(市场)之间双向信息流通的过程,市场营销调研具有将消费者、顾客和公众与营销者连接起来的职能。这些信息用于识别和确定营销机会及问题,创意、提炼和评估营销活动,监督营销绩效,改进人们对营销过程的理解。专业的市场营销调研规定了解决这些问题所需的信息,设计收集信息的方法,管理并实施信息收集过程,分析结果,最后要沟通所得的结论及其意义。

【知识训练】

1. 什么叫案头调研?

2. 医生调查抽样的四个要求是什么?
3. 医生调查主要要搞清楚什么问题?
4. 病人调查主要要搞清楚什么问题?
5. 处方药二手资料中的外部来源主要有哪四种?
6. 在医生处方行为和态度研究中,常用的定性研究方法有哪些?
7. 在医生处方行为和态度研究中,常用的定量研究方法有哪些?
8. 保健品准代理商调查样板市场的常用方法有哪些?
9. 如何找到合适的药品市场研究公司?

【技术点训练】

(一) 基本技术点
1. 能通过网络找到合适的市场研究公司并说明理由。
2. 简述使用这家调研公司的过程。

(二) 训练内容及要求

某制药企业的新品开发

济南咏芝堂生物科技有限公司成立于 2001 年,主要致力于健康事业的发展,以创建现代化高科技生物医药企业为目标,主要产品发展方向涉及中国传统中医药、生物技术、保健食品、功能性食品、饮料等领域,主营地道药材、阿胶补品。世纪之交,在知识经济的浪潮中,咏芝堂沐浴着中国改革开放的无限春光,焕发出青春活力,在整合了各种优秀资源的基础上,开发研制了阿胶钙咀嚼片、山东阿胶浆口服液、阿胶口服液(礼盒装)、纳米钙综合型、纳米钙中老年钙等一系列保健品。为了使公司生产的保健品的价格、包装等符合消费者的需求,使产品刚上市就能取得良好的口碑和经济效益,所以要选择调研服务公司进行一次市场调查。

(三) 组织方法及步骤
1. 教师将学生分成若干组,每组 4~6 人,安排任务;
2. 学生按小组讨论完成;
3. 各小组派代表阐述小组观点;
4. 教师和学生对每小组的观点改正、修改;
5. 教师点评并总结;
6. 教师指导学生完成工作页。

(四) 评价标准(10 分)
1. 能通过网络找到合适的市场研究公司并说明理由。(5 分)
2. 简述使用这家调研公司的过程。(5 分)

情景实训二 医药保健品市场调查

【实训背景资料】某公司最近开发研制出一种治疗儿童伤风咳嗽的特效药物,为了使该药物的价格、包装等符合消费者的需求,使该药物刚上市就能取得良好的口碑和经济效益,该公司要进行一次市场调查。

一、设计调查方案

1. 实训目的

通过实训，培养学生的市场调查方案设计能力。

2. 实训内容和要求

（1）划分小组，指定或选举组长，明确每个成员应承担的任务；

（2）根据给定的管理情景，讨论确定调查目的和调查项目的信息源；

（3）如果是案头调研，需说明信息来源；实地调查需要设计调查表或问卷；

（4）确定调查的对象、时间、地点、方式和方法；

（5）确定调查人员和估算调查费用；

（6）在限定的时间内完成调查方案设计，并撰写市场调查计划。

3. 总结评析

（1）调查方案的内容是否齐全；

（2）撰写是否简明扼要，条理清晰；

（3）调查方案是否具可操作性。

二、问卷编制

1. 实训目的

通过实训，使学生掌握问卷设计的技巧，学会设计医药保健品市场营销调查问卷。

2. 实训内容及要求

（1）让每个学生找一份自己所见过的问卷，携带问卷前来上课；

（2）讲解问卷设计的基本方法，重点指出一些问卷设计的注意事项和误区；让学生对照自己所收集的问卷，挑出不恰当之处；

（3）根据背景资料给定情境，划分小组，以组为单位设计问卷；

（4）要求各个小组根据背景资料情境确定调查目标和调查内容；

（5）各小组通过反复讨论设计出问卷；

（6）给每个小组发一份其他小组设计的问卷，要求其评价修改；

（7）将评价、修改之后的问卷返回原设计小组，让小组成员再次推敲问卷内容。

3. 总结评析

（1）评点学生调查目标设计得是否合理；

（2）评点各份问卷的优缺点；

（3）总结各小组设计问卷中出现的一些有代表性的问题。

三、信息资料的处理

1. 实训目的

主要对学生进行有针对性地查找文案资料的实训。

2. 基本操作指导及要求

（1）老师讲解检索、查找资料的基本方法；

（2）拟定一个或数个检索主题，提出文案调查要求；

（3）划分小组，指定或选举组长，明确每个成员应承担的任务；

（4）各组根据给定的调查项目拟定查找资料的信息源；

（5）确定检索资料的范围和方法；

（6）在限定的时间内完成文案调查，并整理形成调查报告。

3. 总结评析

（1）评点学生检索资料的范围和方法；

(2) 评点各份调查报告的优缺点；
(3) 评点二手资料分析过程中出现的一些代表性问题。

四、实地调查

1. 实训目的

该部分的实训内容主要是调查方法和抽样方法的选择、实地调查技巧的训练。

2. 基本操作指导及要求

(1) 要求学生根据前面调查方案确定的调查项目，组成项目小组，但必须明确每个成员的具体任务；
(2) 老师讲解实地调查的基本要求；
(3) 针对调查项目选择适当的调查方法；
(4) 进行抽样设计，并根据抽样方案确定样本调查对象；
(5) 对所抽样本中的调查对象进行实地调查。

3. 总结评析

(1) 让学生坐在一起讲述自己在实地调查中所经历的一些典型情境，总结自己在实地调查中的成功与失误；
(2) 老师评点有代表性的抽样方案；
(3) 总结实地访问中应注意的问题。

五、调查报告的撰写

1. 实训目的

主要训练学生对数据信息进行定性分析和定量分析，并撰写报告。

2. 基本操作指导及要求

(1) 给定模拟实战资料（利用上面实地调查所得的信息）；
(2) 概述当前治疗糖尿病的药物面临的问题，要求学生分析现有信息；
(3) 要求学生在报告附录中写出数据分析的过程，及一些中间数据；
(4) 要求学生在两天之内（利用课余时间）完成数据分析工作；
(5) 要求学生在一天之内完成报告撰写工作。

3. 总结评析

(1) 评点学生在数据分析过程中出现的问题；
(2) 评点学生调查报告中的优缺点。

情景三
医药保健品营销策划与实施

为了促使消费者尽快采取"购买"行动，现代营销策划热衷于运用"市场调研、渠道、终端、公益事业、创意、口碑、危机管理"等多种手段与各种形式的广告进行进一步的"有机"整合。但医药保健品行业不同于其他行业，如果一味强调营销手段，导致消费者用药不当，可能会付出健康甚至生命的代价。只有在"合法、产品质量没问题且疗效确实好"的基础上，综合运用多种营销手段达到提高销量的目的才问心无愧。

项目 6
市场策略

知识目标 →→→
1. 解释什么是市场细分，什么是目标市场选择，什么是市场定位。
2. 学会市场细分的方法，学会选择目标市场，学会市场定位的方式。

能力目标 →→→
1. 细分某医药市场。
2. 选择医药目标市场。
3. 进行市场定位。

如果没有找准目标市场就做营销是一件很可怕的事情，可能医药企业花了几千万元的广告费用，结果大部分打了水漂。因此目标市场的细分、选择和定位对于企业的经营生存发展乃至在市场中所处的地位都起着至关重要的作用。

一、市场细分和目标市场选择

对于一种处方药来说，确定目标市场就是要分析：这个药品的销售应该在哪些城市？是北京、上海、广州、深圳这样的一级城市还是其他省会城市？应该覆盖多少家医院？覆盖什么级别的医院？是三级甲等医院还是二级医院？哪些科室的医生是目标客户？想得出相关结论，需要通过市场调查来完成。如销售左氧氟沙星注射液的医药代表，他所管辖的医院包括北京协和医院、北京大学第三医院、北京大学人民医院等大客户，他可以选择去呼吸科、消化科、高干病房、重症监护病房/心脏重症监护病房、肿瘤科、血液科、普外科等，究竟应该选择哪些科室的医生作为目标客户，有重点地推广，从而提高他的销售效率，这也遵循着商业界的"二八原则"。市场研究公司在确定这样的科室选择的时候，显然不会只考虑在特定科室病人多少的问题，而会综合考虑病人数量、病床周转率、病人支付能力、对医疗保险报销的依赖程度、竞争激烈程度等诸多问题，从而来帮助确定目标科室。

而对于一个非处方药物或者保健品来说，目标市场的确定变得更为复杂。谁是企业产品的目标客户？很多产品经理对这个问题感到很困惑。而一个设计完善的市场调查可以帮助解决这个问题。可以从消费者心理和行为的层面来描述目标客户，从而进行有效的市场细分。

（一）市场细分

市场细分即是把有共同需求的消费者归在一起，因此市场细分是以需求为导向的，它的主要依据是消费者的共同需求。市场细分的目的是为了找到有共同需求的消费者，即目标对象。这样才能集中所有的营销手段和资源进行有目的的攻击，才能创造出符合这群消费者共同需求的产品形象,解决营销学中"5W"中的第一个即"Who"的问题。

药品的目标市场的确定要较其他产品如快速消费品容易和简单得多,在有些情况下,企业可能根本不需要做目标市场的研究。如抗抑郁药物,其目标人群就是精神科医生。而抑郁症患者虽然是最终服药的消费者,但其不具备自主购药能力,因此在购买环节上不起决定作用。但在保健品及一些常用OTC药物中,目标市场的研究还是非常重要的。如维生素、补钙产品、感冒药等,应该将产品销售给谁,这是需要医药企业去考虑的。

在医药保健品中,河南宛西药业就是一个市场细分的典型例子,其主要针对男性消费者的六味地黄丸功能定位为滋阴补肾,治头晕耳鸣、腰膝酸软,而针对女性的仲景牌逍遥丸则是针对烦躁易怒、心慌气乱的患者。针对功能结构上的差异化或症状表现上的多样化来确定目标消费群的不同定位,能极大地刺激目标受众的心理认同度和个性化需求的满意度,对形成产品的消费忠诚度,刺激市场潜在需求,进一步延伸或拓展重复性和持续性购买有良好的帮助。

1. 市场细分的基础

(1) 顾客需求的差异性是客观基础 顾客需求的差异性是指不同的顾客之间的需求是不一样的。在市场上,消费者总是希望根据自己的独特需求去购买产品,我们根据消费者需求的差异性可以把市场分为"同质性需求"和"异质性需求"两大类。同质性需求是指由于消费者的需求的差异性很小,甚至可以忽略不计,因此没有必要进行市场细分。而异质性需求是指由于消费者所处的地理位置、社会环境不同,自身的心理和购买动机不同,造成他们对产品的价格、质量款式上需求的差异性。这种需求的差异性就是我们市场细分的基础。

(2) 顾客需求的相似性是理论基础 在同一地理条件、社会环境和文化背景下的人们会形成相对类似的人生观、价值观的亚文化群,他们的需求特点和消费习惯大致相同。正是因为消费需求在某些方面的相对同质,市场上有绝对差异的消费者才能按一定标准聚合成不同的群体。所以消费者的需求的绝对差异造成了市场细分的必要性,消费需求的相对同质性则是使市场细分有了实现的可能性。

(3) 企业有限的资源是外在基础 现代企业由于受到自身实力的限制,不可能向市场提供能够满足一切需求的产品和服务。为了有效地进行竞争,企业必须进行市场细分,选择最有利可图的目标细分市场,集中企业的资源,制定有效的竞争策略,以取得和增加竞争优势。

2. 市场细分的作用

(1) 有利于选择目标市场和制定市场营销策略 市场细分后的子市场比较具体,比较容易了解消费者的需求。企业可以根据自己经营思想、方针及生产技术和营销力量,确定自己的服务对象,即目标市场。针对目标市场,可以制定特殊的营销策略。同时,在细分的市场上,容易了解和反馈信息,一旦消费者的需求发生变化,企业可迅速改变营销策略,制定相应的对策,以适应市场需求的变化,提高企业的应变能力和竞争力。

(2) 有利于发掘市场机会,开拓新市场 通过市场细分,企业可以对每一个细分市场的购买潜力、满足程度、竞争情况等进行分析对比,探索出有利于本企业的市场机会,使企业及时作出投产、移地销售决策或根据本企业的生产技术条件编制新产品开拓计划,进行必要的产品技术储备,掌握产品更新换代的主动权,开拓新市场,以更好地适应市场的需要。

(3) 有利于集中人力、物力投入目标市场 任何一个企业的资源、人力、物力、资金都是有限的。通过细分市场,选择了适合自己的目标市场,企业可以集中人、财、物及资源,去争取局部市场上的优势,然后再占领自己的目标市场。

(4) 有利于企业提高经济效益　前面三个方面的作用都能使企业提高经济效益。除此之外，企业通过市场细分后，可以面对自己的目标市场，生产出适销对路的产品，既能满足市场需要，又可增加企业的收入；产品适销对路可以加速商品流转，加大生产批量，降低企业的生产销售成本，提高生产工人的劳动熟练程度，提高产品质量，全面提高企业的经济效益。

3. 市场细分的原则

企业进行市场细分的目的是通过对顾客需求差异予以定位，来取得较大的经济效益。众所周知，产品的差异化必然导致生产成本和推销费用的相应增长，所以，企业必须在市场细分所得收益与市场细分所增成本之间做一权衡。由此，我们得出有效的细分市场必须具备以下特征。

(1) 可衡量性　指各个细分市场的购买力和规模能被衡量的程度。如果细分变数很难衡量的话，就无法界定市场。

(2) 可赢利性　指企业新选定的细分市场容量足以使企业获利。

(3) 可进入性　指所选定的细分市场必须与企业自身状况相匹配，企业有优势占领这一市场。可进入性具体表现在信息进入、产品进入和竞争进入。考虑市场的可进入性，实际上是研究其营销活动的可行性。

(4) 差异性　指细分市场在观念上能被区别并对不同的营销组合因素和方案有不同的反应。

4. 市场细分的变量与步骤

消费者市场的细分变量主要有经济变量、地理变量、人口变量、心理变量和行为变量五类。产业市场的细分变量，有些与消费者市场的细分变量是相同的，如地理变量、追求的利益、使用者情况、使用率、对品牌的忠诚度等。但除上述细分变量外，产业市场营销者还运用用户的行业类别、用户规模等变量对产业市场进行细分。

一家航空公司对从未乘过飞机的人很感兴趣（细分标准是心理变量）。而从未乘过飞机的人又可以细分为害怕乘飞机的人、对乘飞机无所谓的人以及对乘飞机持肯定态度的人（细分标准是行为变量）。在持肯定态度的人中，又包括高收入有能力乘飞机的人（细分标准是经济变量）。于是这家航空公司就把力量集中在开拓那些对乘飞机持肯定态度，只是还没有乘过飞机的高收入群体。

可见，市场细分包括以下步骤。

(1) 选定产品市场范围　公司应明确自己在某行业中的产品市场范围，并以此作为制定市场开拓战略的依据。

(2) 列举潜在顾客的需求　可从地理、人口、心理等方面列出影响产品市场需求和顾客购买行为的各项变量。

(3) 分析潜在顾客的不同需求　公司应对不同的潜在顾客进行抽样调查，并对所列出的需求变量进行评价，了解顾客的共同需求。

(4) 制定相应的营销策略　调查、分析、评估各细分市场，最终确定可进入的细分市场，并制定相应的营销策略。

（二）目标市场选择

所谓目标市场（target market），就是企业在市场细分后决定要进入的细分市场。企业在划分好细分市场之后，可以进入既定市场中的一个或多个细分市场。目标市场选择是指估计每个细分市场的吸引力程度,并选择进入一个或多个细分市场。

新产品开发的第一阶段就是要确定新产品的目标市场。目标市场研究的目的就是帮助医药企业正确选择自己的消费者(患者),它首先应该在产品设计之前进行,在产品成型之后再次进行确认或改进。对于老产品来说,目标市场的研究也可以重新找到更具潜力的目标消费者,或者找到可以扩展的新市场。

1. 目标市场选择标准

(1) 有一定的规模和发展潜力　企业进入某一市场是期望能够有利可图,如果市场规模狭小或者趋于萎缩状态,企业进入后难以获得发展。此时,应审慎考虑,不宜轻易进入。当然,企业也不宜以市场吸引力作为唯一取舍,特别是应力求避免"多数谬误",即与竞争企业遵循同一思维逻辑,将规模最大、吸引力最大的市场作为目标市场。大家共同争夺同一个顾客群的结果是,造成过度竞争和社会资源的无端浪费,同时使消费者的一些本应得到满足的需求遭受冷落和忽视。现在国内很多企业动辄将城市尤其是大中城市作为其首选市场,而对小城镇和农村市场不屑一顾,很可能就步入误区,如果转换一下思维角度,一些目前经营尚不理想的企业说不定会出现"柳暗花明"的局面。

(2) 细分市场结构的吸引力　细分市场可能具备理想的规模和发展特征,然而从赢利的观点来看,它未必有吸引力。波特认为有五种力量决定整个市场或其中任何一个细分市场长期的内在吸引力。这五个力量是:同行业竞争者、潜在的新参加的竞争者、替代产品、购买者和供应商。他们具有如下五种威胁性。

① 细分市场内激烈竞争的威胁。如果某个细分市场已经有了众多的、强大的或者竞争意识强烈的竞争者,那么该细分市场就会失去吸引力。如果出现该细分市场处于稳定或者衰退,生产能力不断大幅度扩大,固定成本过高,撤出市场的壁垒过高,竞争者投资很大,那么情况就会更糟。这些情况常常会导致价格战、广告争夺战、新产品推出,并使公司要参与竞争就必须付出高昂的代价。

② 新竞争者的威胁。如果某个细分市场可能吸引会增加新的生产能力和大量资源并争夺市场份额的新的竞争者,那么该细分市场就会没有吸引力。问题的关键是新的竞争者能否轻易地进入这个细分市场。如果新的竞争者进入这个细分市场时遇到森严的壁垒,并且遭受到细分市场内原来的公司的强烈报复,他们便很难进入。保护细分市场的壁垒越低,原来占领细分市场的公司的报复心理越弱,这个细分市场就越缺乏吸引力。某个细分市场的吸引力随其进退难易的程度而有所区别。根据行业利润的观点,最有吸引力的细分市场应该是进入的壁垒高、退出的壁垒低。在这样的细分市场里,新的公司很难打入,但经营不善的公司可以安然撤退。如果细分市场进入和退出的壁垒都高,那里的利润潜量就大,但也往往伴随较大的风险,因为经营不善的公司难以撤退,必须坚持到底。如果细分市场进入和退出的壁垒都较低,公司便可以进退自如,然而获得的利润虽然稳定,但不高。最坏的情况是进入细分市场的壁垒较低,而退出的壁垒却很高。于是在经济良好时,大家蜂拥而入,但在经济萧条时,却很难退出。其结果是大家都生产能力过剩,收入下降。

③ 替代产品的威胁。如果某个细分市场存在着替代产品或者有潜在替代产品,那么该细分市场就失去吸引力。替代产品会限制细分市场内价格和利润的增长。公司应密切注意替代产品的价格趋向。如果在这些替代产品行业中技术有所发展,或者竞争日趋激烈,这个细分市场的价格和利润就可能会下降。

④ 购买者讨价还价能力加强的威胁。如果某个细分市场中购买者的讨价还价能力很强或正在加强,该细分市场就没有吸引力。购买者便会设法压低价格,对产品质量和服务提出

更高的要求，并且使竞争者互相斗争，所有这些都会使销售商的利润受到损失。如果购买者比较集中或者有组织，或者该产品在购买者的成本中占较大比重，或者产品无法实行差别化，或者顾客的转换成本较低，或者由于购买者的利益较低而对价格敏感，或者顾客能够向后实行联合，购买者的讨价还价能力就会加强。销售商为了保护自己，可选择议价能力最弱或者转换销售商能力最弱的购买者。较好的防卫方法是提供顾客无法拒绝的优质产品。

⑤ 供应商讨价还价能力加强的威胁。如果公司的供应商——原材料和设备供应商、银行、公会等，能够提价或者降低产品和服务的质量，或减少供应数量，那么该公司所在的细分市场就会没有吸引力。如果供应商集中或组织，或者替代产品少，或者供应的产品是重要的投入要素，或者转换成本高，或者供应商可以向前实行联合，那么供应商的讨价还价能力就会较强大。因此，与供应商建立良好关系和开拓多种供应渠道才是防御上策。

(3) 符合企业目标和能力　某些细分市场虽然有较大吸引力，但不能推动企业实现发展目标，甚至分散企业的精力，使之无法完成其主要目标，这样的市场应考虑放弃。另一方面，还应考虑企业的资源条件是否适合在某一细分市场经营。只有选择那些企业有条件进入、能充分发挥其资源优势的市场作为目标市场，企业才会立于不败之地。

现代市场经济条件下，制造商品牌和经销商品牌之间经常展开激烈的竞争，也就是所谓品牌战。一般来说，制造商品牌和经销商品牌之间的竞争，本质上是制造商与经销商之间实力的较量。在制造商具有良好的市场声誉，拥有较大市场份额的条件下，应多使用制造商品牌，无力经营自己品牌的经销商只能接受制造商品牌。相反，当经销商品牌在某一市场领域中拥有良好的品牌信誉及庞大的、完善的销售体系时，利用经销商品牌也是有利的。因此进行品牌使用者决策时，要结合具体情况，充分考虑制造商与经销商的实力对比，以求客观地作出决策。

2. 选择目标市场应考虑的因素

(1) 企业实力　企业实力是选择目标市场策略时考虑的首要因素。如果企业资金雄厚，规模大，技术力量强，设备先进，原材料、能源供应条件好，有能力覆盖所有的市场面，则可采用无差异性市场营销策略或差异性市场营销策略；反之，如果实力较弱，特别是小型企业，则采取集中性市场营销策略较为有效。

(2) 产品同质性　产品同质性是指产品在性能、特点等方面的差异性的大小。对于同质产品或需求上共性较大的产品，一般宜采用无差异性市场营销策略；一些差异性较大的产品，则应采用差异性市场营销策略或集中性市场营销策略。

(3) 市场同质性　市场同质性是指如果市场上所有顾客在同一时期偏好大致相同，购买行为大致相近，并且对市场营销刺激的反应也基本相同，则可视为同质市场，宜采用无差异性市场营销策略；反之，如果市场需求的差异较大，则为异质市场，宜采用差异性市场营销策略或集中性市场营销策略。

(4) 产品生命周期　产品生命周期是指产品所处的生命周期阶段不同，要求采用不同的目标市场策略。产品处于投入期时，宜采用无差异性市场营销策略，也可采用集中性市场营销策略。当产品进入成长期和成熟期后，宜采用差异性市场营销策略。

(5) 竞争对手的市场策略　竞争对手的市场策略是指一般来说，企业所采用的目标市场策略应与竞争者有所区别。如果竞争对手实行无差异性市场营销策略，则企业应采用差异性市场营销策略；如果竞争对手实行差异性市场营销策略，则企业应采用集中性市场营销策略或更深一层的差异性市场营销策略。但是，如果企业面临的竞争对手实力较弱，企业就可以采用与之相同的市场策略，然后，凭借实力击败竞争对手。

二、产品定位

1. 什么是定位

定位是美国行销策略专家杰克·特劳特首先提出的革命性的传播新法,现已成为行销理论的主流。特劳特认为,定位不是去创造新而独特的东西,而是去操纵原已在人们心中的想法。消费者的心是行销的终极战场。定位,不是要琢磨产品,而是要对顾客心中的想法下工夫,要发掘顾客内心的需求。如企业和消费者都认为对香皂的需求就是去污、洗干净,而真正的干净即杀菌,消费者无法表达出来,但这正是他们内心的需求。舒肤佳香皂杀菌的定位无疑打开了消费者的心门。

美国著名营销学专家菲利普·科特勒指出:定位就是对公司的产品进行设计,从而使其能在目标顾客心目中占有一个独特的、有价值的位置的行动。

不难看出,定位指出了产品制胜的关键所在,即我们的产品至少有一个在消费者看来竞争对手所没有或明显优于竞争对手的优势,解决了说什么(What)的问题,从定义中也可看出一个有效定位的三个必备条件:①针对目标消费者;②独特的,即大家都不具备的或第一个说出来的,如舒肤佳的"杀菌",乐百氏纯净水的"层净化";③有价值的,即产品的定位是符合目标消费者需求的,如对于牙痛者来说能使牙齿洁白的牙膏就毫无价值。

2. 定位的威力

(1) 节省费用 今天人们每日接受的新产品、新资讯与日俱增,而消费者只能接受有限的信息,要使产品形象根植于消费者心中,成本越来越高。而定位是运用所有的营销手段只传播一个清晰独特的概念,当从所有的途径得到的都是一个声音时,定位就已深入人心。

(2) 快速奏效 定位能够以较快的时间直接在人们心目中占据一个有价值的位置,从而影响购买决策。

(3) 积累效果 一旦定位确立,必将进行长期持续的投资,日积月累后定位在消费者的心目中将越来越牢固,它的回报必定是良好稳固的品牌资产。

(4) 构筑竞争壁垒 随着定位在人们心目中的建立与加强,消费者会视其为某个产品领域的首选品牌,从而成为强势品牌,有效遏制了其他品牌的进入与发展。

3. 定位的基本工具

(1) SWOT分析 SWOT分析是对产品的一次全方位分析,其目的是找到产品的优势和机会,建立有效的定位。优势和劣势总是来自于公司或产品本身,例如:公司形象、营销队伍、网络、客户服务、产品疗效、副作用、方便性、价格、市场占有率。机会和威胁来自于外部或竞争状况,例如:经济状况,医药政策,竞争者数量、实力、营销能力等。

(2) 品牌定位描述 品牌定位描述即是对定位主要元素的叙述,要求用消费者的语言,简单易记,清晰可信,有以下主要内容。

① 品牌名称。即顾客怎样称呼你的品牌。
② 市场描述。即怎样描述你的产品与竞争产品所处的领域(见表6-1)。
③ 目标听众。即购买者或使用者。
④ 不同点。即你的品牌能让顾客得到什么特别的实惠。
⑤ 特别的卖点。即你有什么最独特、最可信的建议使顾客相信你的品牌是最好的。
⑥ 支持/理由。什么是支持你特别卖点的原因。
⑦ 品牌个性。把品牌拟人化,顾客会怎样描述它及希望顾客怎样描述它。

表 6-1 SWOT 分析表

分析项目	S(优势)	W(劣势)
获利能力		
市场策划		
渠道		
药品质量		
价格		
财力		
组织结构		
企业声誉		
营销队伍		
顾客服务		
分析项目	O(机会)	T(威胁)
潜在顾客		
目前顾客		
竞争环境		
经济环境		
政策法规的变化		
公费医疗目录		
基本医疗保险目录		

下面以高露洁和潘婷为例描述品牌定位（表 6-2）。

表 6-2 高露洁和潘婷品牌定位

品牌名称	高露洁	潘婷
市场描述	牙膏	洗发水
目标受众	8岁以上容易蛀牙的人	25~55岁的女性
不同点	含氟	含有维生素原 B_5
特别的卖点	让你的牙齿更坚固	让您的秀发更亮泽
支持/理由	氟能坚固牙齿	维生素原 B_5 能使头发亮泽
品牌个性	专业、可信赖、健康	自信、现代、时尚、女性

4. 市场定位策略

（1）抢占或填补市场空位策略　这种策略是将企业定位在目标市场的空白处。这种定位既避开了和目标市场上的竞争对手直接对抗，又有利于企业在目标市场的空隙或空白领域开拓新的市场，发展特色产品，使企业能够迅速地塑造与众不同的市场形象，于较短的时间内在市场上站稳脚跟。

（2）与竞争者并存和对峙的市场定位策略　这种策略是将企业的市场确定在靠近目标市场上现有竞争者或与现有竞争者重合的位置。企业与竞争者争夺同样的顾客，彼此在产品、价格、分销及促销等各个方面差别不大。

（3）取代竞争者的市场定位策略　这种策略就是将竞争者赶出原有位置，并取而代之。一些实力雄厚的大企业，为了扩大自己的市场范围，通常会采取这种策略。

5. 市场定位的步骤

（1）确认本企业潜在的竞争优势　这一步的中心任务是要了解：目标市场上的消费者需要什么？这些需要是否得到了满足？满足的程度如何？目标市场上的竞争者的产品定位如何？本企业能为目标顾客做些什么？了解了这些问题，企业就可确定自己的潜在竞争优势在何处。

(2) 从潜在竞争优势中选择真正有开发价值的竞争优势　一个企业的竞争优势是本企业能够胜过竞争者的能力。这种能力既可以是现有的，也可以是潜在的。一般情况下，企业要通过分析、比较自己与竞争者在经营管理、技术开发、市场营销、产品等方面的强弱，然后选出适合本企业的优势项目。

(3) 在市场上显示独特的竞争优势　企业要积极主动地通过一系列的宣传促销活动，将其独特的竞争优势准确地传播给潜在顾客，引起顾客对本企业及产品形象特征的注意和兴趣，使他们熟悉、认同、喜欢、偏爱本企业的市场定位，以使企业的竞争优势对顾客的购买行为产生影响。

【小结】

1. 市场细分即是把有共同需求的消费者归在一起，因此市场细分是以需求为导向的，它的主要依据是消费者的共同需求。市场细分的目的是为了找到有共同需求的消费者，即目标对象。顾客需求的差异性是客观基础，顾客需求的相似性是理论基础，企业有限的资源是外在基础。

2. 所谓目标市场，就是企业在市场细分后，决定要进入的细分市场。企业在划分好细分市场之后，可以进入既定市场中的一个或多个细分市场。新产品开发的第一阶段就是要确定新产品的目标市场。目标市场研究的目的就是帮助医药企业正确选择自己的消费者（患者），它首先应该在产品设计之前进行，在产品成型之后再次进行确认或改进。对于老产品来说，目标市场的研究也可以重新找到更具潜力的目标消费者，或者找到可以扩展的新市场。

3. 定位就是对公司的产品进行设计，从而使其能在目标顾客心目中占有一个独特的、有价值的位置的行动。定位指出了产品制胜的关键所在，即我们的产品至少有一个在消费者看来竞争对手所没有或明显优于竞争对手的优势，解决了说什么（What）的问题。从定义中也可看出一个有效定位的三个必备条件：①针对目标消费者；②独特的，即大家都不具备的或第一个说出来的，如舒肤佳的"杀菌"，乐百氏纯净水的"层净化"；③有价值的，即产品的定位是符合目标消费者需求的，如对于牙痛者来说能使牙齿洁白的牙膏就毫无价值。

【知识训练】

1. 什么叫市场细分？
2. 市场细分的作用是什么？
3. 市场细分的步骤有哪些？
4. 目标市场选择必须具备怎样的标准？
5. 什么是定位？
6. 定位的基本工具有哪些？
7. 定位的策略与步骤有哪些？

【技术点训练】

(一) 基本技术点

1. 能对医药产品进行市场细分，并能选择目标市场。
2. 能对产品进行市场定位。

（二）训练内容及要求

××霉素定位策划方案

一、市场分析

××霉素属于大环内酯类抗生素，临床上主要用于呼吸道感染及淋球菌、衣原体、支原体导致的生殖器感染、软组织感染等。从市场的角度来看，××霉素的上市面临着众多的困难和阻力。

1. 一般性抗感染用药市场已被广谱抗菌的老牌抗生素如青霉素类等牢牢占领，无论是医院还是零售终端，氨苄青霉素、羟氨苄青霉素始终都是治疗常规感染的首选。这些药品最初是通过医院销售的优势而带动零售的。受医生权威推荐的影响，这一类药品品牌在消费者心中留下了根深蒂固的印象。要改变消费者的观念，需要一定的时间。作为要求在短期内成功上市的××霉素来讲，不宜在这一细分市场上与上述老牌品种硬拼。

2. 治疗深度感染和交叉感染的市场又被作用强劲的头孢菌素类抗生素如头孢拉定、头孢氨苄等品种所占领，这些品种因作用明显，已成抗生素中的王牌。而且，由于竞争的激烈和成本的下降，头孢菌素类抗生素的价格一路下滑。新药品如进入这一细分市场，必定利润微薄而导致投入与产出不相称。因此，××霉素也不宜定位于这一市场。

3. 用于治疗呼吸道感染和软组织感染是××霉素的主要功能之一，而这一细分市场又被众多的其他大环内酯类抗生素如乙酰螺旋霉素、麦迪霉素等所占领，并且价格不高，利润相对较低。显然××霉素进入这一市场也是很不合适的。

由此看来，面对已经瓜分得七零八落的市场，××霉素只能独辟蹊径，找出市场的薄弱点和空缺点，强势进入，才能在激烈的市场竞争中突出重围，获得成功。

二、市场定位

为确保策划的科学性和市场推广的万无一失，我们对抗生素药品的临床趋势及在OTC市场的状况进行了一次全面的调查。精心设计的问卷很快被回收，通过归类和数据处理，来自医生、店员和消费者方面的调查结果在证明了上述分析准确的同时，我们还得到了一个意外的收获：在抗生素的细分市场上，专用于治疗性传播疾病的抗生素非常少，在国内形成品牌的几乎没有，但是这一细分市场却具有非常大的市场潜力。××霉素恰恰具有对淋球菌、支原体、衣原体等导致性传播疾病的病原微生物有较强杀灭作用。经过讨论，我们决定将××霉素定位为一个专用于治疗性传播疾病的抗生素药品。

受传统观念的影响，一些中成药、西药如果兼有治性病的功效时，往往在说明书上"犹抱琵琶半遮面"地附加一句：也可用于泌尿系统感染。但是，由于很多消费者医学知识有限，根本就不明白泌尿系统感染包括哪些病，有何症状。针对治疗性传播疾病这一细分市场的现状，经过一番论证，我们在决定××霉素的广告诉求时从加强与患者的有效沟通出发，选择了"明线"的方式，既打破传统，又顾及消费者的面子。于是，在坚持以药理学为依据，集中力量突破重点的战略目标下，将××霉素的广告诉求定位为：强效杀菌，淋病克星。

（三）组织方法及步骤

1. 教师将学生分成若干组，每组4~6人，安排任务；
2. 学生按小组讨论完成；
3. 各小组派代表阐述小组观点；
4. 教师和学生对每小组的观点改正、修改；
5. 教师点评并总结；
6. 教师指导学生完成工作页。

（四）评价标准（10分）

1. ××霉素是如何进行市场细分的？（3分）
2. ××霉素目标市场选择在哪里？（3分）
3. ××霉素的市场定位是什么？（4分）

项目 7
策划与实施产品销售策略

知识目标 →→→
1. 解释什么是处方药，什么是非处方药，什么是保健品。
2. 简述医药代表的基本职责和素质要求。
3. 了解药品和保健品的产品策略的实质和重要作用。

能力目标 →→→
1. 选择和运用产品策略。
2. 建设和维护医药品牌。

一、医药保健品分类

（一）处方药与非处方药

1. 什么是处方药与非处方药

药品分类管理是国际通行的管理办法。它是根据药品的安全性、有效性原则，依其品种、规格、适应症、剂量及给药途径等的不同，将药品分为处方药和非处方药并作出相应的管理规定。

处方药是必须凭执业医师或执业助理医师处方才可调配、购买和使用的药品；非处方药是不需要凭医师处方即可自行判断、购买和使用的药品。处方药英语称 Prescription Drug，Ethical Drug，非处方药英语称 Nonprescription Drug，在国外又称之为"可在柜台上买到的药物"（Over The Counter，OTC）。

处方药和非处方药的划分不是因为药品本质的属性，而是管理上的界定。无论是处方药，还是非处方药，都是经过国家药品监督管理部门批准的，其安全性和有效性是有保障的。其中非处方药主要是用于治疗各种消费者容易自我诊断、自我治疗的常见轻微疾病。

实行处方药与非处方药分类管理，其核心目的就是有效地加强对处方药的监督管理，防止消费者因自我行为不当导致滥用药物和危及健康。另一方面，通过规范对非处方药的管理，引导消费者科学、合理地进行自我保健。其意义有以下三点：①有利于保障人民用药安全有效，药品是特殊的商品，它有一个合理使用的问题，否则不仅浪费药品资源，还会给消费者带来许多不良反应，甚至危及生命，有的还会产生机体耐受性或耐药性而导致以后治疗上的困难；②有利于医药卫生事业健康发展，推动医药卫生制度改革，增强人们自我保健、自我药疗意识，促进我国"人人享有初级卫生保健"目标的实现；为医药行业调整产品结构，促进医药工业发展提供良好机遇；③有利于逐步与国际上通行的药品管理模式接轨，有利于国际间合理用药的学术交流，提高用药水平。

2. 如何正确使用非处方药

俗话说"是药三分毒",非处方药虽然是经过医药学专家的严格遴选,并经国家药品监督管理局批准,但它们仍然是药品,因此,在使用时同样要十分谨慎,切实注意以下几点。

① 通过各种渠道,充实、提高个人的用药知识,作为自我药疗的基础,便于小病的自我判断。

② 正确选用有国家统一标识的非处方药。

③ 仔细阅读标签说明书,了解其适应症、注意事项及不良反应。

④ 认真检查所选药品有无批准文号及非处方药"登记证书编号"。

⑤ 注意药品的内外包装是否有破损及有效期。

⑥ 严格按说明书用药,不得擅自超量、超时使用,若有疑问要向医师咨询。

⑦ 按要求储藏药品,放置于小儿不可触及处。

(二)保健品

1. 分类

目前市场上的保健品大体可以分为一般保健食品、保健药品、保健化妆品、保健用品等。保健食品具有食品性质,如茶、酒、蜂制品、饮品、汤water、鲜汁、药膳等,具有色、香、形、质要求,一般在剂量上无要求;保健药品具有营养性、食物性天然药品性质,应配合治疗使用,有用法用量要求,如目前带"健"字批号的药品;保健化妆品具有化妆品的性质,不仅有局部小修饰作用,且有透皮吸收、外用内效作用,如保健香水、霜膏、漱口水等;保健用品具有日常生活用品的性质,如健身器、按摩器、磁水器、健香袋、衣服鞋帽、垫毯等。随着大家健康保健意识的不断增强,保健食品市场也空前的火爆起来。火爆的市场中,各种产品的质量也是参差不齐。

2. 保健食品标志含义

保健食品标志的颜色为天蓝色,图标下半部分有保健食品字样。国家规定,在影视、报刊、印刷品、店堂、户外广告等可视广告中,保健食品标志所占面积不得小于全部广告面积的1/36。其中报刊、印刷品广告中的保健食品标志,直径不得小于1厘米。

3. 保健食品的基本特征

保健食品无论是哪种类型,它都是出自保健目的,不能在很短时间内改善人的体质,但长时间服用可延年益寿。

保健食品的原料组成有多种方式,近年来出现了以中草药为原料的组成方式,而中草药用于人类保健自古就有。古人将中草药分为上品药、中品药、下品药。上品药用于人体保健,加之中、下品药按君、臣、佐、使配伍,对症下药以治疗疾病。《神农本草经》和《本草纲目》中都称:"上药养命"。南朝名医陶弘景说:"上品药性,亦能遣疾。但势力和厚,不为速效。岁月常服必获大益。"其他中草药一般都有一定的毒性。可见古人深得用中草药对人体保健和治病的精髓。

保健食品的开发、生产和服用与药品不同,尤其是以中草药为原料的保健食品。保健食品不可能具有像药品一样的治病的速效性,但要求它必须无毒。

二、医药代表

医药代表是负责相关药品的推广工作的人员,有些负责医院,客户为医生,有些负责药店，客户为经销商。其需要有很强的沟通协调能力。医药代表这一角色最早是合资药企引进的。1988年，南方一家合资制药公司最先为社会"培养"出了一批医药代表。其他药企竞相效仿，医药代表如雨后春笋般涌现。

（一）医生的角色

药品作为一种特殊商品，被分为处方药和非处方药两种。以处方药的销售环节为例，从药厂生产出厂——医药商业公司——医院药剂科——医院药房——医生处方——患者购买。在整个药品销售链条中医生发挥着关键的作用。医生接受正确的信息，处方正确，可以治病救人，改善健康；医生处方不当或错误，会导致疾病的发生，甚至危及生命。所以医生在医药销售的环节中扮演着很重要的角色，药品为患者带来有效的治疗，就是医生需要获得的最大利益。

（二）医药代表的角色

据一项调查显示，临床医生73%的新药信息来自于各药厂医药代表的直接介绍。所以，医药代表就是：

① 企业与医生之间的桥梁。
② 公司产品形象的大使。
③ 产品使用的专业指导。
④ 企业组织中成功的细胞。

医药专业销售呼唤高素质的医药代表，呼唤有成功进取心的医药代表。针对现代医药代表的角色定位，医药代表应明确以下四点认知。

① 基本要求：专业知识、销售技巧。
② 基本工作：发掘、创造、满足需求。
③ 工作特点：充满挑战、面对竞争。
④ 职业观念：永远需要乐观、自信、身心健康、充满活力、有良好生活态度的人。

阅读材料【7-1】

某医药代表的工作描述

职位：医药代表。
上级主管：销售经理或地区主管。
工作区域：青城市。
工作目的：
① 建立并维护公司的良好形象；
② 说服采购人员购买公司的产品；
③ 说服客户正确应用公司的产品；
④ 帮助应用我们产品的客户取得最佳的效果；
⑤ 逐渐扩大产品的应用；
⑥ 鼓励客户不断应用我们的产品；
⑦ 为应用我们产品的客户提供帮助、解决问题、清除障碍；
⑧ 收集提供市场综合信息；
⑨ 收集提供竞争对手产品及市场信息。

（资料来源：中国医学人才网）

为了保证公司销售目标的实现，规范销售人员的行为，销售人员的基本职责如下：
① 达到个人的营业目标并完成每一产品的目标。
② 完成推广计划并使投入取得最大效益。
③ 进行有计划的行程拜访，提高工作效率。
④ 确保本区域内行政工作及时准确。
⑤ 对客户中的关键人物进行有效说服及定期拜访。
⑥ 确保对每一位客户的服务符合公司的标准并保持适当的库存。
⑦ 计划准备每一天每一次的拜访，确保公司及个人目标的设定。
⑧ 确保回款及赊账符合公司的要求程序。

（三）医药代表应有的素质

1. 医药代表应具备的知识

医药代表的知识结构应该不断更新和更为广博。医药代表应具备的必备知识是相关产品的医药基本知识及营销知识，还应具备辅助知识，有多学科、广阔的知识视野。作为销售的润滑剂，辅助知识也许会成为医药代表成功的媒介。

2. 医药代表应具备的技能

医药代表的基本技能是什么？探询、呈现、成交、观察、开场白、聆听、处理异议、跟进等各种技巧都是医药代表应具备的技能。

（1）探询技巧　探询的目的是你所希望获得的资料符合你与医生讨论的主题，它包括确定医生对你的产品的需求程度、对已知产品了解的深度、对你的产品的满意程度，查明医生对你的产品的顾虑。如果医药代表达到了探询的四个目的，那么这次拜访就是成功的。

探询过程中避免出现如下情况：

① 使探询变成盘查。如果医药代表反复地询问医生，会使医生感觉到医药代表咄咄逼人，让他觉得医药代表的探询是盘查，从而对医药代表的探询感到反感。如果医药代表的探询让医生感到反感，那么今天的拜访恐怕再好的开场白都不能使你进入实质性的拜访，最后可能会导致拜访的失败或走向相反的方向。

② 使拜访失去方向。例如在询问时，问题太过于宽泛，提问的目的性不明确，也不够简洁，让别人听了以后不知道如何回答，那么这时医生对问题的回答就可能失去方向，此时医生也会给你一个朦胧的答案。所以在拜访的过程中一定要注意探询的问题不易太长，要简洁明确。

③ 使关系变得紧张。医药代表的问题可能会造成其与医生之间的关系紧张，因为医药代表在提问时如果不考虑语气、语调和语速，或者说态度、方式，只是从自身的角度去考虑如何提问才能达到目的，这样就可能使医生产生反感，从而可能给拜访造成紧张的气氛。

④ 使时间失去控制。时间失去控制是从事销售拜访多年的医药代表常常出现的一个问题。有多年销售经验的医药代表通常与医生建立了良好的私人关系，所以在拜访的过程中会提到很多题外话。

作为一位医药代表，必须具备的是专业知识、产品的知识和销售技巧，此外还需要有辅助知识，因为辅助知识可以成为润滑剂，使销售拜访更为流畅，但是如果运用不当，丢失目标，浪费时间，那就可能丢失今天的有效时间，你所要达到的拜访目的就要大打折扣了。

探询需要掌握如下技巧：

① 使医生有兴趣与你交谈。探询的技巧首先是要使医生感兴趣，愿意与医药代表交谈。如果没有把医生的兴趣激起，那么医生就不会与医药代表进行交谈；如果不交谈，医药代表就没有办法取得更多的信息；如果没有信息，医药代表就不能知道医生的需求，也就不能实现销售拜访。所以首先要考虑怎么样激发医生的兴趣。需要注意的是激起医生的兴趣，不仅仅是在开场白，而是在每一次发问的过程中都要尽可能地让医生感兴趣，让医生愿意和医药代表交谈。

② 取得有关产品使用、治疗及相关竞争产品的重要信息。医药代表只有通过与医生的对话才能真正了解产品的使用、治疗及相关竞争产品的一些重要信息。医药代表了解到的信息越多，那么成功的概率就越大。

③ 确定医生对你、对公司、对产品及他（她）自己需求的看法。通过探询也可以了解到医生对你、对你的公司、对你的产品还有他自己需求的看法，这一点非常重要。如果医药代表在拜访的过程中只注意自己的目的，自己如何达成销售，而忽略了医生对你和对你产品的看法，就不能实现真正的销售。

探询的形式分为开放式探询和封闭式探询。

图 7-1　开放式探询类型

开放式探询：当你希望医生畅所欲言时，当你希望医生提供给你更多和更有用的信息时，当你希望改变话题时，你可用图 7-1 中的六种句型进行探问。如果使用恰当，医生会在交谈的过程中会因变成主角而愉悦，因受到尊重而欣然，从而在和谐的交流中提供给你足够的信息。但也可能因此失去主题，流失时间。所以有效地把握甚为重要。

阅读材料【7-2】

开放式探询案例

医药代表：×医生，您通常首选什么镇痛药治疗中度癌痛？

医药代表：×医生，您出国学习的这一段时间，谁主要负责这项临床研究呢？

医药代表：×医生，对 NSAIDS 治疗不理想的病人，您为什么不试一下双氢可待因的复方制剂呢？

医药代表：×医生，下周一我到哪儿拜访您最方便？

医药代表：×医生，双氢可待因的复方制剂用在什么时候最适合？

医药代表：×主任，您认为这类药的临床前景如何？

医药代表：×医生，您怎样评价双氢可待因的复方制剂在减轻中度镇痛方面的疗效？

（资料来源：中国医学人才网）

封闭式探询：当你要弄清医生的话时，当医生不愿意或不表达自己的意愿时，当达成协议时，或确定重要事项时，限制提问可以锁定医生，确定对方的想法，取得明确的要点。但你所获的资料有限，也易使医生产生紧张情绪，缺乏双向沟通的氛围。所以拜访时应选择合适时机使用（图7-2）。

图7-2 封闭式探询类型

阅读材料【7-3】

封闭式探询案例

医药代表：罗医生，您的病人服用×××感冒片，是不是起效快，又没有胃肠道方面的不良反应？

医生：是的。

医药代表：罗医生，您下周三还是下周五上门诊？

医生：下周三。

医药代表：下次您上门诊时我再来拜访您好吗？

医生：好的。

（资料来源：中国医学人才网）

探询可谓剥皮取核，直取需求的方法。要想最快地发现医生真正关心的焦点在哪儿，你如何才能达成你的目标，首先得学会问问题。问题就像探针一样，由浅入深，由表及里，由模糊到清晰。当医生顾左右而言它时，用探询的技巧会帮助你走出困境，发现机会。

（2）呈现技巧 当医药代表发现客户的需求时，医药代表要开始呈现产品，将产品特性转换成产品的利益。当医药代表已清楚客户的需求时，必须要呈现你的产品，因为医药代表来的目的就是推销产品，让客户了解产品，最终使用产品。要是一位顾客做出含糊、不完整的需求表示时，你应该不断地询问，直至你肯定完全明白了他（她）的需求，当你越理解他（她）的需求时，你就越能准确地以适当的利益来满足这个需求。

如何发现呈现的时机呢？首先医药代表进行说服以满足医生的需求。其次通过探询更清晰地了解医生的需求，因为医生希望解决的问题是医药代表必须要去做的。最后通过探询，医药代表可以证实这个需求，同时通过探询，医药代表可以更清晰地了解自己的机会，所以在呈现的技巧中，实际上也是通过不断的探询，了解到客户真实的需求。了解到客户的真实需求后，医药代表就可以开始呈现产品以及产品的特性带来的利益。

（3）药品的特性和利益转化

① 药品的特性。药品的特性就是事实，就是药品的性能，是可以用感官和相关研究资料来证实的药品的特征，是不可以想象出来的。药品的疗效、耐受性、副作用、服用方法、

化学成分、外观、颜色、剂型、包装等都是药品的特性。每一项药品的特性都可以转换成一个或多个不同的利益，这个利益一定是针对医生和患者的。

② 药品的利益。利益（益处）就是指药品和服务的好处，即能如何改进病人的生活质量或医生的治疗水平，这就是药品带来的最大利益。安全性、方便性、经济性、效果性、持久性等都是药品的利益。

阅读材料【7-4】

缓释技术药品特性和利益

如果说一种药品的血药浓度可以持续 12 小时，这显然是一个特性，是一种药品所具备的特点。医药代表可以将这一特点转换成什么样的利益呢？血药浓度可以持续 12 个小时，意味着一天只需要早一粒，晚一粒，也就是说一天只需要服用两次就可以了。如果口服药品一天服用两次，相对三次、四次或多次服用的药来说，它的服用就比较方便了。如果服用方便，病人服用过程中就不容易忘记，即病人使用的依从性很好。依从性好就可以达到良好的治疗效果。我们经常发现患者投诉某一种药品的疗效不好，吃完以后好像没有什么效果，结果发现是因为要求一天服用的次数太多，病人往往忘记服用，即依从性不好，这样就失去了药品应有的效果。也就是说在血药浓度持续 12 个小时的这一个特性可以带来的好处是病人服用方便，而服用方便不容易忘记，就可以达到良好的治疗效果。

很多药品是通过缓释技术起效的，缓释技术在临床中可以带来什么好处呢？病人服用以后药力会在胃里慢慢释放，避免了药品带来的血药高锋和低谷（指药品服用后很快就达到一个血药高峰，然后持续一定的时间后达到低谷，这样就可能造成一种不稳定性）。尤其对于降血压药物来说，缓释技术对于血压的平稳降压有着十分重要的作用。所以缓释技术在治疗降血压的药物中，它的好处就在于平稳降压，让病人有一种舒适的感觉。因此医药代表在介绍缓释技术时，不仅要介绍药品有缓释技术，同时要告诉医生由于采用了缓释技术，所以避免了药品产生的血药高峰和低谷，可以平稳降压，使病人服药以后有一种舒适的感觉。

药品有多种剂型，有口服剂型，有针剂型等。口服剂型给病人和医生带来的好处是什么呢？静脉用药，或肌肉注射都需要别人来帮你实现，但是口服的药品是通过病人自己，病人拿到药品后就可以自己使用，自己实现治疗的目的，所以口服制剂带来的好处就是容易调整剂量，给病人带来了方便，依从性好。

药品的特性分别产生出相应的利益，同时一个特性不仅可以产生一个，还可以同时产生多个相关的利益。如果医药代表在介绍过程中只介绍了事实，医生并不真正了解这一事实可能会给他的治疗带来什么益处，给他的患者带来什么益处。医药代表要让这个药品成为治疗的武器，就必须把这些产品的特性转换成利益。

（资料来源：中国医学人才网）

(4) 利益的特点与展示

① 利益特点。利益必须是产品的一项事实带来的结果；利益必须显示如何改变病人的生活质量和医生的治疗水平；医生最感兴趣的是"这个产品对我或我的病人有何帮助或可带来什么益处"；医生开处方的原因是那些"益处"能满足需求，而不仅仅是产品"特点"；顾客只对产品将为其带来什么益处感兴趣，而非产品是什么。

② 展示利益。

a. 多种表述与展示。特性是不可以想象的，但是利益是需要想象的，必须是能针对医生或病人的心理获益（emotional benefit）去充分地想象它能够给医生和患者带来什么样的益处，而益处是需要靠语言去渲染的。所以，在展示利益时，需要通过多种表述与展示使得利益形象化，使得医生能够感觉到利益的真实存在，以达到拜访的目的。

b. 反复强调。在展示利益时，还需要反复强调，让医生明确地了解产品可能会带来的好处。只说一次可能不足以引起医生心中的共鸣，要通过第二次强调。当医生刚有些兴趣时，医药代表还要做第三次、第四次的强调，直到医生接受为止。

c. 要有侧重点。医药代表在呈现利益时，一定是根据销售对象，根据科室的特点进行呈现，所以要有侧重点。比如在病房里你应该考虑的侧重点是病人在使用以后如何能够尽快治愈出院，在门诊应考虑如何方便使用。所以不同的科室，不同的地点，不同的时间，不同的医生，要有各自不同的侧重点。

d. 对老客户使用新方法。在展示的过程中，有时候有多年销售经验的医药代表会出现这样的疏忽，认为医生已经非常清楚自己销售的产品，也非常清楚产品的特性带来的利益。其实，这种想法是错误的。可口可乐大家都很了解，很熟悉，但为什么每天你在电视上都能看到可口可乐的广告呢？实际上可口可乐就是反复提醒它的客户可口可乐可以给他们带来的好处。所以对于老客户，对于已经使用你销售的产品的医生还需要反复强调，当然你使用的手法可以不同于你刚接触的医生，医药代表可以对老客户使用新方法。

e. 避开竞争对手优势。不同的产品会有它的优势和局限，如果用自己销售的产品的劣势与竞争对手的优势相比，那你所销售的产品岂不是一无是处？实际上只要是化学药品都有它自己的优点，也有它自己的缺点，所以既要承认其他产品的优点，但是也要尽可能多地展示自身产品的优势。

f. 不威胁竞争对手存在，争取立足。在知识经济和人格经济时代，传统的"你赢-我输、你输-我赢、你输-我输"的竞争正步入"你赢-我赢"的战略联盟阶段，从对抗到合作，从无序到有序，从短暂的生存到永久的矗立已成为一种趋势。无论是政界、商界、企业界还是其他各界，无论从事什么职业、什么工作，无论是否意识到社会发展的这种趋势，双赢都将是一种必然选择，是一种新的营销趋势。在竞争的过程中一定要记住双赢的思想，只有当医药代表提出的方案成功地解决了客户所面临的问题，实现医生所期望的结果，这个方案才会展现价值，你所销售的产品才能够立足，而不是依靠威胁竞争对手的存在而立足。

③ 展现利益时的注意事项如下。

a. 展现利益时要尽量使用产品的商品名，而不使用化学名。药品既有产品名又有化学名，同类产品可能会有多个产品名，不同厂家生产的同一药品可能会有不同的商品名，但是化学名只有一个。所以展现产品的利益时，如果用的化学名，就有可能帮助了竞争对手。因为医生在使用药品时，可能记不住你销售药品的商品名，而记住了化学名，容易造成混淆。

b. 充分运用观察的技巧，确认医生的兴趣在哪，对这个益处是不是感兴趣。如果感兴趣，医药代表就可以继续这一话题；如果说医生对医药代表提出的益处不感兴趣，那么医药代表应该用其他事实展现产品的其他利益。

c. 不同专科的医生所需要的对病人的益处各自不同。在不同的科室展示相同的利益，那么碰壁的可能性就会增大，因为不同专科的医生所需要的对病人的益处是不同的。如果在不同的科室展示相同的利益，缺乏针对性，那么或许你所展示的利益并不是医生所需要的，你的拜访就是失败的。

d. 益处是可以渲染的，但是不要过于夸张，如果太过夸张了就是超出了药品本身可能带来的利益，这样只会适得其反，因为在医生面前医药代表失去了诚信。

阅读材料【7-5】

展示药品利益案例

代表：头孢安定的半衰期长达24小时，可以一天一次，所以使用十分方便。

医生：唔……

代表：这样每天只需要给患者注射一次就行了，所以使用十分方便。既可减轻护士的负担，也可减轻病人多次针刺的痛苦。

医生：这倒是。

代表：这样病人可以不住院，只需到门诊注射即可。

医生：的确。

代表：如果病人省去住院，至少可以节约×××的治疗费用。

医生：听起来不错，我试试。

什么是局限？局限是产品可能的副作用，是开产品处方时需要考虑的限制。任何化学药品它既有治疗疾病的积极作用也有不良的副作用，产品可能带来的副作用是医生在开处方时需要考虑的。医药代表不能马上就反驳医生提出的药品的局限，而应该首先承认局限，在承认局限的同时，用产品的事实充分展现利益，让医生接受产品的利益，尽可能地避开局限，降低局限带来的负面效应。

医药代表应准确全面地表述产品的益处和局限，要给医生一个正确的期望值。好的医药代表应该是负责任的，有信心的，不应该传递一种错误的信息。

对待局限的态度见表7-1。

表7-1　对待局限的态度

承认局限	回避局限	注意事项	为何要提供周详见解
• 医生可预测病人可能产生的反应 • 使医生对产品产生正确的期望值 • 医生更加信任你	• 医生产生错误的期望值 • 认为产品资料不足 • 认为你在隐瞒些什么风险 • 医生对你的信任度降低	• 谈产品局限时，尽量描述成这一类产品的特点，如此局限不仅仅是我们的产品所独有的 • 讲解局限时尽量使用药物的类别名，而非商品名	• 避免过分看重利益（益处），使医生对产品做出超乎实际的期望，导致失望 • 避免过分强调局限（缺点），使医生忽略产品实际的益处，导致医生不接受

3. 医药代表应具备的敬业精神

在我们身边大家可能看到过许许多多的医药代表。相同的产品、公司、教育背景，相似的市场，不同的代表为什么有着不同的业绩？答案只有一个：敬业精神不同。敬业精神包含勤（脑勤、眼勤、手勤、腿勤、嘴勤）、诚（诚意、诚信）、礼（礼仪、礼节）、智（智慧）、信（信誉、自信）等。医药代表的成功公式见图7-3。

这个公式有一个特点，如果产品知识欠缺，但是销售技巧比较好，敬业精神很好，医药代表的表现并不会差，因为销售技巧和敬业精神可以弥补产品知识的不足；如果销售技巧不足，产品知识可以弥补。但是，如果你的敬业精神是0，销售技巧和产品知识都非常好，得到的结果也只能是0。也就是说从这个公式可以看出，一个人的成功不仅在于他的销售技巧和产品知识，更重要的在于他的敬业精神。凡是从事医药专业销售的每一位从业人员都应该清楚地知道：如果没有良好的敬业精神，就很难成就销售业绩。

图 7-3 医药代表的成功公式

三、保健品理性营销

(一) 我国保健品信誉危机

自 20 世纪 80 年代保健品崭露头角以来,我国保健品市场迅速发展,成为名副其实的朝阳产业。然而,保健品市场某些"乱象"如影随形,一些企业的信誉意识淡薄和失信行为极大地扰乱了保健品市场秩序,特别是保健品违规添加药物和虚假宣传时有发生,使保健品行业陷入严重的信誉危机。

1. 违规添加药物司空见惯

长期以来,某些企业为突出产品的功能效果,擅自在保健食品中违规添加药物。权威机构在上海等地进行的专项调查表明,在抽验的 207 个批次的保健食品中,有 197 个批次的产品添加了"伟哥"、降糖、减肥类的化学药品,占比竟高达 95%,令人触目惊心。由于大量违规添加化学药品,致使某些保健食品非但不能补身健体,反而可能危害人体健康,甚至危及生命。

目前,违规添加化学药品主要集中在六大类保健食品中:在调节血糖类保健食品中添加降糖西药成分;在减肥类产品中添加芬氟拉明、麻黄素等利尿剂或兴奋剂;在改善睡眠类保健食品中添加安定类药物;在"增高"类保健食品中添加生长激素;在免疫调节类保健食品中添加中枢食欲抑制剂等;在抗疲劳类产品中添加枸橼酸西地那非等药物。

为何保健食品添加违禁药物屡禁不止?中国保健协会秘书长徐华锋指出,除不法分子为牟取暴利铤而走险外,还因为对这种违法行为的处罚力度偏小,不足以震慑违法犯罪分子。同时,由于许多添加药物缺乏法定的检测方法,找不到合适的检测机构进行检验,造成对非法添加违禁物质的违法行为难以认定,以致一些不法分子有恃无恐。有关监管部门须完善保健食品中添加化学药品的检验检测手段,加强保健食品质量检测机构的建设,经常开展保健食品违法添加药物专项检查。同时,还应对保健食品企业使用的主要原料、生产过程、质量检验以及产品不良反应记录等环节随时进行抽检,防止偷工减料、弄虚作假。

2. 广告虚假宣传层出不穷

提起保健食品,虚假宣传几乎已是很多消费者的第一反应,更是广大消费者深恶痛绝的社会丑恶现象之一。中国保健协会市场工作委员会监测显示,2009 年,保健食品广告类监管信息最多,占监管部门公布监管信息总次数的 50%。保健食品违法广告主要有 5 种表现形式:夸大产品适应症、功能主治;不科学地表示功效的断言或保证;利用医疗机构、专家、消费者等名义和形象作证明；未经监管部门审批擅自发布广告；篡改监管部门审批内容。

北京康派特医药经济研究中心调查表明，国内保健食品行业对技术研发的投入不足年产值的1%，而且这些费用还多用于产品的申报，这与保健食品行业的超强竞争性和产品的差异化不能匹配。80%的保健食品企业认为保健食品不需要科技含量；60%的企业认为产品的功效不是最重要的，广告概念提升才是产品成功的关键。

3. 企业信用等级评价将成经营利器

中国保健协会联合多家媒体开展的保健食品信誉度调查表明，在共有28.48万人次参与的调查中，有高达74.35%的消费者认为目前市场上的保健品只是有点用，但实际效果与广告宣传的差距太大；有12.27%的消费者认为保健品一点用没有，都是骗钱的。

需要高度关注的是，随着保健食品行业信用等级评价逐步开展，注重自律和接受消费者监督将成为一种潮流。消费者购买保健食品时不仅要注意包装上的"蓝帽子"标志，还要关注生产企业的信用等级。企业信用等级评价是由专门机构根据规范的指标体系和科学的评估方法，以客观公正的立场，对企业的行为能力及可信任程度进行综合评价，并以一定的符号表示其信用等级的活动，它是建立在定量基础上的定性判断。

2008年5月，商务部、国资委正式批准中国保健协会为中国保健行业唯一的行业信用体系评价单位，负责组织开展中国保健行业信用体系建设工作。经过两年的研究筹备，中国保健协会建立起涉及企业基本素质、经营管理、财务指标、社会形象及发展潜力五大指标的信用等级评价体系，以三等五级（即AAA、AA、A、B、C）来区分保健行业企业的信用等级，通过行业信用体系建设增强保健行业企业的信用意识和风险防范能力，同时通过客观、公正、严谨的企业信用等级评价帮助消费者和上下游企业快速识别企业的可信度。

2009年11月25日，中国保健协会按照商务部、国资委发布的《关于规范行业信用评价试点工作的通知》的要求，经企业自愿申报、专家评价工作组初审、信用评价领导小组复核，确定了第一批行业企业信用等级初评结果，并将初评结果予以公示，征求社会各方面的意见。这标志着中国保健品信用评价工作进入实施阶段。

（二）常见保健品终端销售模式

1. 大做广告，广铺药店

具体做法就是在电视等大众媒体上做广告，树立品牌，从而达到引导消费者的目的，同时保证产品在具体市场上的铺货率。例如"葡萄糖酸锌"、"迪巧钙"等所走的路线就是如此。

这种方式对渠道的要求主要是方便大众购买。各药店为了招徕顾客也"被迫"进货——因为这类产品终端的利润非常低（与同类产品比较而言），药店一般不愿意销售。很多顾客是奔品牌产品而来，为了客流量不得不如此。

2. 选定药店精心培养

具体做法就是一个市场选定几家比较有实力（同时又有培养潜力）的药店深入合作，厂家组建销售队伍的方式，围绕这几家药店做好宣传沟通工作。药店内部安置专职促销员，销售人员负责包装宣传这些药店。一直把这几家药店的销量提升到一定的目标销量即培养成重点终端，再进行维护，保证销量维持稳定。为了能够保持销量的持续稳定增长，商家会做各种宣传活动（一般不会做广告），例如"免费检测活动"、"消费者联谊会"、"路演抽奖"等，来笼络消费者，同时巩固厂商关系。这种做法的要点就是必须和药店沟通好，建立互相信任、长期合作的关系。

3. 直接让利终端

具体做法就是低价供货，例如38元的产品，供货价15元，给予终端足够的利润，同时给药店店长3元的提成，给药店店员5元的提成——这样终端方方面面的利益都照顾到了，通过刺激终端来达到销售的目的。

4. 和连锁渠道建立战略联盟

药店的连锁化是一种趋势，连锁药店的销售能力强大，在很多地方形成了垄断势力。一些厂家为了能够利用连锁药店的销售实力，就和药店签订战略联盟协议。联盟协议一般规定了保底的销售任务和宣传任务，厂商在各个方面进行合作，例如"联合到社区宣传"、"联合举办消费者联谊会"等。

5. 授权独家代理

具体做法是低价供货，例如35元的产品，供货价2.5元。但是一个市场（例如一个县城）只选定一家实力雄厚的药店来做独家代理——主要是因为终端利润太大，供货太多容易乱价。

以上几种方式就是现在市场操作中常用的几种方式。有些厂家对同一个终端可能用了好几种政策，但主要政策只有一种。

（三）直销模式

2004年直销（含会议营销）企业开始显示出营销方面的独有优势。安利纽崔莱在中国销售额一举突破100亿元，这是中国保健品领域里无人曾抵达的境界，于是就有了某些类似权威的说法："以直销和会议营销"这些非传统的营销模式所完成的销售额，将超过传统模式，并在预计5年后达300亿元左右的规模。于是在很多的论坛场合和新闻中，不断地出现中国保健品企业老总看好直销，准备在直销大战中拔得头筹的言论。但直销虽好却不是谁都能做的。

（1）直销对企业的现金融通能力要求很高　据国家商务部对直销企业的相关规定，所有直销企业必须有8千万元风险押金才有资格领取牌照，就这一条就能把中国大部分保健品企业挡住，这还不算因直销形式带来的团队构建成本。尽管国内很多企业都可以靠挖角从安利等公司那里获得关键人才，但他们几乎都犯了一个同样的错误——短期功利性太强，要求直销团队短期就见效益，否则就换人。很多企业在尝试做一年直销以后，包括团体营销的部分在内，月销售额仍然在20万元以下，由于运营资金的紧张，使得很多企业的直销战略进入"鸡肋"状态。

（2）直销对企业文化的要求很高　安利进入中国十几年了，虽然历经波折，发展模式也转变到了目前的"店会结合"模式，但安利的企业文化却一直在发挥着强大的吸引力，吸引了大量的中国淘金梦者。这不是国内一些保健品企业所能具备的，更不是在短期之内就能建立的。到现在国内一些直销企业还以为直销就是直接销售产品，那可真是大错特错了。

（3）直销对产品品牌的要求很高　很多企业都简单地以为直销是靠直销人员的说服能力去卖产品，只要有足够的队伍就可以卖产品了。如果是这样，那他们可真是大错特错了，如果没有良好的品牌声誉，直销不可能做好。在多层次直销取消的情况下，毕竟每个直销员总是要靠不断地开发新客户来增加销售额，所以每个直销员的力量在消费者心目中的总是很弱的,他们完全要靠产品的品牌力来说服消费者。

(4) 直销对企业的团队管理能力要求很高　在很多企业的管理惯性里,总是把功利性措施作为销售团队的管理基本措施,但这在直销企业里是绝对行不通的。笔者所看到情况是,很多国内企业的直销团队成员基本"生命力"是3个月,甚至更短,这就要求我们的直销企业必须采取新形势下的团队管理方式和措施,要有能力保持团队成员的热情,要有能力保证员工的斗志,否则直销团队那可真成了"铁打的营盘流水的兵"了,经过几轮洗牌以后团队领导人就很难再获得企业领导的信任,如此一来企业的直销战略就受到了生死存亡的考验。

(5) 直销对产品功效的要求更高　安利的产品是优质的,这一点也在身边很多安利产品的使用者中得到证实,如此一来安利产品消费者口碑也越来越好。这是对目前国内直销企业最需要做好的基本功之一,没有过硬的产品质量和功效,直销那将是一条不归路。

(四) 保健品营销成功的关键

1. 重视招商的同时重视经销商的成活

保健品营销错综复杂,而终端销售,面对的往往是顾客,他们的需求点比较明显,问题也比较好解决,接触面还是比较小的。然而招商则不同,面对的是各个企业的老板,他们是见多识广的高手。虽然终端客户和招商面对的大小老板都是一样的,都是客户而已,但是在保健品招商过程中,近些年一直被一个怪圈所困扰。这就是仅仅重视招商,忽视经保健品经销商的成活问题。终端销售人员的态度和素质起着至关重要的作用,汤臣倍健通过专柜+营养顾问的模式,成功赢得了终端市场。北京的姜女士从事IT行业的老公工作非常忙,常常要熬通宵。姜女士准备买一些保健品给老公补充营养。此前没有任何购买经验和保健品知识的姜女士,却不知道如何选择。姜女士去药店咨询,一位导购人员在细心地询问姜女士的购买需求、姜女士老公的年纪及目前身体上的一些问题后,推荐她购买汤臣倍健蛋白质粉和维生素B族片,并细心指导了食用方法。本来只是想咨询一下的姜女士最后满意而归。

(1) **市场维护**　保健品经销商无法成活等于浪费时间。现在很多生产企业,有招商部,没有市场运营部或是支持部,有的有这些部门,但也是形同虚设,起不到任何作用。一个成功的保健品招商企业,对运营部门和支持部门的重视程度绝不应该低于招商部门,随着市场的变化和发展,甚至要高于招商部门。不断维护市场的发展,能够将最好的市场销售方式快速、准确地复制到经销商身上,让他们成功地将产品销售出去,服务跟得上,经销商才能不断销售产品,重复提货。

(2) **终端走势**　找个省、地代就可以不断放货了吗? 答案是不一定。很多省、地代由于网络不够大,很长时间里需要厂家的扶持,不断要这要那,结果厂家支持不起,合作也越来越不愉快。现在的保健品招商,直接面向终端才最好。各级代理都要面向总部才是最好的合作方式。招商,不是越大越好,而是越多越好。

(3) **诚实守信**　一些保健品企业在招商的过程中总是自掘坟墓,一个很大的原因是诚实守信方面出现了问题。一些企业在保健品招商过程中往往给保健品经销商的希望太大,目标太高。其实很多经销商都是很务实的,所以很多吹嘘过多的产品往往死得很惨。

2. 作为经销商,把握你的现有客户

忠诚的消费者会免费向他们的朋友推荐你的产品,并且效果远比一般广告要好,而且他们永远是购买的中坚力量。保健品营销不在于广告做得有多好,关键在于如何留住这些被广

告所吸引的人们，并将他们转化成忠诚消费者。

（1）保健品消费者的坏习惯　每个人身上都有一些坏习惯，比如不能坚持，这对于保健品来说尤其不是什么好消息。如果一个用户经常忘记，或是吃两天就不吃了、时吃时不吃，这样绝对不会获得好的保健效果。

情况往往是这样的：精明的消费者在货比三家之后终于买了某个厂家的某种保健品，带回家之后却没有按时、持续服用，结果可想而知。他可能再也不会购买这种产品了；或者不会购买该厂家再次推荐的产品（一方面可能是因为上次购买的还没吃完，另一方面可能是因为没有达到很好的效果，因为根本没有按时服用）。

像这样让客户流失的情况在保健品行业很普遍，但实际上，它是完全可以解决和避免的。关键在于企业与用户之间更多的交流与沟通，这恰恰是直销模式在中国取得成功的重要原因。

（2）帮助他们改掉坏习惯　"帮助他们改掉这个坏习惯！"这可能让很多保健品厂商感到不可思议，我们怎么能办到？让我们首先看看企业这样做能获得的效果。

就像前面所说的，你要努力让现有用户变成你的忠诚消费者。如果厂家真诚地关怀用户，帮助他们改掉坏习惯，获得更好效果，那么该企业在消费者的心目中将是与众不同的、独一无二的，并能在很大程度上获得他们的信任。

同时，保健品厂商则将获得产品销量的稳定提升、品牌形象的成功，最重要的是，能争取他们成为你的忠诚客户。

很多企业往往愿意投入巨额的广告费做产品宣传，却不愿意真正实现和用户的沟通，了解他们的真正需求。他们忽略了最重要的一点：那就是口碑和持续性消费的价值。

（3）罗氏（Roche）的人文免费营销　罗氏，全球最大的医药保健品厂商之一。其在医药保健品行业的营销中另辟蹊径，尝试全新的营销方式。从这种营销方式中，我们看到罗氏在帮助他们的用户改掉坏习惯。

他们针对购买产品的用户，免费赠送带有语音提醒功能的药盒。这样一方面既能每天提醒用户按时吃药；另一方面也是相当于一个良好的企业广告，还能获得更多的消费者信任；同时提升产品销量。

保健品营销需要转换思维才能获得更大成功。

四、整合广告和整合营销

（一）药品广告的限制

当前，广告已是医药保健品生产经营企业把其产品推向市场的一种重要营销手段，但是如果企业为了追求利润而一味进行虚假广告的发布，不仅会破坏市场正常秩序，还会给广大药品消费者健康带来损害。美国要求所有的药品广告都要符合药品标签，广告必须包括有关药品副作用、禁忌症和疗效的不偏不倚的简要介绍，所有的促销材料都必须以大多数当今的信息和科学知识为依据。我国从1999年开始进行处方药和非处方药分类管理，2002年底开始按分类管理要求。《药品广告审查办法》从2007年开始实施，处方药只准在专业性医药报刊进行广告宣传，非处方药经审批可以在大众传播媒介进行广告宣传。

（二）市场对广告没反应的原因

许多医药保健品企业都处于这样一种两难境地：若做广告，广告费实在太贵，企业赚的钱还不够支付广告费，更有甚者，广告做了不少，可是市场却没有太大的反应。代价实在太大，有时几百万元、几千万元甚至上亿元的广告费就这么浪费了。如果不做广告，产品在市场上又没有知名度，也是举步维艰。这是许多医药保健品企业的困惑。

造成大笔广告费浪费的原因有很多，主要是以下三方面：

① 产品本身质量太差（或者副作用较大），营销级别低，价格也不具有任何竞争力。

② 广告投放错误，造成广告费的严重浪费。由于广告公司的"公关活动能力"都特别强，如果企业本身监督机制不健全，广告费的支出往往就成了企业中高层管理人员腐败的温床。

③ 产品的策划定位不到位。现在大部分策划公司的策划人员都是文科背景的人，医学知识甚少，也没有长期和病人接触的临床工作经验，更没有运作企业的经验。因此，许多产品策划定位都不太准确，甚至不知所云，造成企业大笔广告费的浪费。

（三）整合广告和整合营销的涵义

所谓整合广告，就是把各种广告宣传手段（如电视、广播、报纸、杂志、海报、广告、包装、命名等多种软、硬广告形式）有机地进行整合，使其口径一致，以从不同角度（方向）、用不同方法说服消费者采取"购买"行动。

所谓整合营销，就是在整合广告的基础上，把"公关、服务、渠道、终端、公益事业、创意、口碑、危机管理"等多种手段与各种形式的广告进行进一步的"有机"整合，以促使消费者尽快采取"购买"行动。

在这两个概念的解释里，都有"有机"两字。所谓"有机"，就是根据不同的企业、不同的产品、不同的营销阶段，根据需要对各种手段有所选择、有所取舍、有所侧重，以让多种手段各司其职、密切配合，以发挥大兵团作战的优势；而不是对所有的手段不加以选择、取舍与调配，机械地统统一起用上。

以"整合广告"、"整合营销"的模式来进行营销活动，往往会取得非常好的业绩。特别是在医药保健品行业，"整合广告"、"整合营销"的运作模式，用的要比其他行业多得多，效果也好得多。这是由医药保健品的商品特性所决定的。我们在上面已经讲到，医药保健品与其他类别的商品相比具有三个显著特点：医药保健品的功用不能通过其外观自动显示。质量再好的医药保健品也不可能对所有病人效果都好，因为这里还有一个病人个体差异的问题。病人所支出的费用与获得的疗效并不总是成正比。医药保健品所具有的以上两个特点，共同形成了医药保健品疗效的"不确定性"。也就是说，病人可能花了很多钱，可是治疗效果却不明显。所以，病人在购买一个新产品之前，内心是充满着"疑惑"和"不安全"感的，他会不断地反问自己："真不知道这个药对我的病管不管用。"如果这个病人以前已经试服过其他几个品牌的产品，而且效果都不太好的话，那么这种"疑惑"和"不安全"感会更重。总之，他对新产品的信心不足。甚至有的病人已经"铁了心"地认为：现在还没有任何一种医药保健品能够治好他的病。他对所有品牌的产品都不再信任了。

"防御心理"很重的病人是很多的，因为按照现在医药科技发展的水平，我们对许多疾病确实还拿不出"特效"的产品来，那些"铁了心"的病人对这一点也隐约知道一些，所以这部分病人不太容易被几句简单、漂亮的广告词所打动。为了打破那些"铁了心"的病人的心理防御壁垒，最好的办法就是运用"整合广告"和"整合营销"的手法。对于那些只是"疑惑"或者有"不安全"感（但还没有到"铁了心"、已经不再信任任何一种品牌产品的地步）的病人的促销效果会更好、更快。

实际上，真正"铁了心"的病人是很少的，只要他认为你的产品真有可能治愈他的疾病，或者他认为你的产品对他的疾病治疗效果有可能会很好，并且他的经济条件允许，他还是想试一试的。这些病人的内心深处，还是有着治愈疾病的渴望。他之所以表现出"铁了心"的样子，是因为他已经连续多次试用过多种品牌的医药保健品了，但都不能获得满意的疗效，所以他有些绝望了。为了避免再次走入"试服无效"的怪圈，于是他才表现出"铁了心"。

如果用"整合广告"或"整合营销"的手法来对这些防御心理很重的病人进行攻心，病人的防御心理就比较容易被打破，并做出"试服"的决定。如果我们不用"整合广告"或"整合营销"的手法，而只是用单一的某一种广告的手法来对这些防御心理很重的病人进行攻心，其结果可能是病人调头就走，不再同你"理论"。

下面这个例子很"极端"，但却很能说明一些问题。

一位母亲对她的儿子很了解，在这位母亲的心目中，她的儿子是一个诚实、憨厚、与世无争的人。可这时，她的一位邻居却跑来告诉她：她的儿子杀人了。邻居为了使这位母亲相信这是"真"的，共花了一个小时的时间向她陈述"事实"，可这位母亲还是不太相信。

现在变一下，虽然向这位母亲陈述"她的儿子杀人了"的总时间还是一个小时，但是由多人（其中有邻居、亲戚、朋友）先后分别向这位母亲陈述，每人陈述的时间缩短为几分钟，这样，这位母亲可能就不得不相信：她的儿子确实是杀人了！同样是共花了一个小时的时间去说服这位母亲并让她相信，可是说服的效果却完全两样。这就是"整合广告"的威力。

现在再变一下，为了让这位母亲进一步确信她的儿子确实杀了人，有人把她儿子使用的"凶器"与被害人的"血衣"拿给她看；有人把被害人的家庭情况告诉她；而且，她已经看见被害人的家属正哭哭啼啼地找上门来了；另外，她还听到了窗外有警笛声（她起身一看，果然有几辆警车正呼啸着向她家的方向开来）。到了这个时候，即使这位母亲对她的儿子再了解，对她儿子的品行再信任，她的所有疑惑、防御心理也会彻底崩溃，然后彻底相信：她的儿子确实杀了人！这就是"整合营销"的威力。

后来才知道，这位母亲的儿子并没有杀人，只是同楼有一个和她的儿子同名同姓同龄的人杀了人，大家都搞错了。

（四）整合广告与整合营销在医药保健品行业的应用

医药保健品行业与其他行业不一样，医药保健品企业如果骗了人，病人除了钱财被骗之外，还要付出健康甚至生命的代价，因为病人宝贵的早期治疗时间被耽误了。所以，使用"整合广告"与"整合营销"这两个重型武器，一定要做到以下两点：第一，合法；第二，产品疗效确实好，质量没问题。只有这样，才能"双赢"，才能赢得长久。

"整合广告"与"整合营销"的成功原理，并不是说用对待敌人的心理去对待消费者。只有在"合法、产品质量没问题且疗效确实好"的基础上，我们运用"整合广告"、"整合营销"才能问心无愧。病人试服后，如果觉得疗效确实好，他就会通过口碑宣传的形式，把产品介绍给其他人。如果不在产品上下工夫，即使有"整合广告"与"整合营销"这样的重型武器，也只能赢得"试服"市场。当然，中国的人口很多，少数人的试服也会创造出很大的市场空间，但这样做不是"双赢"，也不能长久，更不是我们的初衷。我们的终极目的仍然是：治病救人，在提高人们健康水平的前提下，合法、合理地去赚取应该属于我们企业的利润。

阅读材料【7-6】

"脑白金"整合营销的策划思路

"脑白金"自1997年至今，畅销十几年。仅2003年1月它就创下了销售七亿多元的佳绩，下面让我们来看一看"脑白金"整合营销的策划思路。

诉求概念：年轻态。

诉求原理：脑白金使人体进入年轻态，年轻态可以解决衰老导致的皮肤老化、老人斑、心脏病、高血压、免疫力下降、性能力下降等问题。

脑白金简述：脑白金体是大脑的司令，它分泌的物质为脑白金，其分泌量直接决定人体各器官的衰老程度。随着年龄的增长，分泌量快速下降，每天体外补充适量脑白金，可使人体处于年轻态。

初期宣传方式：以软性文章与宣传册为主要手段，把多种广告手段进行整合后运用。

预防竞争产品的方法：将脑白金作为商标注册。

整合营销工作的实施如下。

准备阶段（20天）：报社合同签订导入阶段（15天）；在当地主要报纸上炒新闻，并且在终端张贴宣传画。

启动阶段（60天）：密集型软文章刊登（每报每月6次通栏）；电视专题及5秒标版；投递书摘（每月2次）；消费者跟踪及建档；加强终端气氛，挂横幅或摆放。

主攻阶段（每周期60天）：大量软性文章（其中的60%篇幅集中诉求一个功能）；适量硬广告、电视专题；终端维护；"推拉"维护；促销活动……

解决消费者"信任"问题的办法：回避"保健品"这一名词，增加"洋味"，宣传功效时多用"美国"、"科学家"的概念。

解决消费者对功效疑惑的办法：用"全世界有5000篇以上的论文验证"、"世界权威媒体的大量报道"、"脑白金体的作用"、"当地消费者的证明"等对策来解决。

（新闻）危机管理：公关工作做在前面，在媒体界广交朋友，找到媒体权威人士作顾问。

广告宣传尺度的把握：在脑白金的硬性广告上只宣传卫生部认可的"改善睡眠和肠道功能的功效"，软性文章可扩大宣传。

后来，公司发现"礼品"概念比"功效"概念在市场上引起的反应更强烈，于是就顺势利导，全力塑造脑白金的"礼品"概念。"收礼还收脑白金"的电视硬广告铺天盖地，以全力把脑白金打造成时尚的礼品。

在炒新闻方面做了如下部署。

作用：炒新闻是市场导入的最重要手段，在企业尚未登场，消费者尚未产生戒心时，将脑白金体这一概念和作用植入消费者脑海中，为日后企业登场打下良好的概念基础。

写作：文章撰写要无商业气息。尽量回避易让消费者认为文章是广告的一切名词、图片和形式。为了炒得热闹一定要有反面文章，通过正面文章宣传功效，再通过反面文章在肯定功效的前提下攻击"人类已攻克长生不老"这一不重要的结论。

关于版面：建议大报1/4版（小报1/2版），辅助报纸也尽量减少版面。

关于位置：一定不要在广告版内，文章周围最好全是正文，如果是健康、体育、社会版面则更理想。

软文广告价格管理：炒新闻广告味不明显，要求与媒体谈出理想的价格，千万不要买广告版。例如《××××》报一整版和两个半版的广告价格是12万元，经谈判，仅以3.5万元成交，相当于广告价格的29％。

软文的作用：是本策划方案最主要的工作，是整个营销活动的中心工作，因为它的可信度比广告的可信度高。

软文写作的重点与关键：①主题突出，少说废话；②标题生活化，吸引读者；③语言精练、口语化，尽量少用专业词汇，禁止使用复杂结构的语句；④多数文章的结构为摆现象、分析根源及解决办法的三段结构，现象吸引读者，对号入座；根源分析要简洁可信；解决办法要自然，不要过分突出脑白金；⑤尽量少用脑白金名词，多用"脑白金体"。刊登：以当地2~3种媒体为主要刊登对象，原则上每种媒体每周1~2次，每月每报至少有一次大版面。

媒体合同：要求与当地媒体签一份6个月的一揽子合同。如果价格谈不下来，可采用登广告送文章的方式降低媒体价格。

公司当然明白，广告只是在创造机会，营造氛围，所有的销售都必须通过终端来最后完成，终端工作做得好坏，直接影响着销量。

对终端工作的要求如下。

铺货要广泛，大、中型终端由办事处或经销商供货，小终端只允许供应商供货。大、中型终端必须有宣传品，如横幅、招贴画、不干胶。大、中型终端营业员必须经本公司培训或面授产品知识，经常举办营业员参加的产品知识有奖联谊会。通过细致工作，让营业员主动向顾客推荐产品。大、中药店终端在门口挂新产品介绍牌。

终端可以根据各地的实际情况，采取不同有效的方法拉动销售：①理货，在展开铺货的同时，对重点终端的柜台组长要单个邀请，设立产品陈列奖，积极配合理货；②营业员导购；③开箱奖，每售一件即将空箱收回，奖励礼品，空箱收回后，摆放在终端门前营造热销氛围；④积分累计销售奖，以瓶为单位给每人积分，积分累积分几个档次，达到相应的档次，可领取相应的奖品。

（资料来源：总裁学习网）

可以看出"脑白金"的"整合营销"思路是以"炒新闻"与"做终端"为主，工作做得非常细致具体。"脑白金"的营销整合是"有机"的，是根据"脑白金"的产品特点，对多种营销手段有所选择、有所取舍、有所侧重、分清主次、分清先后的"整合"，而不是分不清主次的"大杂烩"。

关于"脑白金"的是是非非，各种媒体褒贬不一，各人有各人的观点，把它的策划思路写出来的目的，是为了让大家能够从中学到一些对自己确实有用的东西。"脑白金"整合营销的策划思路有以下几点值得学习：

① 在实施销售的大幕拉开前，做了大量的案头准备工作。

② 整合是"有机的"整合，不是眉毛胡子一把抓的"大杂烩"。脑白金的工作重点放在了"炒新闻"与"做终端"上，以炒新闻营造氛围，以做终端落实销售的最后完成。

③ "炒新闻"的指导性工作做得很细，并充分认识到"软性文章"的可信度要超过硬广告。在"炒新闻"的指导性操作细则部分，既有"危机管理"意识，又在"软广告"的价格上，制定了有效、严格的管理办法，不让广告费失控。

④ 在市场运作过程中，公司发现"礼品"的概念比"功效"诉求的概念引起的市场反应更强烈，于是就顺势利导地调整方针。因为策划是一个动态的过程，所以运作前的案头方

略,应该在营销的实施过程中不断地完善。我们可以看到,后来"脑白金"就很少刊登"功效"的软性文章了,而是把重点放在电视的硬性广告上,以全力打造脑白金的"礼品"新概念。

⑤ 终端工作做得细致、具体而有效。

⑥ 以"脑白金"为商标,阻止竞争品牌涌入。

当然,并不是说"脑白金"做得已经是好得不能再好了,这里只是探讨、学习它成功的"整合营销"方略。

五、品牌管理

(一) 品牌的定义

大卫·奥格威(奥美广告公司创始人):品牌是一种错综复杂的象征,它是品牌属性、名称、包装、价格、历史、声誉、广告方式的无形总和,品牌同时也因消费者对其使用者的印象以及自身的经验而有所界定。品牌是消费者与产品之间的关系。

麦克尔·派瑞(联合利华前董事长):品牌是代表消费者在其生活中对产品与服务的感受,而滋生的信任、相关性与意义的总和。

菲利普·科特勒(美国著名营销学教授):品牌是一种名称、名词、标记、符号或设计,或是它们的组合运用,其目的是借以辨认某个销售者或某群销售者的产品或劳务,并使之同竞争对手的产品和劳务区别开来。

从以上的描述可以看出,品牌是一个强有力的影响消费者购买决策因素的集合。它涵盖了很多方面,诸如品牌名称、商标图案、包装、价格、广告、质量、制造商等。

(二) 品牌与商标

商标与品牌是最容易混淆的概念,商标是品牌的一部分,注册后受法律保护。商标是商品的生产商或销售商使用在商品上用来区别他人商品的一种标志,而品牌则是包含着商品所有因素的集合。可以形象地把商标看作是人的姓名,而品牌则是人的性格、长相、年龄等一系列元素。

对于消费者而言,选择商品时往往凭商标和制造商来选择品牌,例如选服装时要看有没有"鳄鱼"商标,有没有"金利来"商标;选择剃须刀要看有没有"飞利浦"商标;选择电视机要看有没有"索尼"商标。因此某些时候商标是消费者选择品牌的重要依据。

(三) 品牌名称

可口可乐、奔驰、宝马、海飞丝、息斯敏、肠虫清、克敏能等都是品牌名称,品牌名称就像一个人的名字,它的使用频率极高,而知名品牌必有一个好的品牌名称。一个品牌的命名很关键,品牌命名一般有以下原则。

(1) 简易 品牌名称应简洁、易懂、易记、易读。例如:花王、诗芬、康必得、白加黑。

(2) 直接反映产品功效 品牌名称的某个字或全部能使人明白或想到产品的主要功效。例如:感康(治感冒)、克咳(止咳嗽)、息斯敏(治过敏)、皮炎平(治皮肤病)、海飞丝(洗发)等。

(3) 独特 例如大红鹰、米老鼠、猎豹等。

(4) 可以注册　品牌名称要能够在工商部门注册，得到法律保护。

(5) 无不良含义　如果品牌名称是英文的话，就要考虑在其他国家是否有不良的含义。

一般来说，在推出一个品牌时，公司都会致力于取一个独特易记的名称，命名花费的时间也较长，因为好的命名会节省推广费用，增强推广效果，加深消费者的印象。心理学研究显示，语言文字的力量远大于影像，是打开人们心门的最有效的传播媒介。在产品、文化等越来越趋于国际化的今天，品牌名称还要为长远考虑，以适合全球市场。

（四）品牌种类

(1) 不同产品使用不同品牌　如：宝洁公司的海飞丝、飘柔、潘婷、舒肤佳、品客；西安杨森的吗叮啉、息斯敏、达克宁、采乐。这种做法的优点是：①没有将公司的声誉系在某一品牌的成败上；②一个新的品牌可以造成新的要求和刺激；③各品牌均可建立独有的品牌个性，并且有延伸能力。缺点是公司要将资源消耗于若干品牌上。

(2) 所有产品使用共同的品牌　如：海尔、飞利浦。这种做法的优点是：①可辅助启动任何新产品，而且推广新产品的费用较少；②每一新产品的推广均可贡献共同的品牌，更有投资效益。缺点是：①各产品不能拥有一个非常突出的个性，以免脱离母品牌形象；②若新品的类别与旧品类别有较大差异时，难以处理；③同类产品的不同品质难以区分。

(3) 所有产品使用不同类别的品牌　如：西尔斯公司的器具产品肯摩尔，妇女服装瑞溪，家用设备家艺；娃哈哈集团的儿童饮料娃哈哈，成人饮料非常系列。这种做法的优点是它解决了公司生产品类截然不同的产品的品牌问题。

(4) 公司的商号和产品名称相结合。如：江中制药的江中草珊瑚、江中健胃消食片、江中痔康片、江中博洛克；神奇制药的神奇脚癣一次净、神奇止咳露。这种做法的优点是公司的声誉很好时，有助于迅速推广产品。缺点是任何一产品的失败或事故均可严重影响公司的商号。

（五）品牌核心

品牌核心是品牌管理的重要部分，品牌核心相当于品牌的战略规划，而品牌的其他部分则是围绕核心而制定的战术，战略失误将导致战术的失败。

1. 品牌分层图

品牌分层图见图 7-4。

图 7-4　品牌分层图

品牌由内而外依次分为核心层、外层、延伸层和死层。核心层主要指定位；外层指包装、原料、渠道、口味、售点等；延伸层指品牌的延伸；死层指品牌绝对不能进入的领域，如低价格、主流竞争领域等。由此不难看出，品牌核心是品牌定位，主要内容是目标听众、不同点、特别的卖点、支持/理由和品牌个性，其关键是要了解消费者如何看待品牌，即消费者是否知道产品的主要功效，什么时候需要，如何使用，什么人使用，与竞争品牌有何不同。品牌的外层、延伸层和死层都是围绕核心制定实施的。

2. 建立并维护强有力的品牌核心

品牌核心是品牌发展所有阶段的力量源泉,忽视品牌核心的建立与维护是完全失败的市场营销,要做到即使企业不在了而品牌还依然存在。品牌核心的建立与维护是一个长期的过程,需要广泛的市场调研并投入大量资金,只注重短期利益的企业是难以做到的。例如:"防蛀"是高露洁牙膏的品牌核心,为建立"防蛀"的品牌核心,高露洁不断强调含氟可使牙齿更坚固,甚至推出权威机构的推荐;"胃动力"是吗叮啉的品牌核心,推出后医生一时还不能接受"胃动力"的概念,为此杨森公司不断通过学术论文、专家研讨、学术会议、临床验证等途径,建立了完善的专家网络,采集了大量的临床数据,通过几年的努力,不断在医生心中及消费者心中建立了强有力的"胃动力"概念。

(六) 品牌经理制

对于一个有着多个产品的企业,尤其是产品线长的企业,品牌经理制是一种管理品牌非常有效的组织形式。品牌经理制即是指定由专人负责某一品牌,管理品牌的调研、命名、研发、市场细分、定位、推广策略等一系列过程。品牌经理就像对待自己的小孩一样对待品牌,精心爱护。品牌经理行使有限的权利并协调企业所有的相关部门把目标投向于市场和目标消费者,使该品牌的价值最大化。大多数国际型的大公司如西安杨森、中美史克、宝洁等都建立了完善的品牌经理制度,依靠品牌经理来管理庞大的产品群组。

品牌经理制的优势在于:

① 每个品牌都有专人在一心一意地负责,充分保证了品牌管理的时间和人力。
② 有助于建立一种健康的内部竞争环境。
③ 推出品牌有利于抢占更多的市场份额。

品牌经理在实施管理的过程中经常要跨部门协作,通过与研发部沟通,了解产品的技术、成本、开发进度;通过与销售部沟通,了解布货、经销商反馈、广告反馈;通过与财务部沟通,了解发货、回款。因此,品牌经理的管理幅度大、内容多,要求有较强的协调能力和品牌运作能力。

(七) 品牌延伸

品牌延伸,是指将一成功的品牌用于一个新产品上,这个新产品常常是核心产品的改进型产品,也可能是其他领域的产品。例如:宝洁推出潘婷后,又推出白色潘婷;杨森推出吗叮啉片剂后,又推出吗叮啉悬浮剂。品牌延伸也是企业经常遇到的问题,采用品牌延伸将会大大减少新产品的推广费,因此现今的企业使用的频率较高。但如果企业品牌延伸过长、过宽,错误地看待消费者对品牌的看法,则会造成品牌稀释,久而久之在消费者的心目中品牌定位模糊,品牌的核心价值下降。另一方面,在同一品牌下,产品质量有较大差别,则会明显降低高质量产品的竞争力。例如:在男士日用品电动剃须刀的领域里,飞利浦一直是知名品牌,是许多人的首选,消费者一直认为飞利浦剃须刀是一个中档价位的高质量产品;后飞利浦推出了一款高档价位的剃须刀,也理所当然沿用了飞利浦的品牌,此时消费者不能认同,认为高价位的飞利浦剃须刀并非最好,因此飞利浦的这一新产品未获成功。又例如:荣昌制药耗费巨资成功地推出了治疗痔疮的药物荣昌肛泰,一时间"贴肚脐治痔疮"家喻户晓,而此时荣昌制药又推出甜梦口服液,治痔疮和口服液这种巨大的反差让消费者有种潜意识的不好感觉,因此也未获成功。

由此可以看出，品牌延伸也是有它内在的规律的，需要小心操作，一般来说品牌延伸有以下前提。

① 定位是否相符。即核心品牌的定位是否与新产品的定位相符，或是否会给消费者带来不良的感觉。

② 渠道是否能拓展。即是否可以开拓其他的渠道来扩展品牌。例如吗叮啉，推广之初是处方药，通过医生处方使用，而后来吗叮啉转为非处方药，开拓了药店这一新渠道，大大提升了销量。

③ 使用量或频率是否能提高。即通过增加产品的使用频率和使用量来提高品牌销量。例如达克宁霜，在成功推广后提出"治愈后再连续使用一周效果更好"，某牙膏提出"早上刷一次，晚上刷一次，牙齿更健康"。

④ 强强联合的方法是否已使用。即通过和相关的行业联合来扩展品牌，例如可口可乐和麦当劳等连锁店联合。

六、危机管理

每一个企业都会在某一时刻遇上危机，无论这一企业是跨国公司还是私营小作坊。在危机发生前有充分准备，在危机发生时能沉着应对并快速采取有效补救措施的企业，可以在危机中生存下去。

药品、保健品是一种关系到人的生命的特殊商品，"人命关天"，它受到国家食品药品监督管理总局的严格监管，一旦出了一点儿问题，往往会因很有"新闻价值"而受到媒体的追逐。因此，医药保健品企业所特有的"脆弱性"，导致它发生危机时的复杂性与毁灭性都大大超过其他行业。这是每一个企业都不能回避的问题。下面将分别介绍医药保健品企业可能发生的主要危机及其应对策略。

（一）新闻危机

这是医药保健品行业最脆弱的环节，它的本质是企业的信誉危机和品牌危机。因为企业发生危机的直接导火线是新闻追踪报道，所以还是把它命名为新闻危机。如果处理不当，这一危机往往是毁灭性的，尤其对一些明星企业，一旦出了一点儿问题，非常容易遭到新闻媒体的爆炒，有时甚至都不顾事情的本来面目。看起来病人都是弱者，会受到媒体和大众的广泛同情。这样企业就处在受指责的位置上了。所以，没有完善的危机管理机制的医药保健品企业有时会比病人还脆弱。虽说法律是公平的，但赢了官司，输了企业的事情也不少见。最典型的就是三株集团的例子。当时三株集团实力强大，可是却被《八瓶三株喝死一条老汉》的新闻报道给毁了。二十几家新闻媒体的密集报道，使三株口服液一下子从每月销售数亿元，下滑到不足1000万元，企业面临全面危机。

事情是这样的：1996年，湖南常德市汉寿县退休老船工陈伯顺花了428元买了10瓶三株口服液。患老年性尿频症的陈老汉服用了两瓶口服液后夜尿减少，饭量增多，但一停用又旧病复发。当服用到第四瓶时，陈老汉出现遍体红肿、全身瘙痒的症状，第八瓶服完，陈老汉全身溃烂、流脓流水。县医院诊断为"三株药物高蛋白过敏症"。其后，病情不断反复，3个月后陈老汉死亡。陈老汉死后，其家人将三株集团告到了常德市中级人民法院。三株一审败诉。于是，二十几家新闻媒体一起出动，进行追踪报道。三株集团掌门人吴炳新先生因此大病20天，甚至被下达了病危通知书。病中他还在说："我们不要求什么，只想给民族做点儿事，如果不让我们做，我们就不做了……"

一个年销售额达 80 亿元的保健品企业，竟然被一个退休老工人的诉讼给整垮了，企业老总也因此大病一场，而且还被医生下了病危通知书，可见医药保健品企业的"脆弱性"。尽管后来二审三株又胜诉了，但是，这一胜诉来得太迟了，已经不能挽回局面了，三株还是赢了官司，输了企业。不管吴炳新先生在"病危"中的话是发自内心，还是"作秀"，我们估计相信的人不会太多。因为企业的终极目的就是要实现利润最大化，只要你创造利润的手段合法并且合乎道德，一切手段都无可指责。任何一个消费者都不可能只因为你是所谓的"民族"企业，而置自己或家人的生命而不顾去同情你。民心不可违，政府也不可能置老百姓的生命安全不顾。而新闻媒体也要实现它们自己的利润最大化，只要有新闻价值的东西他们都感兴趣，而且越是爆炸性的新闻他们越是要追踪报道。这些都是不以人的意志为转移的客观规律，你不可能改变它，只可能掌握并利用它为自己服务。

事实上，三株集团的根本失误就在于没有危机管理的意识，也不明白医药保健品企业所特有的"脆弱性"。事前没有充分准备，当企业的销售利润节节攀升时，企业完全是形势大好，早就忘了还有"危险"二字；事中不能沉着应对，反应速度也太慢，而且还抓不住重点，没有能力控制事态的发展；事后也没有快速地组织起有效的补救与疏导措施。结果，三株集团由一场新闻危机直接导致了企业的全面危机。

为了更有效地应对企业危机，国外有些企业实行 CCO 制度（首席风险官）。由 CCO 来领导企业危机管理团队的工作，他的职责主要包括：危机的预测与分析；各种危机的应对计划；相关信息和材料的事前准备和模拟演习；建立与主流新闻媒体、政府主管部门的快速反应通道（有时还不能完全被动，要主动出击）；挑选和培训公司可用的发言人；建立与消费者广泛的交流与沟通渠道；危机的监控、疏导以及补救措施实施等。

公司发言人是公司的名片，如果危机已经发生，公司发言人就非常重要了，应该选择一个外表和内在气质都显得诚实、自信、稳重、知识渊博的人来担任这一角色，可选择的范围为：CEO（首席执行官），COO（首席运营官），副总裁，（首席风险官），公关主任，相关部门负责人，法律顾问，相关领域的专家。需要说明的是：

第一，如果不是危机已经非常严重，最好不要动用 CEO，因为 CEO 是公司"扭转乾坤的王牌"，一旦这张牌打出去了，以后就没有牌出了。而且，CEO 的出面还会引起媒体不必要的注意。CEO 可以在幕后严密监控事态的发展。如果事态已经非常严重，CEO 就不能再等了，必须要亲自出面，以自己的人格与诚信给媒体和公众一个说法并做出保证。

第二，发言人不要轻易对媒体说"无可奉告"，因为这句话容易使媒体认为公司有很多隐藏很深的不可告人的东西，从而越发感兴趣，这是他们的职业本能。如果像对付敌人那样对待媒体，那么每次都会失败。发言人如果不想回答媒体的某个问题，完全可以这么说："这个问题提得好，但是我们知道多数人感兴趣的问题是……"。这样就把不希望出现的问题，转移到公司想要传达的核心信息上了。如果媒体还是要对这个问题穷追猛打，则可以这样说："大家都知道，我们目前正在积极进行深入细致的调查并分析原因。在调查完成之前，进一步谈论这个情况还为时尚早。但是，我们向您保证，在情况得到证实后，我们会在适当的时候向媒体公布的。"

第三，最好不要用法律顾问作发言人，因为选择法律顾问作发言人容易给人留下公司将不惜一切代价逃避法律责任的印象。所以，除非需要传达复杂的法律条款和规定，而其他人又无法胜任，法律顾问最好还是在幕后指导，不要轻易出面。

新闻有个非常大的特点就是时效性，今天是新闻的东西过了几天可能就不再是新闻了。所以公司应对新闻危机一定要行动迅速，进行防御时花的时间要尽可能地少，尽快做出决定，然后以一种自信而有效的方式展开行动。这就要求公司 CCO 在危机发生前就做好细致的准备工作,并进行模拟演习,发现不足之处,在演习时就改正,不要等到实战时发现问题,想整改也来不及了。

当然,最好的办法还是在新闻危机发生前,就让它消失在萌芽状态。

三株集团对待陈老汉事件完全可以这样做:首先着眼于和陈老汉家属达成共识,不要起诉。"我们有钱,我们有关系,我们怕谁。"这种盲目乐观心理是最要命的。其次,一旦新闻界已经卷入也不要慌,立即通过事先建立起的主流媒体新闻通道,将早已准备好的信息材料传播出去,并表示无论最后检测结果如何,凡是涉嫌有问题的产品全部收回,直到确认它们是合格、安全的产品为止。同时,积极和地方卫生部门与药品监督部门建立起沟通与信任的渠道(这些工作都要事先做好)。还有,在陈老汉病情加重时,公司的医学专家就要介入并表示关切,一边准备材料一边与病人家属沟通并给予一定的安慰与帮助。如果所有人都一致认为陈老汉的死是因为他自己原有的某个隐性疾病的恶化,这件事情本身就失去了新闻价值。这样做,虽说会给企业暂时造成一些局部损失,但是却保全了公司的信誉和品牌,给人感觉三株集团首先考虑的是公众和消费者的利益,诚实可信,是负有责任感的企业,而这才是最重要的。只有保住了信誉和品牌,企业才可能在危机事件过后迅速地恢复元气。

(二)产品结构危机

医药保健品也属于高科技产品,它的更新换代速度虽说没有计算机行业那么快,可是指望一个产品永远热销,显然是不切实际的。广东太阳神集团的老总怀汉新先生曾经对媒体表达过这样一个观点,他认为:可口可乐仅凭一个"神秘配方"就可以打造一个饮料帝国,而且百年如一,长盛不衰,太阳神口服液完全可以成为中国的可口可乐。受这种观点支配,太阳神集团始终在新产品研发上不集中注意力。最后,当太阳神口服液的市场行情发生变化,市场份额大幅度缩减后,企业没有叫得响的新产品替代,导致企业陷入全面危机。事实上,他忽略了太阳神口服液与可口可乐的一个本质区别,就是一个是饮料,一个是保健品。可口可乐是饮料,人渴了是必须要喝水的,只要它的口味已被大众所接受,就可能长盛不衰,随着科学技术的进步,它能够改进的空间十分有限;而太阳神口服液是保健品,是非必需品,市场寿命是有一定周期的,随着科学技术的进步,它必将被科技含量更高、疗效更好的产品所代替。

另外,医药保健品受到国家食品药品监督管理总局的严格监管,一旦公司的支柱产品受到封杀,如果企业的产品结构不合理,企业就可能陷入困境,甚至引发全面危机,这就是医药保健品行业所特有的"脆弱性"。

2000年10月,原国家药品监督管理局发出关于含有PPA(苯丙醇胺)的药物禁止销售的通知。市场上几十种含有的药品被封杀,其中影响最大的就是年销售额达亿元的天津中美史克生产的康泰克。

中美史克的核心产品康泰克、芬必得两药的销售额占公司总销售额的80%以上,而其他六个产品仅占不到20%,公司的销售和利润过多地依靠这两个核心产品。而核心产品一旦出了问题,又没有替代的新产品很快补上,则公司就可能面临危机。不过,中美史克毕竟是实力雄厚的大公司,不含PPA的新康泰克很快就面市了。

相比之下,西安杨森的产品结构就要安全得多。其核心产品吗丁啉、达克宁、采乐的销售额占总销售额的50%左右,另外几个有潜力的产品如西比灵、息斯敏、斯皮仁诺的销售额占总销售额的20%~25%,其他所有产品的销售额占20%~25%。这样的产品销售结构梯度,抵抗风险的能力就非常强。

把所有的鸡蛋都放在一个篮子里的经营思想,在医药保健品行业是很危险的,这是由医药保健品企业所特有的产品"脆弱性"决定的。为了既保证重点,精力不要太分散,又不至于一旦某个核心产品发生危机而导致企业的全面危机,比较理想的产品销售结构梯度是:三个主打产品的销售额可以占到总销售额的70%左右,另外还有一个强有力的后备产品,其他所有产品的销售额可以占到总销售额的30%左右。

(三) 人才危机

许多人都知道人才危机,特别是决策层面上的高级人才危机,会直接导致企业的全面危机。但是有些企业的对待因种种因素离开企业的人才,骨子里却是这样的心态:随便,无所谓。用这种心态对待人才和使用人才,是十分危险的。特殊人才的离去,可能使企业受到重创,甚至导致企业的全面危机。

有些企业特别是民营企业,在陷入困境时到处求贤,高薪聘请一批经验丰富的人加盟,等到企业解困了,大笔赢利了,老板便开始过河拆桥了,处处挑毛病,紧接着就是激励机制不兑现,形同虚设。碰到这种老板,谁还会愿意死心塌地地为他干?只会是有所保留地"看菜吃饭"。

企业 CEO 不是天才,他只可能在某一方面或者某几个方面才华出众,但是其他领域则要通过授权,让其他方面的人才去领导大家为企业工作。企业 CEO 只有以下五个方面的工作不能授权:①战略决策层面上的问题;②高级人才的发现、培养与任免;③企业危机或潜在危机的宏观把握;④财务的宏观把握;⑤没有合适的下属能够承担的工作。

如果企业 CEO 什么问题都要插手,一方面会打击企业其他人才的积极性,另一方面自己也会疲于奔命,抓不住重点,最后因小失大。还有,在有的问题上,CEO 的个人观点未必会比专业人员的高出一筹。比如说企业财务问题,如果会计师用非常专业的眼光指出了做某件事情的时机还不成熟时,你就不能蛮干。不充分尊重财务专家的意见,不给人家说话的机会,谁还愿意跟着你工作?

所以,除了一些不可抗拒的因素外,企业 CEO 往往要对企业高级人才危机负直接的或间接的责任,这种错误主要有五种表现形式:①激励机制形同虚设,以种种借口(如企业暂时还困难等)来拖延或抵赖激励机制已明确规定的奖励,造成企业人才离心离德,甚至还会和企业对簿公堂;②以"三个臭皮匠,抵上一个诸葛亮"为借口,在分配上搞平均主义,从而挫伤了特殊人才的积极性;③在重要事情上,不充分尊重各领域专家的意见,不给他们施展自己才能的舞台,什么问题都要插手,使人才倍感压抑,最后离企业而去;④以无所谓的心态去对待意欲离开企业的高级人才,不肯放下架子亲自去挽留、说服、道歉,使企业错过了留住人才的最后时机;⑤企业没有人才储备,一旦发生了特殊人才的流失,不能很快找到合适的人才补上,使企业陷入困境。

企业的竞争,本质上是人才的竞争,尤其是高级人才、特殊人才团队的竞争。如果在这一方面做得不好,企业 CEO 的个人能力再强,也不会是一个十分称职的 CEO。

(四) 腐败危机

腐败危机不仅国营企业有,私营、股份制、合资、独资企业也有,只是程度不同而已。有的甚至一个科长就能毁掉一个企业。

某企业是百年老店,可是新任厂长兼党委书记走马上任后,大肆任用亲信,践踏财经纪律。负责采购的人也不甘示弱,市场价只需250~300元/千克的西洋参尾,他们却买成了600元/千克,这一项就耗掉企业240万元。市场价只有650元/千克的马鹿茸,被他们当做梅花鹿茸以3000元/千克的价格购进,而且还不能用,最后全部报废,企业白白损失了几十万元。麝香也是一进就是 54 千克，全是劣质的，价值 215 万元，简直是到了丧心病狂的地步。一个好端端的百年老企业就被这批蛀虫给毁了。

企业应该建立有效的激励机制，特别是国营企业。否则优秀的、清廉的企业家很可能流失。这个损失实际上也是一笔很重要的国有资产的流失，它的严重性并不亚于企业物质财富的某些损失；有些意志不坚定的企业家还可能因心里失衡而走向腐败，结果造成"双败"。我国已经加入了 WTO，国营企业也要遵循国际通行的规则办事，没有有效的激励机制，仅靠思想政治工作，不一定都能起到很好的效果。预防腐败危机的主要方法，一是建立有效的企业监督机制，二是建立有效的激励机制，预防与疏导相结合。

(五) 盲目扩张危机

由于盲目扩张引起的企业危机案例不少。一些企业想要冲出国门当然好，但是企业现在条件成不成熟？人才储备够不够？由于欧美国家对医药保健品行业管理相当严格，执行的标准和我们也不全一样，如果我们对他们的法规不是很熟，就要重新考虑进入欧美市场的时机与方式，避免造成损失。企业家要有闯劲和创新精神，但是更要有自律性，绝不能人云亦云，随波逐流。

(六) 灾害危机、环保危机

要搞清楚企业所在地 50 年内都发生过什么自然灾害，要提前做好准备。同时要做好防火、防盗等保卫工作，特别是防火，不可大意，要让全体员工知道，并积极开展演练。环境污染问题也要妥善解决，否则免不了受罚。

当然，给企业造成危机的因素有很多，各个企业的也不一样。以上只是列举了医药保健品行业经常遇到的几种。企业危机究竟是因决策失败引起的，还是因执行失败引起的，有不同的观点。决策和执行问题很难分，因为战术问题的决策，就是战略问题的执行。如果一定要分清楚的话，对于医药保健品企业来说，决策层面的失误导致的危机，其灾难性、毁灭性要大得多。英国有句谚语："对于一艘盲目航行的船来说，任何方向的风都是逆风。"说的就是这个意思。

企业的危机防范与大胆创新、敢冒风险是对立统一的。我们强调危机防范，也并不否定企业的大胆创新与敢冒风险。只有当企业有了很强的危机防范能力时，才可能更好地开拓创新，把企业做大做强。

【小结】

1. 药品分类管理是国际通行的管理办法。它是根据药品的安全性、有效性原则，依其品种、规格、适应症、剂量及给药途径等的不同，将药品分为处方药和非处方药并作出相应的管理规定。处方药是必须凭执业医师或执业助理医师处方才可调配、购买和使用的药品；非处方药是不需要凭医师处方即可自行判断、购买和使用的药品。目前市场上的保健品大体可以分为一般保健食品、保健药品、保健化妆品、保健用品等。

2. 医药代表是负责相关药品的推广工作的人员，有些负责医院，客户为医生，有些负责药店，客户为经销商。据一项调查显示，临床医生 73% 的新药信息来自于各药厂医药代表的直接介绍。医药专业销售呼唤高素质的医药代表，呼唤有成功进取心的医药代表。针对现代医药代表的角色定位，医药代表的知识结构应该不断更新和更为广博。

3. 所谓整合广告，就是把各种广告宣传手段（如电视、广播、报纸、杂志、海报、广告、包装、命名等多种软、硬广告形式）有机地进行整合，使其口径一致，以从不同角度（方向）、用不同方法说服消费者采取"购买"行动。所谓整合营销，就是在整合广告的基础上，把"公关、服务、渠道、终端、公益事业、创意、口碑、危机管理"等多种手段与各种形式的广告进行进一步的"有机"整合，以促使消费者尽快采取"购买"行动。

4. 品牌是代表消费者在其生活中对产品与服务的感受，而滋生的信任、相关性与意义的总和。品牌核心是品牌管理的重要部分，品牌核心相当于品牌的战略规划，而品牌的其他部分则是围绕核心而制订的战术，战略失误将导致战术的失败。品牌延伸，是指将一成功的品牌用于一个新产品上，这个新产品常常是核心产品的改进型产品，也可能是其他领域的产品。

5. 药品、保健品是一种关系到人的生命的特殊商品，"人命关天"，它受到国家食品药品监督管理总局的严格监管，一旦出了一点儿问题，往往会因很有"新闻价值"而受到媒体的追逐。因此，医药保健品企业所特有的"脆弱性"，导致它发生危机时的复杂性与毁灭性都大大超过其他行业。企业的危机防范与大胆创新、敢冒风险是对立统一的。我们强调危机防范，并不否定企业的大胆创新与敢冒风险。相反，只有当企业有了很强的危机防范能力，才可能更好地开拓创新，把企业做大做强。

【知识训练】

1. 解释处方药、非处方药和保健品的含义是什么。
2. 简述医药代表必备素质有哪些。
3. 用你所熟悉的产品分别做 5 个开放式的访谈和 5 个封闭式的访谈。
4. 说说新产品开发策划思路有哪些。
5. 试述广告费被浪费的三大原因。
6. 试述整合广告和整合营销的含义。
7. 试述品牌与商标的区别。
8. 品牌有哪些种类？
9. 品牌经理制的优势是什么？
10. 品牌延伸的前提是什么？
11. 医药保健品企业可能发生的主要危机及其应对策略有哪些？
12. 公司发言人是公司的名片，如果危机已经发生，公司发言人就非常重要了，应该选择一个怎样的人担任这一角色？为什么？

【技术点训练】

（一）基本技术点
　　1. 选择和运用产品策略。
　　2. 建设和维护医药品牌。
（二）训练内容及要求
　　上网查找比较三株口服液与脑白金的营销策略异同点，并分析它们的成败原因。
（三）组织方法及步骤
　　1. 教师将学生分成若干组，每组 4～6 人，安排任务；

2. 学生按小组讨论完成；
3. 各小组派代表阐述小组观点；
4. 教师和学生对每小组的观点改正、修改；
5. 教师点评并总结；
6. 教师指导学生完成工作页。

（四）评价标准（10分）

1. 三株口服液和脑白金如何选择和运用产品策略。（3分）
2. 三株口服液和脑白金如何建设和维护品牌。（3分）
3. 从品牌危机的角度说说三株的失败和脑白金的成功对你的启示。（4分）

项目 8
分销渠道策划

知识目标 →→→
1. 解释什么是分销渠道。
2. 学会医药产品分销渠道设计策略。
3. 简述分销渠道的管理与控制。

能力目标 →→→
1. 合理选择医药分销渠道。
2. 策划医药商品分销渠道方案。
3. 建设与管理企业分销组织。

一、分销渠道概述

被誉为"现代营销学之父"的菲利普·科特勒教授认为:"一条分销渠道是指某种货物或劳务从生产者向消费者移动时取得这种货物或劳务的所有权或帮助转移其所有权的所有企业和个人。因此,一条分销渠道主要包括商人中间商(因为他们取得所有权)和代理中间商(因为他们帮助转移所有权)。此外,它还包括作为分销渠道的起点和终点的生产者和消费者,但是,它不包括供应商、辅助商等。"

科特勒认为,市场营销渠道和分销渠道是两个不同的概念。他说:"一条市场营销渠道是指那些配合起来生产、分销和消费某一生产者的某些货物或劳务的一整套所有企业和个人。"这就是说,一条市场营销渠道包括某种产品的产供销过程中所有的企业和个人,如资源供应商、生产者、商人中间商、代理中间商、辅助商(便利交换和实体分销者,如运输企业、公共货栈、广告代理商、市场研究机构等)以及最后消费者或用户等。

(一)中国医药保健品渠道模式

1. 药品基本渠道模式

中国药品销售的主渠道仍然是医院药房,80%的药品销售是通过医院药房实现的,剩下的大约20%销售量则由社会药房来完成。

2. 医药保健品一体化模式

这种模式分以下3种情况。

(1)对医药保健品生产商、零售商依赖型的批发商 除了充当生产商的代理商或成为生产商的特约经销商之外,还可以将自己主动改造成大型生产商或零售商垂直一体化的批发商,即通过产权变动、参股经营等形式,进入大型生产、零售企业的分销系统,成为其营销网络中的一员。

(2) 对生产、零售企业渗透型的医药保健品批发商 可以与生产商、零售商组成产、销、批、零联合体或者是独立建设生产企业或零售企业。

(3) 对生产商和零售商具有控制能力的批发商 对生产商的控制形式有三种：一是药品或保健品买断经营，实行真正意义上的总经销；二是发展新型的加工订货、统一收购业务，成为生产企业的"雇主"；三是组建以批发商为主，产销一体化的企业集团。对零售商的控制形式也有三种：一是联合零售企业，组建连锁公司和商业集团；二是成为一批中小零售商的配送中心；三是利用会员制将中小零售商纳入自己的零售服务体系，发展特许连锁经营。

3. 电子商务环境下的医药保健品流通体系

电子商务环境下的医药保健品流通体系，是充分利用现代信息技术，将电子商务与传统的医药分销产业相结合的新型分销模式。其运行过程是：医药保健品生产企业与医疗机构或医药保健品零售企业通过电子市场直接进行网上价格撮合；成交信息直接传递到区域配送中心（医药物流企业），通过区域配送商进行配送；医疗机构和药品零售企业通过区域银行结算中心直接与药品生产企业进行结算，并支付电子市场提供商和配送商相应的费用。此外，区域配送中心（医药物流企业）有一套相对独立的配送信息系统或通过医药电子市场与药品生产企业和医疗机构或药品零售企业相连。在这一分销模式中，医药电子市场与交易各方相连，是医药行业的交易中心和信息中心，居于核心位置。这一虚拟的医药电子交易市场通过与真实的物流配送系统和区域结算系统相互协调的运作，实现医药商品的高效流通。电子商务环境下的药品流通体系主要有以下几个特点。

(1) 交易方式电子化 通过医药电子市场的虚拟代理，医疗机构和药品零售商可以不受时空限制地与药品生产企业直接进行交易，商品流通变得公开、透明，批发环节将不复存在，因而减少了中间环节，直接降低了交易成本。改变原有信息采集和流动的低效和无序状态，采用信息化交易手段，充分发挥网络信息完整性和及时性的特点，使信息流变得有序、透明，从而大大降低了收集和处理医药商品信息的时间和成本。

(2) 交易形式多样化 既可以进行独立的分散交易，又可以进行集中的联合交易，兼顾个性化需求和降低成本的要求。由于可以进行实时采购，因此可以缩短采购和储存周期，减少库存，既满足用户需要，又尽可能减少市场风险，增加经济效益。

(3) 物流系统扁平化 将原来多层、分散、杂乱的批发商经过科学整合，改造成以中心企业为极点，覆盖整个区域的配送网络，彻底改变原有物流系统混乱无序、效率低下的状况，建立一个设施完善、技术先进、层次简单、运作高效的医药物流系统。

(4) 政府监管现代化 政府积极发展医药电子政务，采用现代化的信息管理手段，对医药市场交易过程进行全程监控，彻底改变了政府监管手段滞后，不适应市场发展的状况。各种市场监管信息公开、透明，市场准入机制严格、规范，使医药商品的质量和临床用药安全有可靠的保证。

（二）中国医药分销渠道的特点

1. 医药中间商数量多，但规模小、市场集中度不高

目前，中国医药批发企业近1.6万家。实际从事医药分销的公司及组织大约有20万家，企业数量众多，但规模小。在近1.6万家批发企业中，年销售额超过2000万元的只有800余家，不到总数的5%；前三大医药商业企业的市场份额为18%，前十大批发商的年销售额之和也仅占批发行业总销售额的27.7%左右，而美国市场前12大医药流通企业的市场份额

为80%，日本市场前三大医药企业的市场份额为67%。

2. 医药中间商流通费用率居高不下，盈利能力较弱，行业亏损面不断扩大

中国大型医药批发企业的毛利率为6%，净利率只有0.63%。美国药品年销售规模为4000多亿美元，医药分销业毛利率在4%左右，低于国内6%的水平，但由于规模大，集中度高，平均流通费用率约为2.9%，因此获利能力强，净利率为1%左右。

3. 布局不合理

由于受传统医药流通体制的影响，药品批发企业仍按照行政区划而不是按照药品的合理流向进行优化，不符合全国医药大流通、全国统一医药大市场的趋势。并且，药品零售网点主要集中在广州、深圳等大、中城市及沿海发达省份；而广大农村及偏远地区，药品零售终端数量较少。

4. 信息化程度参差不齐，信息资源不能共享

中国医药流通主体的信息化水平非常低，计算机及其网络技术的应用还不普及，尤其是县及其以下的医药流通企业中，计算机应用、软件开发人才十分匮乏。很多企业不熟悉、不了解电子商务、网上销售、物流配送等现代流通方式，经营管理者难以借助网络技术及计算机信息系统来掌握客户动向及药品流向，很难实现商品流、信息流、资金流的有效流通和管理。

5. 缺乏现代化医药物流手段，医药物流尚未发育成熟

一方面，中国大部分制药企业、医药批发企业以及医药零售企业独自建造大型物流中心，彼此相互独立，缺乏交流与沟通，造成物流资源不能充分利用，物流各环节断裂，价值链链条彼此脱节不能形成核心竞争力，建设及经营成本较高，医药物流资源浪费严重。另一方面，存在着物流需求的严重不足，物流资源过剩。中国医药企业物流中心的平均空置率高达60%。

6. 医药市场中介组织发展尚不完善

医药市场中介组织是指为适应电子商务交易方式的要求，具有与传统流通主体不同运作方式的新的市场媒介体，其中包括新型网络服务商、第三方物流企业等。目前，由于中国药品分销体系仍然以传统分销企业为主，电子商务条件下的新型市场中介组织的产生和发展所需要的条件还不完全具备。

（三）中国医药分销渠道发展趋势

1. 渠道扁平化

（1）制药企业与药品零售终端直接合作 中国医药流通渠道的"多环节"事实倍受公众责难，这也是导致药品价格居高不下的重要原因之一，因此，减少中间流通环节成为了一些制药商与终端零售商的共同目的。如老百姓大药房直接向厂家发出"采购订单"，不少制药商通过老百姓大药房即可把药品推向终端，即渠道下沉到了终端。还有，中国医药集团、广东省医药集团、九州通集团、丽珠医药贸易公司等国内58家药品、医疗器械供应商与广州一家民营医院签订了合作协议，终端渠道直接下沉到医院。由此可以看出，即便是实行代理制的制药商，也不再满足于仅与它的"总代"或"一批"打交道，而是直接与制药企业或药品终端建立较为稳固的渠道关系，以实现药品低成本、快速销售。

（2）制药企业开发第三终端市场 随着城市药品市场竞争日益加剧，不少制药商开始把目光投向长期被忽视的农村地区、城市诊所、社区医疗点和民营医院等"第三终端"市场。目前国家加大在社区医院和乡村医院等领域内的投资，第三终端市场规模越来越大，由第一、第二终端市场向第三终端转移已是诸多药企的共识。不少企业目前都看好第三终端，并纷纷成立"农村市场部"，包括鲁抗药业、长富洁晶药业、罗欣药业等都有类似部门。事实上，不少企业目前并没有计划立即从第三终端赢得利润，但如果目前不做，等到未来市场成熟时再去做，那将需要投入更多的成本。目前进入，虽然可能没有赚得利润，但却可以赢得市场知名度，为将来公司的其他药品进入市场开辟了一条通道。广西梧州制药采用直接邀请第三终端客户召开招商会的形式进行药品销售推广，经过近两年时间的实践，逐步成为了适合于企业发展的渠道模式。

2. 渠道精细化

（1）制药企业提供更多渠道服务　这种趋势表现在药品渠道成员的服务深化及分工细化。通常来说，代理制分销模式中，生产商只负责生产，不涉及药品分销业务，而代理商负责销售及回款。但随着市场竞争的加剧，制药企业更希望市场能够及时反馈信息，以便开发适当的药品，因此更希望参与药品营销各个环节，为代理商提供药品支持及相应培训，指导代理商利用资源和渠道进行推广活动，协助代理商开发市场等，从而形成广义上的渠道联盟。对于药品代理商而言，由于得到上游生产商的服务，市场开拓的难度将有所降低，因此也乐意接受这样的合作形式。

（2）做细药品终端市场　制药企业采取"区域总经销模式"的分销模式，存在一定的弊端，因为采用此种模式，终端维护的任务主要由区域经销商来完成。由于各种原因，在很多情况下，区域经销商无法达到一定的市场覆盖率，而且也不能保证终端促销工作有效进行，销售政策也难以执行，出现产品积压或断货等。因此，制药企业会采取以下几种方式做细药品终端市场："区域总经销＋助销"、"区域代理＋助销"、"区域经销＋办事处"等模式，通常由经销商做物流、资金流，企业做促销和信息流，分工更为明细。

3. 渠道多样化

随着药品分类管理的实施，乙类非处方药进入了药店以外的超市、特大型超市、百货店、食品店等零售渠道。特别是营养补充剂一类的产品，在超市、特大型超市中正日益显示出强劲的销售力。超市由于有着更便利的网点，更优惠的价格，更吸引人的购物环境，对乙类非处方药的零售有着药店无法比拟的优势，乙类非处方药的零售网点的格局在不久的将来会发生较大变化。

4. 渠道规模化

随着药品零售市场竞争加剧及市场环境的变化，药品零售终端呈现规模化趋势。中国商业协会的数据表明，目前中国的药店数量有32万多家，其中连锁药店企业有1600家，门店已经超过6800家。多数省会城市的连锁率已超50%，销售排名前100位的连锁药店零售总额近500多亿元。同时，连锁药店市场集中度将加速提高。药品批发企业的市场集中度也逐步提高。

二、分销渠道的设计

1. 影响医药分销渠道设计的因素

医药分销渠道设计的最终目的是实现渠道畅通性、可控性及敏感性。所谓畅通性是指能够使药品低成本、快速地流入消费者手中；可控性是指作为渠道建设者能够通过调整各种营销策略准确实现渠道畅通；敏感性是指渠道能够及时反馈各种市场信息，有利于企业制定科学合理的营销策略。影响医药分销渠道设计的因素包括以下几种。

(1) 医药产品因素　由于医药产品的单价、科技含量、时效性、科技含量及生命周期等因素的不同，因此分销渠道设计也有所不同。

① 医药产品的单价。对于单位价值较高的医药产品如新药、特药及医疗器械等，需求量较少而且偏好性较强，宜采用直接渠道或短渠道，以获得较高利润；而对于价格较低且使用量较大的药品如普药、OTC 药品宜采用较长渠道，以增大市场覆盖范围。

② 医药产品的时效性。对于季节性较强或有效期较短的产品宜采取直接渠道或短渠道，以减少中间转移时间，间接延长保质期，如疫苗类药品宜选用直接渠道进行分销。

③ 医药产品的科技含量。对于新药和医疗器械来说，科技含量较高，在售前、售中及售后服务方面要求较高，宜选择直接渠道或短渠道进行分销，便于咨询与服务。

④ 医药产品的适用性。如果医药产品的适用性较强，市场较为广泛，如普通药品，宜选择宽渠道进行销售，可以增加市场覆盖面积。

⑤ 产品生命周期的不同阶段。不同的生命周期阶段，分销渠道也应有所不同。在导入期为了能够尽快进入市场，并了解市场的信息变化，宜采用短渠道或直接渠道，有利于反馈市场信息，及时调整企业的营销策略；在成长期，由于医药产品知名度的提升，市场销售量逐渐增加，因此在渠道选择方面宜选择长渠道或增加直销网络等方式，方便消费者购买；在成熟期，由于医药产品需求较为稳定，在渠道选择方面需要再进行调整、优化、控制，增强分销渠道的效率并降低其成本，因此应当减少分销渠道的长度，增加其宽度或优化直销网络；在衰退期，由于市场需求降低，销售量下降，因此必须调整分销渠道，由长变短，由宽变窄，以降低成本。

(2) 医药市场因素

① 市场需求特征。对于需求比较旺盛的市场，企业应采取宽渠道策略，以满足最大限度的需求；反之，则采用窄渠道。对于需求的变化较为复杂的市场，应采用短渠道或直接渠道，便于搜集市场信息，调整营销策略；反之应采用长渠道或间接渠道，以扩大销售区域。

② 市场规模及集中度。对于市场规模较大、区域比较集中的市场，可采用直接渠道或短渠道，如建立销售公司或办事处，从而及时搜集市场信息并了解市场变化；对于规模较小、区域比较分散的市场宜采取长渠道或间接渠道分销医药产品。

③ 市场竞争激烈程度。市场规模较大，市场竞争较激烈，企业宜采用直接渠道或短渠道，从而能够控制市场的变化。而对于规模较小、区域较大的市场宜采取长渠道或间接渠道分销医药产品。

(3) 企业因素　企业声誉、规模、管理能力、资金实力及战略等也影响分销渠道的选择和设计。对于声誉较好、管理能力及资金实力都比较强的大企业，在选择分销渠道时会以短渠道或直接渠道为主；而对于知名度较低、资金有限的中小企业，宜选择以长渠道或间接渠道为主的方法，主要依赖于中间商去分销产品。

(4) 经济形势及法律法规

① 在经济环境较好的情况下，需求较为旺盛，市场发展较快，企业选择分销渠道的余地较大；而当出现经济萧条、衰退时，市场需求下降，企业就必须减少分销渠道环节，使用较短渠道或更为直接的渠道。

② 国家法律法规等也会对医药产品的分销渠道的选择和设计产生影响。如公费医疗制度、基本医疗保险药品目录、药品分类管理等，都直接影响或制约了医药渠道的选择与设计；

对于特殊管理药品，也要按照国家有关规定进行分销。

(5) 供货时间与成本　医药渠道也严格受生产企业、中间商及消费者三者的供货时间及供货成本变化的影响。渠道选择的基本原则为总成本最低，供货时间尽可能短。

2. 医药渠道战略设计的程序

(1) 医药渠道战略设计的概念　医药渠道战略设计是指对关系医药企业生存与发展的基本分销模式、目标与管理原则的决策。其基本要求是：适应市场环境的变化，以最低总成本传递医药产品，以获得最大限度的顾客满意。

(2) 医药渠道战略设计的具体步骤

① 确定渠道的基本模式。医药企业在设计分销渠道时必须对以下问题做出回答：a. 药品最终销售终端是医院药房、社会零售药店还是第三终端？b. 医药产品分销需不需要中间商的参与或者是自建营销网络和中间商共同存在？

② 选择中间商。选择医药中间商的标准：第一，分销网络覆盖面，能够使本药品在某地区覆盖一定的市场；第二，资信情况，包括给客户回款情况及经销盈利能力，良好的盈利能力能保证双方长期合作；第三，中间商在市场中的美誉度和满意度以及工作、服务质量水平；第四，中间商对企业产品的认同度，中间商对产品认同度的高低决定着对所要分销药品的信心、努力程度，尤其是中间商的经营决策人和重要执行人的认同非常重要。

选择中间商的层次与幅度：在确定了基本分销渠道以后，还需要确定中间商的层次与幅度，如采用长渠道还是短渠道，密集型渠道还是选择型渠道，独家渠道还是多种渠道并存。

③ 确定渠道成员的权利与义务。要确定渠道成员的权利与义务，其主要内容是价格策略、销售条件、经销区域及其他事项等。

④ 对渠道方案的选择与评估。对于不同的方案要按照一定的评估标准进行评估，如适应性和可控性等，对这些选项赋予一定分值及权重，最后计算分值，再综合各种因素后，选出比较满意的分销方案。

⑤ 制订实施计划方案。将渠道战略设计具体化，根据战略方案和战略重点，规定出任务的轻重缓急和时机，进一步明确工作量和时限，并考虑由谁来执行、如何执行、需要如何配置相应的资源等。

3. 评估选择分销方案

分销渠道方案确定后，生产厂家就要根据各种备选方案进行评价，找出最优的渠道路线，通常渠道评估的标准有三个：经济性、可控性和适应性，其中最重要的是经济标准。

(1) 经济性的标准评估　主要是比较每个方案可能达到的销售额及费用水平。

① 比较由本企业推销人员直接推销与使用销售代理商哪种方式销售额水平更高。

② 比较由本企业设立销售网点直接销售所花费用与使用销售代理商所花费用，看哪种方式支出的费用大，企业对上述情况进行权衡，从中选择最佳分销方式。

(2) 可控性标准评估　一般来说，采用中间商可控性小些；企业直接销售可控性大；分销渠道长，可控难度大；渠道短可控性较好，企业必须进行全面比较、权衡，选择最优方案。

(3) 适应性标准评估　如果生产企业同所选择的中间商的合约时间长，而在此期间，其他销售方法如直接邮购更有效，但生产企业不能随便解除合同，这样企业选择分销渠道便缺乏灵活性。因此，生产企业必须考虑选择策略的灵活性，不签订时间过长的合约，除非在经济或控制方面具有十分优越的条件。

三、分销渠道管理和控制

企业在选择渠道方案后，必须对中间商加以选择和评估，并根据条件的变化对渠道进行调整。

1. 控制的出发点

不应仅从生产者自己的观点出发，而要站在中间商的立场上纵观全局。通常生产者抱怨中间商：不重视某些特定品牌的销售；缺乏产品知识；不认真使用生产厂商的广告资料；不能准确地保存销售记录。

但从中间商的角度，认为自己不是厂商雇佣的分销链环中的一环，而是独立机构，自定政策不受他人干涉；他们卖得好的产品都是顾客愿意买的，不一定是生产者叫他们卖的。也就是说，其第一项职能是顾客购买代理商，第二项职能才是制造商销售代理商。制造商若不给中间商特别奖励，中间商不会保存销售各种品牌的记录。所以，要求制造商要考虑中间商的利益，通过协调进行有效地控制。

如何进行有效地控制？例如，付给经销商25％销售佣金，可按下列标准：保持适当存货水平（以防断档），付给5％；如能达到销售指标，再付5％，如能为顾客服务（安装维修），再付5％；如能及时报告最终顾客购买的满足情况，再付5％；如能对应收账款进行有效管理，再付5％。

2. 激励渠道成员

应激励渠道成员，使其出色地完成销售任务。要激励渠道成员，必须先了解中间商的需要与愿望，同时要处理好与渠道成员的关系，包括以下三个方面。

（1）合作　生产企业应当得到中间商的合作。为此，采用积极的激励手段，如给较高利润，交易中给予特殊照顾，给予促销津贴等。偶尔应采用消极的制裁办法，诸如扬言要减少利润，推迟交货，终止关系等。但这种方法的负面影响要加以重视。

（2）合伙　生产者与中间商在销售区域、产品供应、市场开发、财务要求、市场信息、技术指导、售后服务方面等彼此合作，按中间商遵守合同程度给予激励。

（3）经销规划　这是最先进的方法。这应由有计划的实行专业化管理的垂直市场营销系统，将生产者与中间商的需要结合起来，在企业营销部门内设一个分销规划部，同分销商共同规划营销目标、存货水平、场地及形象化管理计划、人员推销、广告及促销计划等。

【小结】

1. 被誉为"现代营销学之父"的菲利普·科特勒教授认为："一条分销渠道是指某种货物或劳务从生产者向消费者移动时取得这种货物或劳务的所有权或帮助转移其所有权的所有企业和个人。因此，一条分销渠道主要包括商人中间商（因为他们取得所有权）和代理中间商（因为他们帮助转移所有权）。此外，它还包括作为分销渠道的起点和终点的生产者和消费者，但是，它不包括供应商、辅助商等。"科特勒认为，市场营销渠道和分销渠道是两个不同的概念。他说："一条市场营销渠道是指那些配合起来生产、分销和消费某一生产者的某些货物或劳务的一整套所有企业和个人。"这就是说，一条市场营销渠道包括某种产品的产供销过程中所有的企业和个人，如资源供应商、生产者、商人中间商、代理中间商、辅助商（便利交换和实体分销者，如运输企业、公共货栈、广告代理商、市场研究机构等）以及最后消费者或用户等。

2. 医药分销渠道设计的最终目的是实现渠道畅通性、可控性及敏感性。所谓畅通性是指能够使药品低成本、快速地流入消费者手中；可控性是指作为渠道建设者能够通过调整各种营销策略准确实现渠道畅通；敏感性是指渠道能够及时反馈各种市场信息，有利于企业制定科学合理的营销策略。医药渠道战略设计是指对关系医药企业生存与发展的基本分销模式、目标与管理原则的决策。其基本要求是：适应市场环境的变化，以最低总成本传递医药产品，以获得最大限度的顾客满意。分销渠道方案确定后，生产厂家就要根据各种备选方案进行评价，找出最优的渠道路线。通常渠道评估的标准有三个：经济性、可控性和适应性，其中最重要的是经济标准。

3. 企业在选择渠道方案后，必须对中间商加以选择和评估，并根据条件的变化对渠道进行调整。控制的出发点不应仅在生产者自己，而要站在中间商的立场上纵观全局。要求制造商要考虑中间商的利益，通过协调进行有效地控制。应激励渠道成员，使其出色地完成销售任务。要激励渠道成员，必须先了解中间商的需要与愿望，同时要处理好与渠道成员的关系。

【知识训练】

1. 医药保健品一体化模式分哪三种情况？
2. 简述中国医药分销渠道的特点。
3. 简述中国医药分销渠道发展趋势。
4. 影响医药分销渠道设计的因素有哪些？
5. 医药渠道战略设计的具体步骤有哪些？

【技术点训练】

（一）基本技术点
1. 能合理利用医药商品渠道资源。
2. 能有效管理医药商品分销渠道。

（二）训练内容及要求

排毒养颜胶囊分销渠道建设

1995年，云南盘龙云海药业有限公司在选定排毒养颜胶囊这个产品项目之初，就把渠道网络的建设与发展放在首位。公司高层领导坚信，企业建立稳定广泛的市场网络，是企业和市场共存与互动的基本建设项目。企业一旦建立并拥有一定程度的物流渠道网络和信息渠道网络系统，企业与市场的互动就会显得非常积极。

2000年9月，公司董事长焦家良先生在展望21世纪企业发展前景时指出，公司的渠道网络系统无形资产价值为5亿元，因为公司5年来在全国建立了65个市场部，这些市场部遍及全国23个省，已经有超过100个地（州）的药品批发和媒介信息单位与公司建立了良好的合作关系。对这个系统的有效利用，使公司的新产品可以在一个月以内在全国1000多个零售点上柜，也可以在一个月以内在全国100多个地（州）的媒介同时发布产品信息。"

2000年上半年，盘龙云海药业有限公司与美国Metabolife签定了双方渠道网络资源共享的合作意向。Metabolife在美国所有大型百货商场均设有专柜，销售名为Metabolife356的产品，单一产品年销量为12亿美元。面临世纪之交，中国加入世贸组织的新形势，Metabolife很看好中国市场。他们之所以选择与盘龙云海药业有限公司合作,首先看中的是多年来盘龙云海药业有限公司苦心经营而且运转高效的渠道资源。实现资源共享后,盘龙云海药业有限公司可通过在美国的保健食品营销渠道进入美国市场,在21世纪实现新的发展,创造美好明天。

(三) 组织方法及步骤

1. 教师将学生分成若干组,每组4～6人,安排任务;
2. 学生按小组讨论完成;
3. 各小组派代表阐述小组观点;
4. 教师和学生对每小组的观点改正、修改;
5. 教师点评并总结;
6. 教师指导学生完成工作页。

(四) 评价标准 (10分)

1. 分析盘龙云海公司的医药分销渠道优势。(5分)
2. 假如你是营销顾问,在排毒养颜胶囊这个产品项目充分利用渠道资源、赢得更多竞争优势方面,会向公司高层提出哪些合理建议?(5分)

项目 9
医药保健品价格策略

知识目标 ➔➔➔
1. 了解影响医药商品定价的因素。
2. 知道产品定价的一般过程。
3. 学会为企业产品制定合适价格的方法。

能力目标 ➔➔➔
针对企业不同产品的具体情况，运用适合的定价方法、选用恰当的定价策略对医药企业产品进行比较合理的定价和调价。

不仅是医药保健品，对于大多数产品而言，在平等的市场经济环境下，价格是顾客最敏感的营销变量。价格是产品中可以观察到的组成部分，它能使消费者购买或不购买产品，同时影响每件已售出产品的单位利润。以往制定产品价格的决策基础是以成本为主，这主要是因为传统上大部分用于决定价格的分析工作是由会计或财务人员完成的。随着市场经济的发展，营销人员逐渐认识到成本固然对价格的确定关系重大，但顾客更重要，尤其是顾客价值更重要。这是因为顾客通常不了解或不在乎产品的成本是多少，重要的是产品是否传递了值得所付价格的价值。所以，价格的目的不在于弥补成本，而在于捕捉顾客心中的产品可感知价值。也就是说，价格不仅是由公司内部的因素决定的，也是由顾客决定的。

一、影响医药保健品商品定价的因素

药品价格实行政府定价和企业自主定价。列入国家基本医疗保险药品目录和国家基本医疗保险药品目录以外有垄断性生产、经营的药品，实行的是政府定价或政府指导价。实行市场调节价的药品及保健品，当企业要将其新产品投入市场时，或将某些产品通过新途径投入市场或新的市场时，或者竞争投标时，都必须给产品制定适当的价格。为有效开展市场营销活动，促进销售收入的增加和利润的提高，受市场供求关系等因素影响，还需要对已经制定的价格进行调整。价格是医药市场营销组合中十分敏感而又难以控制的因素，它直接关系着市场对产品的接受程度，涉及生产者、经营者、消费者等各方面的利益。

（一）内部因素

1. 企业营销战略

在营销实践过程中，营销人员总要先设计营销战略，然后再确定这一战略的实施和营销组合。所以，价格必须与所制定的营销战略一致。营销战略包括市场细分和产品定位，营销战略决策并不是具体的定价规则，而是为决定价格应该高还是低提供总体的指导。市场细分决策会影响价格，因为价格在各个细分市场上会有很大的差别，经济学家称之为价格歧视，即根据各个细分市场的价格弹性和敏感性对他们采取不同的价格。即使在同一目标细分市场上也会存在巨大的价格差异，这是因为：顾客对某些产品或供应商很忠诚，他们将价格看得比其他因素低，如可靠性、售后服务等。在某些行业里，价格的可见性很低，比如处方药相对于非处方药的价格的可见性低。竞争的密集性在各个细分市场之间不同，供应商的数目越多，价格越集中在标准价格附近。所以，对价格决策者而言，了解各个不同细分市场的价格敏感度及营销战略，主动选择目标细分市场的价格弹性空间是很重要的。

2. 服务决定价格

价格＝产品价值＋服务，这是营销学和经济学的常识。目前药店都是成本加成定价，但如果所有产品全部用成本加成定价，那是错误的。产品本身的档次、品质、质量只是定价的一个因素，连锁药店的价格体系还有另外一个因素，那就是服务。

超值的会员服务可以给价格加分，而目前大家都把会员卡做成低价打折，偏离了初衷，亟待从会员低价打折中走出来；差异化的、系统的、专业的医学和药学服务与指导，可以提高整体产品的价格体系。你得学会让消费者为此埋单，比如请来真正的高水平医生；需要费用的，消费者就得购买指定的产品到一定金额，才能来听专业的疾病预防知识讲座。

那么，怎样依靠服务提升产品价格带？一要靠店员坚持不懈地学习药学知识、医学知识、联合用药知识来达成；二要靠采购人员了解供应商的整体状况，采购到优质名牌产品，这些也许和高毛利自营品种有一些冲突，但也不完全冲突。

3. 差异化决定价格

最好的竞争策略是不与人竞争，药店差异化的根本是品类差异化，当你销售的东西别人没有时，定价权就是你的了，因为消费者无从比价，因此药店差异化不仅是竞争策略，也是价格策略之一。差异化的品类可以给企业带来高的价格体系和高利润。

4. 品牌决定价格

同仁堂药店销售的产品，大多是自己公司生产的，尽管价钱不菲，但是一般消费者都没觉得它贵，就算觉得贵也都能接受。这就是连锁的品牌定位决定它可以卖高价。同时，一瓶相同的啤酒，在大排档、五星酒店、商超自购，价格完全不一样，同一个东西，价格的差异是怎样产生的呢？其实就是场所决定了价格。

因此，连锁门店的品牌价值、商圈位置都决定了其价格体系和定位。装修与购物环境的档次，也决定你的价格体系，商圈和写字楼以及高档社区内的店，是服务有钱人和忙碌的白领商务人士的，你就不要卖低价。起码一店一策的策略，在不同门店的价格体系设置上是成立的。

（二）外部因素

1. 市场需求

（1）市场需求受诸多因素影响，但主要是受人口、购买力和购买动机影响。购买力就是顾客的支付能力，它受收入和物价水平的制约。传统的做法是：首先制造产品，然后根据成本来定价。现代营销学提倡的做法则是：首先分析消费者的支付能力，确定产品价格的范围，再制造相应的产品来满足顾客的需求。

购买动机反映了消费者对医药产品的向往程度。消费者的意愿强度不同，对于愿意支付的价格就有较大差别。例如儿童药品，消费者大多愿意接受质优价高的药品。因此，企业应根据消费者对药品的需求强度来选择价格水平。

(2) 需求价格弹性反映了药品价格的变化对需求量变化的影响　如果某类药品需求量会随着价格的变化而变化，说明需求价格弹性较大，如名贵中药材。对这类药品，企业可以采用降价的方式来促进销售。反之，某些药品价格的需求量对价格反应比较迟钝，如处方药。对于这类药品，企业降价对销售额影响不大。

2. 市场竞争

企业在制定价格时，不仅要考虑消费者，还要考虑竞争者。市场竞争格局与竞争对手的价格策略对企业定价有着极大的影响。中国医药市场，竞争异常激烈。因此，制药企业要分析和研究市场的供求状况、竞争者的价格策略、本企业的竞争地位、潜在的竞争者等多方面的因素，制定合理的价格。此外，还需努力避免纯粹的价格战。纯粹的价格战会使竞争双方都蒙受损失，并且有可能影响产品的质量。因此，现在很多企业有意识避免纯粹的价格战。

3. 国家价格政策

任何企业都处于一定的宏观环境中，政府会对价格进行适当的调控与干预。中国的《药品管理法》、《反不正当竞争法》、《价格法》等法律法规，都在价格上对企业进行了约束与规范。这就要求医药企业不断学习与研究药品的价格政策。

4. 消费心理

对于任何一种商品，人们在购买时会因个人条件和环境等不同而产生不同的消费心理。市场营销人员研究消费者心理的目的是在制定价格时尽量与消费者的心理预期相吻合，以减少产品销售的难度。一般有以下几种心理因素影响药品的价格。

(1) 自尊心理　这类消费者一般收入较高，在购买商品时追求档次和品味。针对这种心理，定价常采用整数计价和高档次定价法，常见于一些高档保健食品的定价。

(2) 实惠心理　这是普通的大众消费心理，希望花钱少而疗效好。针对这类消费者，企业定价常采用尾数计价法，走薄利多销的路子。普通药品常采用这种方法。尤其是一些平价药的出现也是为了满足消费者的这种心理。

(3) 信誉心理　这类消费者比较重视药品的品牌、产地、医药企业的信誉。他们认为知名品牌药、进口药、按照 GMP 要求生产的药品质量好、价格高是合理的，特别是在医治疑难病症时。对于这类消费者，医药企业需要采取力创名牌，走优质优价之路。

(4) 对比心理　对于一些久病成医型的消费者，对于药品价格信息比较敏感，善于进行比较分析。因此，要求医药企业在制定药品价格时，要充分比较与参考竞争对手的价格，以免价格高而堵塞销路。

二、医药保健品定价的技巧

公司如何根据质量和价格来为自己的药品定位？市场的需求和公司的成本分别为药品的价格确定了上限和下限，竞争对手的成本、价格和可能的价格反应则有助于公司确定合适的价格。合适的产品价格，一般都在太低的无利润的价格与太高的无需求的价格之间。定价时三个主要的考虑因素：成本是价格的最低点；竞争对手和替代产品的价格是公司在考虑定价时的出发点；顾客对公司产品独有特征的评价是价格的上限。

(一) 低位价格策略

低价位策略并不是指负毛利销售，而是以低价来赢得消费者的关注。当公司面临生存危机、产量或库存过剩、市场竞争激烈、消费者需求发生变化时，它将生存作为自己的主要目标。为了保证车间能开工生产、库存能周转，它会降低价格。只要价格能够弥补可变成本和部分固定成本，公司就能在行业内勉强生存下去。当公司追求销售额最大化时，会认为销售额越大，市场份额就越大，单位成本就越低，长期利润也就越大，所谓薄利多销。采用低位价格策略的条件是：①市场对价格高度敏感，采用低价格能促进市场份额的增长；②产销量大幅增加后，生产和分销成本随之下降；③低价格能起到减少实际的和潜在的竞争的作用。

（二）竞争价格策略

公司需要将自己的成本和竞争对手的成本进行比较，来分析自己是处于成本优势还是成本劣势。同时，公司也需要了解竞争对手的价格和质量，派出人员对竞争对手的产品进行定价和评价；公司也可以获得竞争对手的价格表，并购买其产品进行分析比较；公司还可以询问购买者对每一种竞争对手产品的价格和质量的看法。一旦公司了解了竞争对手的价格和产品，就可以将它作为自己定价的出发点。如果公司的产品与主要竞争对手的产品十分相似，则公司制定的价格应与竞争对手的相近，否则就会使销售量受到损失。如果公司的产品质量较低，那么其定价就不能高于竞争对手的价格。如果公司的产品质量较高，则定价可以高于竞争对手的价格。但公司必须认识到，竞争对手会根据公司的价格做相应的价格调整。公司基本上都利用价格来确定自己的产品相对于竞争对手的市场定位。

（三）高位价格策略

许多公司追求的目标是最高销售收入或最大利润，新产品上市采取市场撇脂定价。市场撇脂定价是指每当推出一项新产品时，公司便要估算新产品对现有代用品的相对利益，从而估计出最高定价。公司制定的价格要使某些细分市场顾客觉得采用这种新产品是值得的。每当销售额下降时，公司已从各个细分市场撇取了最大的收益。

市场撇脂定价奏效需符合下列条件：①顾客的人数足以构成当前的高需求；②小批量生产的单位成本不至高到无法从交易中获得好处的程度；③开始的高价未能吸引更多竞争者；④高价有助于树立优质产品的形象。

若公司追求的目标是产品质量领先，公司可以树立在市场上成为产品质量领先地位这样的目标，采用高质量-高价格战略。

（四）"高低价"策略

对于药店而言，当同一商圈出现竞争时，也必须采取"高低价"策——根据品类角色和市场导向定价。

品类角色定价，在品类管理技术中强调的是，将药店内各种商品根据其市场作用进行角色定位。一般将商品定为目标性品类、常规性品类、季节性品类和方便性品类四大类。四大品类的定价不能一味按照顺加多少百分点一刀切，应在市场调研的基础上，以市场为导向，根据不同的品类角色采取不同定价原则。

1. 不同品类定价策略不同

（1）目标性品类　指药店品牌产品，即知名度较高，疗效较确切，顾客指名购买率和回头率均较高的商品。其定价必须采取低价策略，其价格一定要比行业竞争对手低5%～10%，才有强势的竞争力。

（2）常规性品类　药店的主力商品，品规多，产生销售额的绝对值大，达到药店整体销售额的50%~60%。其定价应该区分较敏感品种和非敏感品种，较敏感品种定价和竞争对手要持平或略低，而非敏感品种不一定都用低价，顾客对这类商品价格感知不明显。

(3) 季节性品类　商品销售季节性强，在旺季销售时可在不高于竞争对手的前提下，采取相对高价策略，其季节销售量大，利润高。在淡季到来时，要立即采取低价，甚至是特价销售，以免压库。

(4) 方便性品类　方便顾客购买，达到"一站式"购齐的商品。如药店经营的日化用品、食品等。来药店的顾客对此类商品价格相对不敏感，定价可以利润率相对高，能起到拾遗补缺的作用。

2. 动态定价原则

四类品类角色在定价原则的基础上，应随着市场竞争的变化，采取"动态定价"的原则。动态定价的唯一依据是"价格竞争指数"。价格竞争指数过低，会无谓损失毛利；价格竞争指数过高，会缺少竞争力。所谓价格竞争指数，是门店对竞争对手商品售价进行调查统计，然后根据统计结果计算出来的相对值，它是分析门店物价竞争力强与弱的一个重要数据。门店从某个大类中随机选出一定数量的单品（一般某个大类选30~40个单品），按所选单品的种类对竞争店的售价进行调查了解。然后将自己门店和竞争店某类所选择的各种商品的价格分别进行累加，得出两个数值：①自己店，②竞争店；然后计算：价格竞争指数=自己店/竞争店。

在以往实践中人们往往很重视：竞争对手的商品价格比我低多少？而容易忽视竞争对手的商品价格比我高多少？价格比竞争对手高的商品确实应该调低或持平，但当竞争对手的商品价格比我们高出10%以上时，是否应该调高呢？这就要根据价格竞争指数所决定。以价格优势作为竞争方法的药店，其价格竞争指数应定位于0.92左右，因为消费者对价格的敏感性在8%左右。

高低价策略，应根据药店不同品类、不同品类的子品类和对竞争对手价格动态的观察，进行"逐个定价"和"动态定价"。通过高低价策略的运用，可以让顾客在不知不觉中购买高价位的商品，达到提升单价的目的。但若操作不当，也有其潜在危险因素，定价不合理将导致顾客的不满和流失。

三、常用的定价方法

1. 成本加成定价法

产品的成本主要有两种形式，一是固定成本，二是可变成本。固定成本也就是企业的一般管理费，它是不随生产或销售收入的变化而变化的，如租金、利息、行政人员的薪资等。可变成本是随生产水平的变化而直接发生变化的，也就是说它的总数是随生产产品的数量变化而变化的。单位成本=（可变成本+固定成本）/销售量。加成定价=单位成本/（1-行业标准销售收益率）。

例如：某一公司生产的感冒药单位可变成本=2.2元，固定成本=1750万元，预期销售量=3100000单位。单位成本=单位可变成本+固定成本/销售量=2.2+17500000/3100000=7.84元/单位。加成定价=单位成本/（1-行业标准销售收益率）=7.84/（1-0.10）=8.71元/单位。

可以看出，这一基本的定价方法中，销售量和行业标准销售收益率即标准加成是两个关键变量。

药品在激烈的市场竞争中，完全走出了计划经济的影子，"微利"经营理念被从业经营者自觉或不自觉地接受了。药品工业生产者的利润也在逐年下降，只有当价格确实能带来预期的销售量时，加成定价法才有效。

加成定价法易被采用。首先，销售者对成本更了解，将价格同成本挂钩便于销售者简化自己的定价任务，他们无需根据需求的变动来频繁地调整价格。其次，当行业内所有公司都使用这种定价方法时，他们的价格就会趋于相似，这样可以尽量减少价格竞争。许多人认为成本加成定价法对买卖双方来讲都比较公平。在买方需求强烈时，卖方不会乘机抬价，同时仍能获得合理的投资报酬。

2. 目标定价法

另一种成本定价法是目标定价法。企业希望确定的价格能带来目标投资收益率。目标价格可由下面的公式算出：

目标价格＝单位成本＋目标收益×投资额/销售量

制造商应考虑不同价格可能对销售量和利润产生的影响，还应寻求降低固定成本和可变成本的有效途径，因为成本的降低可使得保本量更低。

3. 认知价值定价法

越来越多的公司正根据产品的认知价值来制定价格。因为定价的关键是顾客对价值的认知，而不是销售者的成本。他们利用市场营销组合中的非价格变量，在购买者心目中确立认知价值。制定的价格必须符合认知价值。认知价值定价与产品定位的思想非常相符。公司针对某一特定的目标市场开发出一个产品概念，并计划好产品的质量和价格，然后管理部门要估计该价格下所能销售的产品数量，根据这一销售量再决定工厂的生产能力、投资额和单位成本。接着，管理部门要计算出在此价格和成本下能否获得满意的利润，如果能获得满意的利润，就继续开发这种产品，否则公司就会放弃这一产品。认知价值定价法的关键在于准确地评价市场对公司产品价值的认识，如果卖方高估了自己的产品价值，则其产品的定价就会偏高；相反，如果卖方低估了自己的产品价值，则其产品的定价就会偏低。为了有效地定价，公司需要进行市场调查，测定市场的价值认知程度。

4. 价值定价法

近些年，有的公司采用价值定价法，对高质量的产品制定价格的定价哲学是"价格越高，质量越高"；低一层次的定价哲学是"同样的价格，更高的质量"，折扣商经常采用这种方法；再下面的定价哲学是"较低的价格，更高的价值"。价值定价法与认知价值定价法不同，后者是真正的"高价格，高价值"的定价哲学，它要求公司的价格水平应与用户心目中的产品价值相一致；而价值定价法则要求价格对于销售者来说，代表着特定的廉价商品。

价值定价法不仅是制定的产品价格比竞争对手低，而且是对公司整体经营的重新设计，从而使公司成为真正的低成本制造商，同时不以牺牲质量为代价。公司大幅度降价是为了吸引大量的注重价值的顾客。

5. 随行就市定价法

采用随行就市定价法时，公司在很大程度上是以竞争对手的价格为定价基础的，而不太注重自己产品的成本或需求。公司的定价可以等于、略高于或略低于主要竞争对手的价格。小公司会追随市场领导者，当市场领导者变动价格时，它们会随之变动，并不管自己的需求或成本是否发生了变化。有些公司的价格可能会略为提高或稍打折扣，但它们的差额保持不变。随行就市定价法非常普遍，当成本难以估算，或竞争对手的反应难以确定时，公司不妨采用随行就市定价法。人们认为市价反映了该行业的集体智慧，该价格既带来合理的利润，又不会破坏行业的协调性。

6. 密封投标定价法

当公司为药品集中采购投标时，常采取以竞争为导向的定价方法。公司对竞争对手的报价进行预测，在此基础上制定自己的价格，而不是严格按照公司的成本或需求定价。公司希望自己能中标，而这通常要求报价低于竞争对手。但公司制定的价格不能低于一定的水平，它不可能使价格低于成本。但另一方面，价格高于成本越多，中标的可能性越小。目前医院集中招标采购药品的方法在国内迅速被普遍采用。

阅读材料【9-1】

某医药企业最近研制出一个治疗脚气的全新产品。产品类别为抗真菌类药品，属非处方药品。其产品特点为：疗效更好，快速杀灭真菌，止痒；减少复发，持久抑制真菌再生；更短治疗期，一天两次，通常疗程为一周。该产品主要成分是盐酸特比萘芬，该成分在国际上属于新一代的药品成分，价格较高。与竞争品牌相比较，该产品需要的剂量更小即可达到杀菌抑菌的作用。生产该产品的成本大约0.1元/克，产品的销售途径为全国各大药店及医院，目标受众为24～45岁的脚气患者，尤其是脚气的重度患者，他们有多年的患病史，经常复发，脚气长时间困扰着他们的生活，带来了相当大的精神负担，而且他们对于目前的药品不满意，一直在积极地寻找更有效的药物治疗脚气。在拥有一个好的产品的前提下，该企业面临的挑战是：如何迅速有效地在目标对象中建立品牌知名度，在竞争激烈的市场上成功上市，占有一定的市场份额。

四、保健品定价

保健品价格策略重点研究产品的终端零售价和省、地市级供货价。产品的定价方法很多，如前面提到的成本定价法、目标定价法、价值定价法和随行就市定价法等。保健品企业更多地使用了成本定价法，以及保健品企业独有的老板定价法。

（一）保健品独有的定价特点

1. 厂家的供货价格制定，在"谁来投入广告"的前提下，取决于渠道策略

如果由厂家负责广告的投入，则省、地市级供货价为终端零售价的50%～60%。如果厂家不负责广告的投入，则省、地市级供货价为终端零售价的20%～30%。

如果可能的话，最好是由厂家全面负责广告的投入，这就要求厂家有一定的资金实力、营销策划能力和媒介企划能力。这些年做得好的产品基本如此，比如脑白金、太太口服液等，在其他行业中大企业大品牌也大都如此。厂家自己不做销售，而转由其他公司做总经销的话，可采用成本定价法，一般来说，零售价是制造成本的8～10倍，供给总经销商的价格应在零售价的10%～20%。

2. 奇特的70元标志线

蜥蜴团队（我国处于领先地位的策划公司）通过几百例的研究发现，70元是一个奇特的标志线，标志着价格与销售额的某种因果关系。年销售额达到10亿元以上的产品，无一不是在这个标志线以下，如脑白金、汇仁肾宝等。

70元以下的产品一定是依据成本定价法定价，且制造成本一定是在10元以下。

近几年依据老板定价法定价的产品，名气都蛮大，价格都很高，但差不多都是亏的。

3. 定价还要看市场

制定产品价格不能一厢情愿，要仔细研究同类产品的价格水平。

海南通用三洋制药公司于2000年8月，获得了与曲美成分一样的新药批号，但由于缺乏OTC销售人员，产品一直未投产。2001年，他们决定投产新药。此时，曲美已经成为减肥市场领头品牌，形成了一定的品牌影响力。如果价格定在与曲美差不多，肯定会卖不动，只有与曲美拉开更大的价格距离，才能对消费者产生吸引力。最终他们将产品零售价格定在每盒50元，比曲美价格便宜很多。

由于价格策略正确，海南通用三洋的新药上市后，取得了极大的成功，2002年第一季度该产品就销出了30万盒。

还有一个相反的例子，2002年，北京一家企业的产品与昂立一号和三株口服液的功能同样，诉求为"肠常清，人长寿"。分明是针对老年人的定位，但其一小瓶价格却设定为97元（昂立一号是两小瓶90多元）。这样的价格策略不知从何而来，其结果必然只有死路一条。

对于高端产品的价格策略，如果将产品价格定到2300元，不如干脆定到2980元，因为对于消费者的心理来说，两者的区别不是很大。如果想让产品进入礼品市场，与其将价格定在98元，不如定在108元。消费者送一百多块钱一盒的礼品跟送几十块钱的礼品是不一样的，何况，厂家从每盒产品还能多获得几元的利润呢。

（二）价格的激励和控制策略

通过返利形式来激励和控制经销商是厂家常用的一种价格策略。

1. 根据返利的公开与否，返利分为明扣和暗扣

（1）明扣 顾名思义，明扣就是公开的扣点。很多厂家经常抱怨经销商唯利是图，不与自己同心同德。在商言商，经销商唯利是图也是很正常的，厂家不要急着埋怨，而是要反省自己的销售政策有没有到位。明扣就是一种控制并激励经销商的有效价格手段。任何约定没有利益来调节都是一纸空文，采用明扣的价格政策，就是要告诫经销商：某品牌别乱来，乱来要吃亏。

明扣适合于单品利润空间较大而总量相对较小的产品。比如，面部智能修复系统，其零售价是2980元，省会级城市总经销和地级市总经销价分别是1750元和1850元，中间价差分别是1230元和1130元，应该说它的单品利润是非常高的。但是单品价格越高，市场销售量越小。厂家为了调动经销商的销售积极性，也规定了很高的明扣奖励。他们规定，经销商完成相应的季度提货量，享受每台100~200元的奖励；没有违反市场保护的有关规定，享受每台100元的奖励；经销商在销售过程中每登记一份客户资料，又将获得20元的奖励。也就是说，经销商每销售一台产品，最高可得到320元的返利，这对经销商的诱惑是相当大的。这么高的明扣，极大地调动了经销商销售产品的积极性。

厂家将一部分利润空间握在自己手中，从而确保对通路成员形成有说服力的控制，否则，没有明扣握在手中，会导致厂家对通路成员说话没有分量，达不到促使市场健康成长的目的。明扣的优点在于，其对经销商有一定的控制力。但缺点是，经销商知道扣点，很容易出现为了增加销量而牺牲自己的扣点进行"砸价"，扰乱产品市场价格体系。所以，为了弥

补明扣的不足，暗扣也应运而生。

（2）暗扣　就是不公开返利额度的扣点，主要用于调节地区差，以及防止经销商低于厂价出货的一种价格策略。明扣的点数大家都知道，部分经销商为了争抢客户，将自己的扣点也拿出来贴进价格中，造成市场价格混乱，导致经销商之间的竞争进入恶性循环。

运用暗扣的返利政策，就可以将这一现象控制到最低程度。暗扣适应于单品利润较少而总量相对较大的产品。例如，某日化企业的洗衣粉采取的是低价市场策略，因此，它的销售利润很低，但市场占有率却很高。为了防止经销商的乱价行为，他们采取了暗扣返利政策，并规定谁有乱价行为，就取消谁的年终暗扣，这样经销商就不敢乱来了。

明扣与暗扣可分别运用也可以同时运用。明扣与暗扣同时运用，通过明扣对经销商形成控制，在市场开始出现砸价现象时，再通过暗扣对经销商的砸价形成约束，从而保证价格政策的顺利实施，维护市场价格秩序。

某保健品企业在开拓市场初期，由于经销商在区域内的市场还没有充分做开，所以只采取了单一的明扣政策。当市场充分启动，市场面越来越广的时候，经销商就耐不住了，砸价争抢客户现象屡屡发生。在这种情况下，厂家采取了新的销售政策。一方面大幅度压缩明扣比例，另一方面宣布按厂家政策运营的经销商享有年终暗扣奖励政策。暗扣数目较大，使经销商探不到厂家返利额度的深浅，从而及时控制了市场价格的混乱局面。

2. 根据返利和销量之间的关系，可以将返利分成阶梯式返利和固定比例式返利

（1）阶梯式返利　是随着销售量的增大而逐渐加大返利额度的一种返利方式。在阶梯式返利中，又可以分为小跨度级梯式返利和大跨度级梯式返利。

① 小跨度阶梯式返利。就是随着销售量增大，而逐渐加大返利额度的一种返利方式，即每一个返利点之间对于销售量的要求很小。如某产品的总返利额度是20个点，完成5万元返利5个点，完成6万元返利6个点，直至完成20万元返利20个点。这种返利模式的优点是，使经销商始终处于"前途有望"的兴奋状态，能始终积极地推销产品。因为利益始终都是一步之遥，刚上了一个台阶，下一个台阶就非常近地展现在眼前。这种返利形式，对提高经销商的积极性效果非常明显。但其缺点是，由于每一个台阶都比较好上，容易使经销商为了多得返利而低价放货，从而扰乱整个价格体系。

② 大跨度阶梯式返利。每个返利点之间对销售量的要求较高，使经销商不能轻易达到下一个目标，确保了不同实力经销商的不同待遇。

阶梯式返利适合于新开发的市场。因为有连续的、阶梯式的层级刺激，再加上新开发市场空白较多，适当运用阶梯式返利，不仅很少产生窜货等现象，而且能刺激经销商的积极性，促使经销商迅速加大市场开发力度。当市场充分做开，有了一定的市场覆盖规模后，就要考虑逐步收缩直至取消阶梯式返利。因为此时市场就像一杯满满的水，再一味运用阶梯式返利，杯中的水必将溢出，从而导致窜货销售的产生。

小跨度阶梯式返利可用于市场开发初期，大跨度阶梯式返利可用于市场开发后期。在市场开发到一定规模后，根据产品的不同特征及对网络的要求，厂家应逐步导入固定比例式返利，以进一步稳定市场。

（2）固定比例式返利　即不管经销商销售多少，都是一个固定比例额度的返利。这种政策适应于产品在某市场已充分做开，并已进入稳定期时使用。

3. 返利结算形式

在制定返利政策时，还要充分考虑返利结算形式。一个完整的返利政策，必须有返利结算相配合,才能发挥其激励作用。

返利结算有以下四种形式。

(1) 货抵式返利 即把返利折合成等值货物返给经销商。

(2) 现金返利 以现金的形式将返利给经销商。

(3) 等值实物返利 即将返利额折合成等值实物(非本厂产品)返给经销商或者以服务消费的形式奖励给经销商。例如,经销商想出国旅游,那么厂家就可以将返利作为旅费返还给经销商。

(4) 等值实物记账式返利 把给经销商的返利以记账的形式先存在厂家,然后根据经销商的需要,在返利额度内购买相应的实物返给经销商。

(三) 价格变动

随着市场情况、产品生命周期的变化,有目的地令价格在一定范围内波动是营销战略调整的结果。显然,价格变动有削价和提价两种。

1. 发动削价

在下列几种情况下,公司可能会削价。一种情况是生产能力过剩,公司需要扩大销售,但又无法通过增加销售工作、产品改进等措施来实现,这时公司会放弃"追随领导者"的定价方法,而采用"攻击性"定价来扩大销量。另一种情况是市场份额下降,为了阻止继续丧失市场,一些公司采取了更具攻击性的低价行为。当公司希望通过降低成本来掌握市场时,也会采取削价。公司可能在开始时成本低于竞争对手,也可以发动削价来增加市场份额,通过大量生产和经验的增加来降低成本。当然,这种发动削价来增加市场份额的代价是相当大的,企业应谨慎应用。

2. 发动提价

许多公司需要提价。成功的提价措施可以大幅度地增加利润。例如,如果公司的毛利率是销售额的10%,当价格提高1%时,销售量不受影响,则利润将上升10%。我们假设公司的定价为40元,销售量为5000万单位,成本为18000万元,利润为2000万元,占销售额的10%。如果价格提高4角(价格上升1%),在同样的销售量下利润将上升10%。

【小结】

1. 药品价格实行政府定价和企业自主定价。列入国家基本医疗保险药品目录和国家基本医疗保险药品目录以外有垄断性生产、经营的药品,实行的是政府定价或政府指导价。实行市场调节价的药品及保健品,当企业要将其新产品投入市场时,或将某些产品通过新途径投入市场或新的市场时,或者竞争投标时,都必须给产品制定适当的价格。为有效开展市场营销活动,促进销售收入的增加和利润的提高,受市场供求关系等因素影响,还需要对已经制定的价格进行调整。价格是医药市场营销组合中十分敏感而又难以控制的因素,它直接关系着市场对产品的接受程度,涉及生产者、经营者、消费者等各方面的利益。

2. 公司如何根据质量和价格来为自己的药品定位?市场的需求和公司的成本分别为药品的价格确定了上限和下限,竞争对手的成本、价格和可能的价格反应则有助于公司确定合适的价格。合适的产品价格,一般都在太低的无利润的价格与太高的无需求的价格之间。定价时三个主要的考虑因素：成本是价格的最低点；竞争对手和替代产品的价格是公司在考虑定价时的出发点；顾客对公司产品独有特征的评价是价格的上限。

3. 保健品价格策略重点研究产品的终端零售价和省、地市级供货价。产品的定价方法很多，如成本定价法、目标定价法、价值定价法和随行就市定价法等。保健品企业更多地使用了成本定价法，以及保健品企业独有的老板定价法。

【知识训练】

1. 影响医药保健品商品定价的因素有哪些？
2. 采用低位价格策略的条件是什么？
3. 什么是成本加成定价法？
4. 什么是目标定价法？
5. 什么是认知价值定价法？
6. 什么是随行就市定价法？
7. 什么是密封投标定价法？
8. 说说保健品独有的定价特点有哪些？

【技术点训练】

（一）基本技术点

针对企业不同产品的具体情况，运用适合的定价方法，选用恰当的定价策略对医药企业产品进行比较合理的定价。

（二）训练内容及要求

某药膳研究机构新近研制出的一种药膳酒，具有滋阴补阳、强肾补精、消除疲劳等方面的功效，这种药膳酒的问世，无疑给那些脑力劳动繁重、工作紧张而又希望快速恢复体力的机关工作人员和体弱多病的老年人带来了福音。通过市场试销，可认为该产品有较好的市场销售前景。因此，该机构便决定在其附属工厂投入资金进行大批量生产。可是如何给这种药膳酒定价，以使其快速进入市场，获得消费者的认可呢？他们到一家营销策划公司咨询。

营销策划公司的业务主管热情接待了他们，并对药膳酒的市场营销前景做了认真分析。他认为：①药膳酒产品概念有优势，药膳酒既有酒的功能，又有滋补的功能，与以往的酒相比有其独特的特点；②目前市场上尚无同类产品出现，该产品居于绝对垄断地位；③消费者对该种产品的内涵不了解，要打开市场需要相当多的广告宣传费用。因此，营销策划公司的业务主管建议：不妨对其药膳酒采取高价厚利策略。该机构及附属工厂的负责人听从营销策划公司的建议，把产品成本仅为每瓶3.8元的药膳酒的出厂价定为24元。后来他们又将该药膳酒投放市场的时间选择在中国的传统节日——春节前夕，并加大广告宣传的力度和强度，结果销售情况十分火爆。

（三）组织方法及步骤

1. 教师将学生分成若干组，每组4～6人，安排任务；
2. 学生按小组讨论完成；
3. 各小组派代表阐述小组观点；

4. 教师和学生对每小组的观点改正、修改；
5. 教师点评并总结；
6. 教师指导学生完成工作页。

（四）评价标准（10分）

1. 分析影响药膳酒定价的因素。（5分）
2. 分析该药膳酒定价的方法。（5分）

项目 10
医药保健品促销组合

知识目标
1. 解释什么是促销、什么是促销组合。
2. 简述促销组合的决策过程。

能力目标
策划和实施医药市场促销组合过程。

处方药的消费决定权医生起着很大的作用，而医生用药主要来自医药代表的推荐。处方药的市场运作不在本项目的讨论范围之内。本项目所讨论的促销组合主要针对非处方药、保健品和功能性食品。

一、医药保健品促销与促销组合

1. 医药保健品促销的定义与作用

促销是企业市场营销活动的基本策略之一，它是指企业以各种有效的方式向目标市场传递有关信息，以启发、推动或创造对企业产品和服务的需求，并引起购买欲望和购买行为的综合性策略活动。其一般包括广告、人员推销、促销等具体活动。

促销实际上就是在销售者和潜在购买者之间进行影响态度和行为的信息传播。从本质上讲，促销就是信息交流和传递的过程。

医药保健品促销是指医药保健品企业通过种种可能的方式把企业的有关信息传递给目标市场，使目标市场对企业产生信任感，认识到企业生产的医药保健品及其服务给自己带来的利益，激发需求并最终引起消费者购买欲望，促进其完成购买行为的一系列活动的总称。

医药保健品促销在整个医药市场营销活动中扮演着极其重要的作用。具体体现在以下三方面。

（1）实现医药保健品企业与目标市场的信息沟通　医药促销活动扮演着连接医药保健品企业和消费者、中间商的信息桥梁角色。通过行之有效的促销活动，现实顾客和潜在顾客可以充分了解企业产品及其服务的有关信息。企业也可以获得第一手的反馈信息，准确了解市场需求，及时调整企业的经营行为。

（2）促进新药的推广　医药作为特殊商品，科技含量高，即使是具有丰富医学知识和临床经验的临床医师对刚刚上市的新药也知之甚少，普通消费者对新药知识更是一无所知。因此，当新药上市时，制药企业要抢占先机，充分运用促销工具向批发商、零售药店、广大临床医师、最终消费者进行推广，把新药的作用机制、临床疗效等信息传递给他们，从而刺激市场需求。

（3）增强医药保健品企业的核心竞争力　在市场竞争日益激烈的情况下，企业面临的竞争对手众多，而中国大部分制药企业生产的属于非专利药，没有明显的特色。企业可以通过开展促销活动传递产品特征和企业形象，把自己的产品与竞争品牌区分开来，使消费者了解到本企业的产品可以为他们带来的附加利益，从而塑造和提升企业的品牌价值，增强企业的核心竞争力。医药保健品企业的促销方式很多，如广告、活动赞助、公关、个人拜访、电子商务、销售推广等。

2. 医药保健品促销组合决策过程

所谓医药促销组合是医药保健品企业用来实施促销过程并直接与目标市场（或沟通受众）进行沟通的工具组合。这些沟通工具包括上面提到的基本促销方式以及这些方式的有机组合，结合不同企业的不同产品、同一产品生命周期的不同阶段，促销的方向和重点都有所不同。这就存在一个对不同促销工具如何进行选择、对不同的促销工具的轻重编配和综合应用的问题。

要进行有效的促销活动，医药保健品企业必须依次进行以下决策过程：确定促销对象、确定促销目标、设计信息、选择促销传播渠道、编制促销预算、决定促销组合、衡量促销效果、管理促销组合。

（1）确定促销对象　促销对象是医药保健品企业促销行为直接指向的个人或组织，他们对医药企业促销活动中传递的有关产品的信息感兴趣，可能是企业的现实顾客或潜在顾客。

促销对象的范围：促销对象影响着促销活动的一系列决策。对于医药保健品企业来说主要的受众对象是医院、医药保健品零售企业、广大普通消费者。促销对象的确定有时还需要在企业目标市场的基础上再细分市场，进而选出需要进行重点促销的顾客群。

（2）确定促销目标　促销目标取决于顾客对信息反应的阶段性。顾客对促销信息的反应一般分为认知、情感、行为三个阶段。在不同的阶段，促销的目标是不同的。在认知阶段，促销的目标是接触、注意、知晓；在情感阶段，促销的目标是兴趣、偏好、态度；在行为阶段，促销的目标是试用、购买、行动。

（3）设计信息　设计信息是医药保健品企业将要促销的有关信息有效表达出来的过程。有效地表达信息有利于将促销信息有效地传递给顾客，便于顾客对信息的接受和理解。设计信息要注意信息的内容、信息的结构、信息的格式、信息源。

（4）选择促销传播渠道　促销传播渠道分为人员传播和非人员传播两种。人员渠道主要是通过电话、电子信箱、个人拜访等形式，其特点是信息传递和反馈都比较直接、准确。非人员传播包括媒体、公共关系、事件渠道，其特点是影响范围广泛。

（5）编制促销预算　在编制促销预算时一般遵循量入为出的原则，确定促销经费为销售额的百分之几，按照促销所要达到的具体目标来编制。

（6）决定促销组合　决定促销组合的实质，是在人员推销、广告、销售促进、宣传等促销工具的选择、编配上实现促销效果的最大化。

在产品生命周期的不同阶段，促销的重点不同，使用的促销工具及其组合也不同。

当产品处于介绍期，需要进行广泛的宣传，以提高知名度，此时广告和公关效果最佳，营业推广可作为辅助手段，鼓励顾客试用。

在成长期，医药保健品企业的促销目标是进一步引起消费者的购买兴趣，激发购买行为，因此应突出宣传商品特点，使消费者逐渐对商品产生偏好。促销手段上，广告和公关仍需加强，但重点在于宣传医药保健品企业及产品品牌，树立产品特色，使更多的用户对本企业或企业的产品产生偏爱，从而扩大产品的销售量。

到成熟期，医药保健品企业促销的主要目标是巩固老顾客，增加消费者对商品的信任感，保持市场占有率。此时，应尽可能多地运用营业推广，辅之以少量的广告，因为此时大多数顾客已经了解这一产品。广告的内容应偏重强调产品的特定价值和给消费者带来的差别利益，以保持并扩大企业产品的市场占有率。

进入衰退期，产品特色已经为消费者所熟悉和了解，并且偏好已经形成，吸引新顾客已经很难，医药保健品企业促销的目标只能是使一些老顾客继续信任本企业的商品，坚持购买。此时医药保健品企业可使用营业推广与提示性公告相结合，维持尽可能多的销售量。

(7) 衡量促销效果　衡量促销效果，有利于通过检验促销业绩，找出促销盲点，为进一步改进促销组合提供依据。促销效果的衡量主要从认知效果、情感效果、行为效果等几个方面入手。

(8) 管理促销组合　促销组合展开的过程就是对促销组合进行管理的过程。在整个战略展开的过程中，企业要不断整合有关资源，提升促销绩效，同时应不断检查促销效果与目标的偏差，不断校正偏差，保证促销战略的顺利实施。

各种促销方式对不同的医药商品促销效果不同。比如，对于处方药，由于它的决定权在医生而不在患者手里，而且处方药不允许在大众传媒上做广告，因此最重要的促销手段是人员推销，其次是公关；而对于非处方药和保健品，则最重要的促销手段是广告，其次是营业推广和人员推销，最后是公关。

二、医药保健品促销策略

(一) 广告

在处方药的促销手段中，人员促销是最重要的手段，其次是渠道让利；而在非处方药的促销手段中，广告是最重要的，其次是渠道让利。许多成功产品如吗丁啉、芬必得、地奥心血康、利菌沙等均是通过大量有效的广告攻势而获得成功的。保健品与功能食品的促销手段中，也以广告手段为最重要，这一点与药品运营有相似之处。所以，许多医药保健品企业都不惜重金大做广告。一部分企业通过大量而有效的广告攻势取得了成功，成了知名企业；但也有许多企业被广告费拖垮了，企业做了许多广告，可市场却没有太大的反应，广告费被浪费，企业陷入危机。如果产品的疗效、质量确实非常好，又有专利、商标等知识产权的保护，产品几乎处于一种无竞争的状态，那么它不需要进行太多的策划、定位、广告宣传，就可以卖得很好。比如说美国辉瑞公司的"万艾可"就属于这种情况。但如果各家公司产品的疗效都差不多，是可以相互替代的，这时策划、定位、广告宣传对这一产品销售量的影响就很重要了。

当然，影响产品销售量的因素还有价格、铺货率、企业的品牌信誉、终端的维护情况、竞争对手的情况等。但是，无论怎么说，在这些众多的影响销售量的因素中，除了产品的疗效、质量因素以外，产品的策划、定位、广告宣传是对销售量产生影响的最重要的因素。千万不要把广告作为包治百病的"灵丹妙药"，结合本公司产品的特点，采取一种"扬弃"的态度为佳。

(二) 人员推销

医药保健品人员推销，是指企业通过派出销售人员与一个或一个以上可能成为购买者或促成购买（如医生）的人交谈，做口头陈述，以推销商品，促进和扩大销售。人员推销是销售人员帮助和说服购买者购买某种商品或劳务的过程。

1. 推销是为顾客谋利益的工作

有人认为，人员推销就是多磨嘴皮、多跑腿，把手里的商品卖出去而已，无需什么学问和技术。有人认为人员推销就是欺骗，推销技术就是骗术。尤其是保健品推销人员，夸大保健品功效已经司空见惯。其实，人员推销是一项专业性很强的工作，是一种互惠互利的推销活动，它必须同时满足买卖双方的不同需求，解决各自不同的问题，而不能只注意片面的产品推销。尽管买卖双方的交易目的大不相同，但总可以达成一些双方都可以接受的协议。人员推销不仅是卖的过程，而且是买的过程，即帮助顾客购买的过程。推销员只有将推销工作理解为顾客的购买工作，才能使推销工作进行得卓有成效，达到双方满意的目的。为顾客服务，不仅是推销员的愿望和口号，而且也是人员推销本身的客观要求。换句话说，人员推销不是推销产品本身，而是推销产品的使用价值和实际利益。顾客不是购买产品实体本身，而是购买某种需要的满足；推销员不是推销单纯的产品，而是推销一种可以解决某些问题的答案。能否成功地将推销产品解释为顾客需要的满足，能否成功地将推销产品解释为解决顾客问题的答案，是保证推销效果的关键因素。因此，推销员应该说的是"推销品将使顾客的生活变得如何好"，而不是"推销品本身如何好"。此外，应认识到的是，人员推销是一种专业性和技术性很强的工作，它要求推销员具备良好的政治素质、业务素质和心理素质，以及吃苦耐劳、坚韧不拔的工作精神和毅力。人员推销是一种金钱、时间、才智的合聚的综合性的商业活动。从不同的角度出发，可以给人员推销下不同形式的定义，但它们包含的关键内容和要素是相同的。

一般而言，人员推销的基本要素为推销员、推销产品、推销对象。

人员推销是一种具有很强的人性因素的、独特的促销手段。它具备许多区别于其他促销手段的特点，可完成许多其他促销手段所无法实现的目标，其效果是极其显著的。相对而言，人员推销较适于推销性能复杂的产品。当销售活动需要更多地解决问题和说服工作时，人员推销是最佳选择。说服和解释能力在人员推销活动中尤为重要，它会直接影响推销效果。

2. 推销人员的任务

（1）顺利销售产品，扩大产品的市场占有率，提高产品知名度　公司经营的中心任务就是占领和开拓市场，而推销员正是围绕这一中心任务开展工作的。推销员的主要任务就是利用其"千里眼"和"顺风耳"在复杂的市场中寻找新的、尚未满足的消费需求。他们不仅要说服顾客购买产品，沟通与老顾客的关系，而且还要善于培养和挖掘新顾客，并根据顾客的不同需求实施不同的推销策略，不断扩大市场领域，促进公司生产的发展。

（2）沟通信息　顾客可通过推销员了解公司的经营状况、经营目标、产品性能、用途、特点、使用、维修、价格等诸方面信息，刺激消费者从需求到购买行动的完成。同时，推销员还肩负着搜集和反馈市场信息的任务，应及时了解顾客需求、需求特点和变化趋势，了解竞争对手的经营情况，了解顾客的购后感觉、意见和看法等等，为公司制定有关政策、策略提供依据。

（3）推销商品、满足顾客需要、实现商品价值转移　推销员在向顾客推销产品时，必须明确他推销的不是产品本身，而是隐藏在产品背后的对顾客的一种建议，即告诉顾客，通过购买产品，他能得到某些方面的满足。同时，要掌握顾客心理，善于应用推销技巧，对不同的顾客使用不同的策略。

(4) 良好的服务是推销成功的保证　推销员在推销过程中，应积极向顾客提供多种服务，如业务咨询、技术咨询、信息咨询等。推销中的良好服务能够增强顾客对企业及其产品的好感和信赖。

3. 医药保健品推销三原则

(1) 对产品有一个恰当的理解和定位　推销员要能够把产品销售出去，要了解顾客的需求心理，刺激顾客的需求，引导顾客做出购买决定，并向顾客提供服务。但是不能为了片面追求利润夸大产品功能。例如，有些保健品销售时会用"健康讲座"、免费体检，附带赠送鸡蛋和洗衣粉等小礼品，并像儿女般嘘寒问暖。当老人们被洗脑后，就开始推销治疗脑血栓、高血压、糖尿病等疾病的"神药"、电子养生仪、饮水机等产品。这或许能骗取一次成功，但这种"饱吃一顿"的做法是不可取的，也是不道德的。保健品首先不是药品。药品是用来治疗疾病的，保健食品不能直接用于治疗疾病，但它是人体机理调节剂、营养补充剂，能够调理人的生理功能，可以用来进行辅助治疗。如调节免疫力、改善视力、清咽利喉、改善睡眠、改善营养性贫血、美容、改善胃肠道功能等，对人的身体具有辅助的保护作用。最后一定不要忘了告诫消费者保健品是不可能代替药物的，坚决不可以取代药物。药品推销员在宣传、推广时应能够准确无误地介绍药品的新知识、新理论及临床前研究和临床研究成果，并能对新药的成分、功效、不良反应、使用方法、注意事项、价格及与同类产品的比较做出正确的说明，从而被消费者和医生所接纳。

(2) 信赖自己的产品　一个推销员必须百分之百地相信自己的产品。推销就是说服顾客的过程，推销员必须使顾客相信自己的产品能够给顾客带来利益。要说服顾客，必须先说服自己，即自己真心地相信所推销的产品能够给顾客带来利益。你对产品充满自信，你认为顾客购买产品是幸运，而不购买产品则是损失，这样你才能打动顾客。如果你自己都觉得推销的药品或保健品性价比不高，为了利润不得不编造谎言，职业生涯将危机四伏。所以推销员必须选择值得自己信赖的产品推销。

(3) 满腔热情地推销自己的产品　一旦选中了值得自己信赖的产品，就要用心了解产品知识，保健品或者药品也不例外，包括组成成分、功效、适用人群、服用方法、注意事项等。在跟顾客的交谈中了解顾客的需要和目的，估计消费能力，再决定是先介绍中档产品，还是从高档的或低档的开始介绍。应重点介绍医药保健品的主要功能、制作工艺、安全程度、吸收效果、实惠度，为顾客提供最佳的消费方案和售后服务。最好建立医药保健品顾客消费档案记录客户的详细情况，也可以以此作为客户见证，销售时更具可信度和说服力。售后要及时用电话询问对方使用情况，解答顾客在服用过程中发生的问题并叮嘱顾客正确坚持服用，并和顾客保持联系。对服用医药保健品后有显著效果的顾客，你要告诉他应巩固效果继续购买。新客户转化为老客户后，你更要对他做好服务，因为老客户有"转介绍"的重要作用。这对于医药保健品尤其重要，可以达到事半功倍的效果。

没有热情就没有销售，热情意味着与人为善、友爱、关心、尊重、真诚、友谊、理解、帮助、生机、活力、微笑……所有这些，都是赢得顾客好感的因素。热情能够感人，由热情散发出来的生机、活力、真诚与自信会感染顾客，引起顾客的共鸣。热情是事业成功的基础，热爱自己的职业，才能发挥出自己的潜力，从而做好自己的工作。推销工作是艰苦的，推销员要常年在外奔波，辛苦异常；同时，在推销中还会遇到各种障碍、困难需要解决，这些都需要推销员以满腔热情从事自己的工作。

4. 医药保健品人员推销的步骤

跟药品相比，保健品由于安全性较高，推销人员目前没有受到相关的职业资格的限制，保健品推销员的诚信受到了挑战。随着消费者健康意识的提高，消费者购买保健品更多地选择药店，以便得到药师的专业服务。

保健品作为健康产品，和医药商品一样，它们的推销工作有其科学性和规范性，人员推销一般包括以下步骤。

（1）市场开发阶段　推销人员首先要分析研究市场，寻找潜在客户，明确推销目标。药品的潜在客户包括医院、医药经营企业等，保健品的潜在客户包括医药经营企业、保健品专营企业、超市等，可通过走访、调查等方式进行筛选。

（2）接近客户阶段　第一次接触往往是能否成功的关键。因此，推销人员在拜访客户前，要详细了解潜在客户的个人信息和企业信息，做好充分的准备工作。

（3）推广答疑阶段　这个阶段主要是宣传介绍，包括资料的分发、产品的展示。在这一过程中推销人员不仅要介绍产品的特点和作用，如果是药品，还要介绍在临床使用中可能出现的不良反应以及预防措施。同时，潜在客户任何时候都可能提出异议和问题，这就给推销人员提供了进一步沟通的机会，使其消除疑虑，产生购买的欲望。

（4）完成销售阶段　推销人员通过面对面的拜访对交易的达成有着重要的影响，签订合同是实现销售的第一步，临床促销、店面促销、实现回款，才是达成销售的最后阶段。

（5）追踪保温阶段　推销人员须重视售后服务，即我们常讲的"保温工作"，既可以联络感情，增加销量，又可以利用客户的口碑效应来宣传新产品、发展新客户，为企业带来长远的利润收入。

（三）销售促进

1. 医药保健品销售促进的定义

医药保健品销售促进是指企业在短期内采用特殊的手段对消费者实行强烈的刺激，以促进销售迅速增长的一种策略。由于它是直接围绕营业额进行的促销活动，因此也被称做营业推广。常用的手段包括发放赠品、发放优惠券、以旧换新等。

2. 医药保健品销售促进的作用

销售促进的作用主要表现在以下三方面。

（1）吸引新顾客　通过短期强烈刺激，有可能吸引一部分新顾客的注意，使其追求某些利益而试用和购买。

（2）报答老顾客　通过价格折让、赠券等手段让利老顾客或品牌忠诚者，使其获得更高的满意度，以增加顾客"回头率"。

（3）与其他促销工具密切配合，实现企业营销目标　广告的促销是长期的，见效较慢的；而销售促进是即时的，见效较快的。两者配合使用，就可强化广告的促销效果。如果说广告的目的是为了培养消费者的品牌忠诚度，销售促进则在很大程度上是为了打破消费者对于其他企业产品的品牌忠诚度，以特殊的手段激励消费者转向本企业品牌。但是，销售促进一般只是为了实现企业的短期促销目标，不宜被长期固定地使用，否则会降低本企业品牌声誉，有损产品或企业的形象。

3. 医药保健品销售促进的形式

按照促销对象的不同，医药保健品销售促进的形式可以分为两大类：一类是针对消费者的销售促进，另一类是针对中间商（包括批发商、零售商和医疗机构）的销售促进。通常处方药是针对中间商进行销售促进，而非处方药则可以同时针对消费者和中间商实施销售促进活动。

(1) 针对消费者的销售促进

① 赠送样品。一般在新产品刚刚推出时，为了使消费者尽快了解新产品的性能、特点，往往通过在零售药店或医疗机构免费发放样品，给消费者试用。通常样品会在产品上加印"赠品"、"样品"等字样，它变相地让消费者不用花钱就获取了产品，因此对新产品推广是非常有效的。但是，对于医药企业而言，要注意不得违背《药品流通监督管理办法》，不得向公众赠送处方药和甲类非处方药。

② 发放优惠券。企业向目标市场的消费者发放优惠券，凭券可在实际销售价格的基础上进行减让。医药企业采用这种方法时一定要声明并非由于药品质量问题而折价销售。

③ 附赠礼品。礼品是和出售的医药产品有着不同的但相关的使用价值的物品，比如促销减肥类药品时，派送可以称体重的人体秤作为礼品。

④ 免费试用。邀请潜在消费者免费试用产品，期待他们成为企业的真实顾客。通常很多化妆品的促销会采用这种方式。

⑤ 现场示范。企业派人专门在销售现场大量陈列某种产品，并当场示范以吸引消费者注意。这种方式一方面可以把一些技术性较强的产品的性能特点和使用方法介绍给消费者；另一方面也可以使消费者直观地看到产品的使用效果，直接激发消费者的购买欲望。比如某些医疗器械像血压计、按摩器、理疗仪等就可以在终端卖场进行现场示范促销。

⑥ 以旧换新。以旧换新是指消费者在购买新商品时，如果能把同类旧商品交给商店，就能折算为一定的价款。对于使用以旧换新促销的厂家来说，回收来的旧商品通常没有多大经济价值，以旧换新的目的主要是为了消除旧商品形成的销售障碍，免得消费者因为舍不得丢弃尚可使用的旧商品，而不买新商品。在医药行业开展以旧换新活动更体现了一种健康服务的理念，向消费者传递过期药品有害健康、对环境造成污染的思想。比如，白云山和黄中药针对过期药品问题，从2005年开始就在全球首创了"家庭过期药品回收（免费更换）机制"，树立了良好社会形象。

(2) 针对中间商的销售促进 对于医药商业企业和医疗机构通常可采用以下销售促进形式。

① 经销折扣。企业为了争取中间商多购进自己的产品，在某一时期内可按中间商购买企业产品的数量给予一定的折扣，从而促进与中间商的长期合作。

② 推广津贴。制药企业为促使中间商帮助企业推销产品，还可支付一定的推广津贴，以鼓励和酬谢中间商在推销本企业产品方面所做的努力。

③ 合作广告。制药企业出资资助中间商在当地媒体进行广告宣传，共同开发市场。

④ 展销会或博览会。企业通过举办或参加各种医药展销会或博览会向中间商推销自己的产品。由于这类展销会或博览会能集中展示大量优质产品，并能形成对促销有利的现场环境效应，对中间商有很大的吸引力，往往能促成交易。

⑤ 销售竞赛。制药企业如果在同一个市场上通过多家中间商来销售本企业的产品，就可以发起由这些中间商参加的销售竞赛活动。

4. 医药保健品销售促进策略

医药保健品销售促进策略是医药企业对销售促进活动及其相关因素进行分析决策的过程，包括确定销售促进目标、选择销售促进工具、制定销售促进方案，并进一步加以实施和控制、评价其结果等。最主要的步骤包括确定目标、选择工具和制定方案。

(1) 确定销售促进的目标 确定销售促进的目标就是要明确销售促进的对象以及达到的

目的。销售促进的目标一般随着营销战略目标和市场类型的不同而有所变化。如果销售促进的对象是消费者，销售促进的目标一般是鼓励老顾客重复购买，吸引新顾客开始使用，争夺同类产品和竞争者品牌的使用者等；如果销售促进的对象是中间商，销售促进的目标一般包括吸引经销商经营新的产品并维持较高的存货，鼓励其销售淡季产品或在淡季进货，建立并巩固经销商的品牌忠诚度，并力求进入新的零售网点的机会等。

(2) 选择销售促进的工具　医药企业在进行销售促进活动时，可以选择的方式很多。企业要围绕销售促进目标，根据市场类型、竞争状况、各种销售促进形式的特点等因素，选择适合于自己企业的销售促进形式。

(3) 制定销售促进的方案在具体制定方案时需考虑的因素

① 销售促进的规模和激励程度。销售促进的规模必须适当，规模过大需要的成本太高，规模过小难以吸引目标顾客的注意力，起不到激励的效果，因此可以通过成本-收益的分析方法获得最大效益的销售促进规模，也可以根据公司的目标并参考以往的经验来确定。

② 销售促进的对象。销售促进的对象，通常是那些现实的或潜在的顾客，比如拥有会员卡的顾客。

③ 销售促进的渠道。决定通过什么样的渠道来推广企业的促销方案，企业选择渠道时，要综合考虑企业自身实力、消费者偏好以及各种渠道的成本收益，以求找到最佳渠道。

④ 销售促进的时机。时机的选择很重要，时机选择得当，则可以起到推波助澜的作用；相反，时机选择不当，销售促进的作用就不大。时机的选择要根据产品生命周期、市场状况以及季节等因素综合考虑。比如呼吸系统疾病具有典型的季节性，多发于冬春两季。医药企业可以根据季节，不定期地推出多项优惠政策，让消费者享受最直接的让利。

⑤ 销售促进的持续时间。持续时间可以影响到销售促进的效果。持续时间长，促销效果明显；持续时间短，促销效果较弱。但持续时间长会导致成本增加，并且容易让消费者误认为产品是因为质量下降才变相降价。因此，企业要确定一个合理的销售促进期限，这样既可以节约成本，也可以使促销效果最大化。

销售促进方案制定完成后、付诸实施前，要先选择一些小规模的市场进行测试以验证方案是否合理。在方案实施过程中，企业也要密切观察目标市场的变化，及时了解销售促进活动中发生的问题，对销售促进活动进行有效的控制。

(四) 公共关系

在目前医药行业广告受限的情况下，公关促销开始成为医药营销的新焦点和主流变革趋势之一。公共关系即公关，是指企业利用各种传播手段与社会公众进行沟通，树立企业的良好形象和信誉，唤起人们对企业及其产品的好感，赢得公众的信任和支持，为企业销售提供一个长期良好的外部环境的营销活动。公众指与企业经营管理活动发生直接或间接联系的社会组织和个人，包括顾客、中间商、社区民众、政府机构以及新闻媒体等。

1. 公共关系与广告的比较

与广告相比，公共关系具有不可替代的优越性，主要表现在：①从推拉策略看，公共关系是"拉"，巧妙地拉近与消费者的关系；广告是"推"，是直接推品牌和产品的卖点和价值；②从表达方式上看，公共关系"软"，温婉、客观、不动声色；广告相对要"硬"，直截了当，不厌其烦；③公共关系的作用是为产品和品牌建立良好的舆论环境，从某个侧面入手扩大其影响力并形成口碑；广告的作用一般是正面地、直接输出品牌或产品信息，比如核心价值、定位等；④公共关系容易建立美誉度，广告可以快速建立知名度；⑤从成本来看，在很多时候，公共关系费用较低，更具成本效益，而广告费用越来越高，干扰广告效果的因素增多，广告受众越来越少，导致了广告效果的减弱，因此企业开始转向了公共关系促销。一些专家断言，对消费者来说，公关促销的可信度要高于广告5倍。

阅读材料【10-1】

辉瑞制药的公关促销

在中国医药保健食品企业大打广告战的时候，国外的一些医药保健品企业早已开始了"润物细无声"的公关渗透。辉瑞制药作为一家近160年历史的大型企业，其品牌之所以能基业常青，并不是靠大量的广告堆砌，而是靠持续不断的品牌效应与公关渗透。2003年SARS疫情暴发时，其通过中国红十字会总会向中国政府捐赠45万美元的物品和资金；2004年向中华健康快车基金会"健康快车"项目捐赠价值45万元人民币的人工晶体，用于中国西部贫困白内障盲童的复明手术；2005年5月辉瑞制药成为全球企业抗艾滋病联盟首批企业，成功发起了"艾滋病公益项目"。

（资料来源：中国公关网）

2. 公共关系的活动方式

（1）发行企业刊物　企业刊物是管理者和员工的舆论阵地，是沟通信息、凝聚人心的重要工具。企业可以利用各种介绍本企业及其商品的刊物作为信息载体向公众传递信息，吸引消费者对企业及其产品的注意，帮助企业在公众面前树立良好的形象。

（2）新闻媒体宣传　企业应争取一切机会和新闻媒体建立联系，及时将有新闻价值的信息提供给报纸、杂志、电台、电视台等新闻媒体，借以扩大企业影响，加深顾客印象。由于新闻媒体对大部分公众都具有亲和力，而关于企业产品的正面新闻报道的可信度远远高于广告，因此能取得有效的宣传效果。但是新闻宣传的重要条件是所宣传的事实必须具有新闻价值。

（3）利用热点事件　所谓热点事件，就是生活中发生的对社会公众影响非常大的事件。全社会广泛关注的热点事件常常被企业用来宣传、提升企业形象，特别是那些涉及到国家利益和荣誉的焦点事件更是被企业看作是百年难遇的公关题材。利用热点事件进行公关活动需要特别注意的是：企业对热点事件要有高度的敏感性，事件公关的策划也要尽可能把公众关注的热点转移到对自己的产品和品牌的注意上。

（4）热衷公益活动　几乎所有的医药企业都将维护生命健康作为自己的企业宗旨，在生产优质药品的同时也要将这个宗旨进行延伸和拓展，将各种社会公益活动的开展作为对这个宗旨的补充。目前，很多医药企业都积极参与社会公益活动，表现出越来越成熟的企业公民形象。

（5）赞助和支持体育、文化、教育事业　由企业提供经费赞助体育、文化、教育事业，建立一心为大众服务的形象，从而树立企业品牌。比如江西仁和药业冠名的"仁和闪亮新主播"就是借助湖南卫视的娱乐媒体平台，巧妙地将企业精神和产品名称融入其中，在节目热播的同时让自身的企业文化价值和产品信息也得到传播，其主打产品"闪亮滴眼露"销量随之增长了8倍。

阅读材料【10-2】

善因营销塑形象

近年来，许多医药企业都通过赞助社会公益活动的方式进行自行品牌建设，不仅提高了企业的知名度和员工的忠诚度，而且促进了企业产品和服务的销售——这就是善因营销（cause-related marketing）。善因营销是将产品销售与公益事业相结合，在为相关事业进行捐赠、资助其发展的同时，达到提高产品销售额、实现企业利润、改善企业社会形象的目的。强生公司是北京2008年奥运会和残奥会的合作伙伴，为中国体育代表团提供资金和产品支持。强生公司为什么要选择体育作为善因营销的目标呢？因为体育精神就是在公平竞争的前提下，追求更快、更高、更强。强生公司将北京奥运会的标识和自己公司的标识一起使用，充分利用好奥运会这个全球营销的平台，宣传企业所倡导的精神，即"竭尽所能，做到最好"。有研究表明：投资公益事业带来的附带宣传比单纯的广告宣传更能获得社会认同，更有利于树立企业形象，这就是人们常说的公益活动中媒体宣传的增值效应。

（资料来源：中国公关网）

3. 企业公共关系策略

企业公共关系策略主要包括确定公共关系活动的目标、选择公共关系的活动方式、公共关系活动预算以及公共关系效果评估等。

（1）确定公共关系活动的目标　公共关系活动的目标应与企业的整体目标相一致，并尽可能具体，同时要分清主次、轻重。一般来说，企业公共关系的直接目标是促成企业与公众的相互理解，影响和改变公众的态度和行为，建立良好的企业形象。具体的目标可以分为传播信息、转变态度和唤起需求。企业不同时期的公共关系目标，应综合公众对企业理解、信赖的实际状况确定重点。

（2）选择公共关系的活动方式　企业要围绕公共关系的目标，结合自身特点，选择合适的方式进行有效的公共关系传播。通常企业确定公共关系促销方式时，会采用以下几种常用的策略。

① 宣传型公关促销策略。宣传型公关促销策略是指企业通过各种媒体和交流方式对外传播信息，扩大企业影响，争取更多潜在顾客的方法。它的特点是利用一定的媒体进行自我宣传，其主导性、时效性极强。基本手段是"制造新闻"，即企业为吸引新闻媒体报道并扩散自身所希望传播的信息而专门策划的活动。在众多免费宣传性公共关系手段中，它是一种最主动、最有效的传播方式。制造新闻不是无中生有地编造新闻，也不是不负责任地欺骗公众，而是利用一些热点事件或突发事件的新闻价值，吸引新闻媒介广为传播。

② 社会型公关促销策略。社会型公关促销策略是指企业利用举办各种社会性、公益性活动，扩大企业的社会影响，提高其社会声誉，赢得公众的支持的手段。社会型公共关系促销的最大特点是近期不会给企业带来直接的经济效益，它的回报是长远的、间接的，能为企业树立较完备的社会形象，使公众对企业产生好感，为企业创造良好的发展环境。其主要形式是赞助公益事业。赞助活动要注意以下几点：首先，选准项目，赞助项目的社会意义越大，越有价值，给企业带来的经济效益越大；其次，选准时机，引起公众的注意，提高单位时间内所传播的有效信息量；最后，抓住赞助项目的落实，切忌虎头蛇尾、草率收场，影响企业信誉和形象。

③ 文化型公关促销。策略突出产品的文化品味，宣传企业的文化背景，取得消费者的文化认同，也是公共关系促销的手段之一。"文化搭台，企业唱戏"，借助文艺形式间接推销产品，是近年企业采用的行之有效的促销手段之一。如神威药业冠名中央电视台《中国魅力名镇》，将《中国魅力名镇》的宗旨"展示全国名镇的本源、自然、生态和文化"与神威药业倡导的"引领现代中药，推进健康产业"的阳光、健康理念完美地结合在一起，两者相辅相成，相得益彰。文化型公关促销的操作中应注意文化氛围必须符合当代的文化背景。要增强文化氛围，淡化企业的商业、唯利的色彩，巧妙地把企业、产品、服务与顾客有机联系在一起。

(3) 公共关系活动预算　将具体的任务正式列为若干项目，排出时间表，并做出开支预算，以保证计划的可行性和周密性。

(4) 公共关系效果评估　公关工作的成效评估必须以市场状况及公众印象的改善为尺度，可从定性和定量两方面评价。传播成效的取得，是一个潜移默化的过程，在一定时期内很难用统计数据衡量。而有些公关活动的成效，可以进行数量统计，如传媒宣传次数、赞助活动、覆盖面、接收到信息的目标公众的数量、态度转变情况以及行为转变的情况。

公共关系活动不同于一般的生产和销售工作，它的效果很难在短期呈现。美国公关专家告诫说：开展一两次公关活动未见明显成效，譬如销售额未有显著上升，便认为公关实践对促销无效，从而弃之不用，实际是患了"近视"。企业应克服急功近利心理和短期行为。公共关系促销的根本秘诀，在于向着既定目标持续不懈地努力，需要的是"春风化雨"的耐心和高超过人的技巧。

【小结】

1. 医药保健品促销是指医药保健品企业通过种种可能的方式把企业的有关信息传递给目标市场，使目标市场对企业产生信任感，认识到企业生产的医药保健品及其服务给自己带来的利益，激发需求并最终引起消费者购买欲望，促进其完成购买行为的一系列活动的总称。所谓医药促销组合是医药企业用来实施促销过程并直接与目标市场（或沟通受众）进行沟通的工具组合。这些沟通工具包括上面提到的基本促销方式以及这些方式的有机组合，结合不同企业的不同产品、同一产品生命周期的不同阶段，促销的方向和重点都有所不同。这就存在一个对不同促销工具如何进行选择、对不同的促销工具的轻重编配和综合应用的问题。要进行有效的促销活动，医药企业必须依次进行以下决策过程：确定促销对象、确定促销目标、设计信息、选择促销传播渠道、编制促销预算、决定促销组合、衡量促销效果、管理促销组合。

2. 在处方药的促销手段中，人员促销是最重要的手段，其次是渠道让利；而在非处方药的促销手段中，广告是最重要的，其次是渠道让利。许多成功产品如吗丁啉、芬必得、地奥心血康、利菌沙等均是通过大量有效的广告攻势而获得成功的，许多医药保健品企业都不惜重金大做广告。一部分企业通过大量而有效的广告攻势取得了成功，成了知名企业；但也有许多企业被广告费拖垮了，企业做了许多广告，可市场却没有太大的反应，广告费打了水漂儿，企业陷入危机。

3. 按照促销对象的不同，医药保健品销售促进的形式可以分为两大类：一类是针对消费者的销售促进，另一类是针对中间商（包括批发商、零售商和医疗机构）的销售促进。通常处方药是针对中间商进行销售促进，而非处方药则可以同时针对消费者和中间商实施销售促进活动。在目前医药行业广告受限的情况下，公关促销开始成为医药营销的新焦点和主流变革趋势之一。

【知识训练】

1. 简述医药保健品促销的定义与作用。
2. 简述医药保健品促销组合决策过程。
3. 简述医药保健品人员推销的步骤。
4. 简述医药保健品销售促进的作用与形式。
5. 常见保健品终端策略有哪些？
6. 保健品营销成功关键因素有哪些？

【技术点训练】

（一）基本技术点

学会医药商品促销组合的调整与设计。

（二）训练内容及要求

福建某洋参类企业一直在大卖场销售产品，每到节日举办小规模的促销活动，如抽奖、买赠等，从来没有出过一份促销方案，通常由老业务员带着新业务员搞促销，由于品牌知名度相对较高，倒也没有出现大的失误，这种传统一直流传下来。父亲节促销时，笔者正好陪同该企业总裁考察市场，走过18个市场，促销员的说辞竟有19种之多。就是同一个市场的不同促销点的说辞也不同。结果统计下来，促销只比平时的销售提高30%。接下来的教师节，做了一个简单的调整，统一布置，统一说辞，销售比去年同期增长了300%。

思考题：如果你负责教师节促销，你将做怎样的调整？

（三）组织方法及步骤

1. 教师将学生分成若干组，每组4~6人，安排任务；
2. 学生按小组讨论完成；
3. 各小组派代表阐述小组观点；
4. 教师和学生对每小组的观点改正、修改；
5. 教师点评并总结；
6. 教师指导学生完成工作页。

（四）评价标准（10分）

1. 从促销组合的角度分析该促销活动不足之处。（5分）
2. 该促销活动该如何做调整？（5分）

情景实训三　营销策划技能训练

【实训背景资料】　汤臣倍健拥有全面、科学的膳食营养补充体系，包括：维生素、矿物质、天然草本提取物及其他功能性营养补充食品；按照辅助功能划分，涵盖了增强免疫力、提升精力、改善睡眠、运动营养、美容营养等不同功能；从心血管系统到骨骼关节，从消化系统到肝脏健康，无论老人、儿童、上班一族、孕妇，每个人都能找到自己的健康需要。目前，汤臣倍健65.51%的原材料都来自进口，这个比例还将不断扩大，同时他们还考虑在部分国家和地区建立汤臣倍健的专属原料生产和供应基地。未来，还将有更多的、来自世界各地的原料应用在汤臣倍健产品中。

请同学们针对春节设计产品促销方案。

一、认知阶段

1. 实训目的

搜集相关资料，认识策划商品相关知识，参考相关策划方案，形成基本认知。

2. 基本操作指导及要求

（1）利用百度文库、栖息谷等管理文库下载至少30份资料；

（2）分类、整理、汇总相关资料；

（3）学习相关资料，列表分析生产同类产品的不同公司的营销相关内容，包括：产品、价格、渠道、促销等，并做成PPT；

（4）给学生分组，小组内针对找到的材料讨论交流；

（5）每一小组派代表展示PPT。

3. 总结评析

（1）教师点评每组学生对资料分类整理的合理性；

（2）要求学生根据教师所提建议修改PPT。

二、形成框架

1. 实训目的

学会搭建策划框架。

2. 基本操作指导及要求

（1）课外要求每位学生找一份保健食品市场推广方案；

（2）小组内针对找到的材料讨论交流，确定促销策划方案框架；

（3）确定促销的目的、目标和主题；

（4）确定促销对象及组织方法；

（5）确定促销的时间、地点与形式；

（6）确定促销的流程与内容：促销准备与过程控制；

（7）确定促销预算、效果评估及意外预案。

3. 总结评析

（1）组织各组学生相互评点；

（2）教师总结，并指出框架中不合理的地方；

（3）学生根据老师的建议修改。

三、完成内容

1. 实训目的

学会策划内容的编制。

2. 基本操作指导及要求

（1）确定汤臣倍健产品知识培训内容；

（2）确定销售话术培训内容；

（3）绘制促销场地示意图；

（4）每组同学通过交流讨论选出一个代表参与班级讨论。
3. 总结评析
（1）组织各组学生相互点评；
（2）教师总结，并提出修改意见；
（3）学生根据要求修订策划内容。

附录　学生工作页

情景一　营销人员职业素质训练		姓名：		
项目1　认识医药保健品市场	班级：		日期：	页码：

1. 预习

认真阅读教材项目1"认识医药保健品市场"的"知识目标"和"能力目标"，阅读教材内容，完成项目1后面的知识训练。

2. 认真听老师讲解，掌握必备知识

(1) 市场及医药营销的概念。

(2) 市场营销观念。可归纳为五种：生产观念、产品观念、推销观念、市场营销观念和社会营销观念。

(3) 现代市场营销新领域：事件营销、网络营销、创造需求的营销、关系营销、绿色营销等。

3. 查找现代市场营销新领域，填入下表空格处，认真完成本情景学习任务。

现代市场营销新领域	相关案例	营销亮点

信息参考渠道：

(1) 企业管理学习网 http://www.5ixue.com/

(2) 中国电话营销网 http://www.tem.com.cn/

(3) 中国营销传播网 http://www.emkt.com.cn/

(4) 第一营销网 http://www.cmmo.cn/

(5) 中国营销学社网 http://www.e-cmc.cn/

(6) 联纵智达营销实战网 www.wisesale.com

(7) 中国营销网 www.yao365.com

(8) 行销网 www.xingxiao.com

(9) 整合营销在线 www.onimc.com

(10) 中国客户关系网 www.crmchina.com.cn

4. 完成项目1"认识医药保健品市场"后面的技术点训练。

要求：语言条理，表述明确；评述理由正确无误；评述理由完整、充分。

情景一　营销人员职业素质训练			
项目2　认识医药保健品营销人员的职业要求	班级：	日期：	页码：

1. 预习

认真阅读教材项目2"认识医药保健品营销人员的职业要求"的"知识目标"和"能力目标"，阅读教材内容，完成项目2后面的知识训练。

2. 认真听老师讲解，掌握必备知识

(1) 诚信与职业成长的关系。

(2) 礼仪与营销的关系。

3. 查找个人行为与营销的相关案例，填入下表空格处，认真完成本情景学习任务。

个人行为与营销	相关案例	信息渠道
从正反面举出例子说明诚信与职业成长的关系		
从正反面举出例子说明礼仪与营销的关系		

4. 根据上表要求分析每个案例成败原因。

5. 完成项目2"认识医药保健品营销人员的职业要求"后面的技术点训练。

要求：语言条理，表述明确；评述理由正确无误；评述理由完整、充分。

情景二　分析医药保健品市场		姓名：		
项目3　分析医药保健品市场营销环境	班级：		日期：	页码：

1. 预习

认真阅读教材项目3"分析医药保健品市场营销环境"的"知识目标"和"能力目标",阅读教材内容,完成项目3后面的知识训练。

2. 认真听老师讲解,掌握必备知识

(1) 解释医药营销环境、医药营销微观环境、医药营销宏观环境。

(2) 分析企业所处的市场营销环境。

(3) 提出企业面对营销机会和环境威胁时采取的对策。

3. 查找现代企业竞争战略,填入下表空格处,认真完成本情景学习任务。

企业竞争战略	相关案例	战略特征
扭转型战略		
增长型战略		
防御型战略		
多种经营战略		

信息参考渠道:

(1) 博亚和讯网 http://www.boyar.cn/

(2) 道客巴巴 http://www.doc88.com/

(3) 中国产业投资决策网 http://www.cu-market.com.cn/

(4) 第一营销网 http://www.cmmo.cn/

(5) 中华品牌管理网 http://www.cnbm.net.cn/

(6) 中国营销学社网 http://www.e-cmc.cn/

(7) 联纵智达营销实战网 www.wisesale.com

(8) 中国营销网 www.yao365.com

(9) 整合营销在线 www.onimc.com

4. 完成项目3"分析医药保健品市场营销环境"后面的技术点训练。

要求:语言条理,表述明确;评述理由正确无误;评述理由完整、充分。

情景二　分析医药保健品市场		姓名：		
项目 4　分析医药保健品购买者行为		班级：	日期：	页码：

1. 预习

认真阅读教材项目 4"分析医药保健品购买者行为"的"知识目标"和"能力目标",阅读教材内容,完成项目 4 后面的知识训练。

2. 认真听老师讲解,掌握必备知识

(1) 简述医药消费者市场购买行为的因素。

(2) 简述医药保健品组织市场购买行为的参与者。

(3) 说出医药消费者市场的购买决策过程。

(4) 说出医药组织购买行为的决策过程。

3. 查找 4 份消费者满意度调查问卷,学生分组讨论问卷优缺点,填入下表空格处,认真完成本情景学习任务。

相关调查问卷	信息渠道	问卷优缺点

4. 完成项目 4"分析医药保健品购买者行为"后面的技术点训练。

要求：问卷条理明确；调查数据正确无误；调查结论符合要求。

情景二	分析医药保健品市场		姓名：		
项目 5	医药保健品市场调查 1		班级：	日期：	页码：

1. 预习

认真阅读教材项目 5 "医药保健品市场调查"的"知识目标"和"能力目标"，阅读教材内容，完成项目 5 后面的知识训练。

2. 认真听老师讲解，掌握必备知识

(1) 了解企业对市场调查认识上的误区。

(2) 辨别医药调查与一般商品的营销调查有什么本质上的区别。

3. 查找 4 个医药行业调研机构，填入下表空格处，认真完成本情景学习任务。

调研机构名称	技术优势和不足之处	信息来源

信息参考渠道：

(1) 中国医药调查网 http://www.zgyydc.org/

(2) 中国情报网 http://www.askci.com/

(3) 中国市场调查网 http://www.cnscdc.com/

(4) 39 健康网 http://dc.39.net/jbyydc/

(5) 中国投资咨询网 http://www.ocn.com.cn/

(6) 联纵智达营销实战网 www.wisesale.com

(7) 道客巴巴 http://www.doc88.com/

(8) 中国营销网 www.yao365.com

(9) 行销网 www.xingxiao.com

(10) 博亚和讯网 http://www.boyar.cn/

(11) 中国客户关系网 www.crmchina.com.cn

4. 完成项目 5 "医药保健品市场调查"后面的技术点训练。

要求：语言条理，表述明确；评述理由正确无误；评述理由完整、充分。

情景三 医药保健品营销策划与实施		姓名：		
项目5 医药保健品市场调查2	班级：		日期：	页码：

1. 预习

认真阅读教材项目5"医药保健品市场调查"的"知识目标"和"能力目标"，阅读教材内容，完成项目5后面的知识训练。

2. 认真听老师讲解，掌握必备知识

(1) 简述医药市场常用调查方法。

(2) 简述保健品市场常用调查方法。

3. 查找4份保健品行业调查报告，小组讨论后填入下表空格处，认真完成本情景学习任务。

调查报告案例	信息渠道	指出优点与不足

信息参考渠道：

(1) 生物谷 http://www.bioon.com/i

(2) 中国情报网 http://www.askci.com/

(3) 中国市场调查网 http://www.cnscdc.com/

(4) 39健康网 http://dc.39.net/jbyydc/

(5) 中国投资咨询网 http://www.ocn.com.cn/

(6) 搜狐健康 http://health.sohu.com/

(7) 道客巴巴 http://www.doc88.com/

(8) 行销网 www.xingxiao.com

(9) 中国客户关系网 www.crmchina.com.cn

4. 设计学生保健品调查方案。

要求：目的明确，条理清楚，操作性强。

附录 学生工作页

情景三 医药保健品营销策划与实施		姓名：		
项目6 市场策略	班级：		日期：	页码：

1. 预习

认真阅读教材项目6"市场策略"的"知识目标"和"能力目标"，阅读教材内容，完成项目6后面的知识训练。

2. 认真听老师讲解，掌握必备知识

(1) 解释什么是市场细分，什么是目标市场选择，什么是市场定位。

(2) 学会市场细分的方法，学会选择目标市场，学会市场定位的方式。

3. 各查找2个关于市场定位与产品定位的例子，填入下表空格处，认真完成本情景学习任务。

项目	市场策略	相关案例	定位方式
产品定位			
产品定位			
市场定位			
市场定位			

4. 完成项目6"市场策略"后面的技术点训练。

要求：语言条理，表述明确；评述理由正确无误；评述理由完整、充分。

情景三　医药保健品营销策划与实施		姓名：		
项目7　策划与实施产品销售策略1	班级：		日期：	页码：

1. 预习

认真阅读教材项目7"策划与实施产品销售策略"的"知识目标"和"能力目标"，阅读教材内容，完成项目7后面的知识训练。

2. 认真听老师讲解，掌握必备知识

(1) 解释什么是处方药，什么是非处方药，什么是保健品。

(2) 简述医药代表的基本职责和素质要求。

(3) 了解药品和保健品的产品策略的实质和重要作用。

3. 查找与医药代表有关的政策文件，填入下表空格处，认真完成本情景学习任务。

相关政策文件	信息渠道	中国医药代表发展趋势

信息参考渠道：

(1) 医药代表网 http://www.yydbw.com/

(2) 中国医药联盟 http://www.chinamsr.com/mr/

(3) 和讯网 http://data.book.hexun.com/book-690

(4) 39健康论坛 http://bbs.39.net/

(5) 中国医药营销联盟 http://a.chinamsr.com/

(6) 搜狐健康 http://health.sohu.com/

(7) 道客巴巴 http://www.doc88.com/

(8) 行销网 www.xingxiao.com

(9) 医药代表-医药行业 http://www.globrand.com/special/medicine-sales/

4. 阅读网络小说《医药代表》，关于医药代表对医药行业发展的积极意义及负面影响谈谈自己的看法。

要求：语言条理，表述明确；评述理由正确无误；评述理由完整、充分。

情景三 医药保健品营销策划与实施		姓名:		
项目 7 策划与实施产品销售策略 2	班级:		日期:	页码:

1. 预习

认真阅读教材项目 7 "策划与实施产品销售策略"的"知识目标"和"能力目标",阅读教材内容,完成项目 7 后面的知识训练。

2. 认真听老师讲解,掌握必备知识

(1) 选择和运用产品策略。

(2) 建设和维护医药品牌。

3. 选择 4 种医药品牌的药品,查找网络,说明他们选择和运用的产品策略。

药品名称	选择和运用的产品策略	信息渠道

4. 完成项目 7 "策划与实施产品俏售策略"后面的技术点训练。

要求:语言条理,表述明确;评述理由正确无误;评述理由完整、充分。

情景三　医药保健品营销策划与实施		姓名：	
项目 8　分销渠道策划	班级：	日期：	页码：

1. 预习

认真阅读教材项目 8 "分销渠道策划"的"知识目标"和"能力目标",阅读教材内容,完成项目 8 后面的知识训练。

2. 认真听老师讲解,掌握必备知识

(1) 解释什么是分销渠道。

(2) 学会医药产品分销渠道设计策略。

(3) 简述分销渠道的管理与控制。

3. 选择 4 种医药品牌的药品,查找网络,说明他们分销渠道的管理和设计。

药品名称	分销渠道的管理和设计	信息渠道

4. 完成项目 8 "分销渠道策划"后面的技术点训练。

要求：语言条理,表述明确；评述理由正确无误；评述理由完整、充分。

情景三 医药保健品营销策划与实施		姓名：		
项目 9 医药保健品价格策略	班级：		日期：	页码：

1. 预习

认真阅读教材项目 9 "医药保健品价格策略" 的 "知识目标" 和 "能力目标"，阅读教材内容，完成项目 9 后面的知识训练。

2. 认真听老师讲解，掌握必备知识

(1) 了解影响医药商品定价的因素。

(2) 知道产品定价的一般过程。

(3) 学会为企业产品制定合适价格的方法。

3. 选择 4 种医药品牌的药品，查找网络，说明他们产品定价的方法。

药品名称	产品定价的方法	信息渠道

4. 完成项目 9 "医药保健品价格策略" 后面的技术点训练。

要求：语言条理，表述明确；评述理由正确无误；评述理由完整、充分。

情景三　医药保健品营销策划与实施		姓名：		
项目 10　医药保健品促销组合	班级：		日期：	页码：

1. 预习

认真阅读教材项目 10 "医药保健品促销组合"的"知识目标"和"能力目标"，阅读教材内容，完成项目 10 后面的知识训练。

2. 认真听老师讲解，掌握必备知识

（1）解释什么是促销、什么是促销组合。

（2）简述促销组合的决策过程。

3. 选择 4 种医药品牌的药品，查找网络，说明他们产品促销组合的决策过程。

药品名称	产品促销组合的决策过程	信息渠道

4. 完成项目 10 "医药保健品促销组合"后面的技术点训练。

要求：语言条理，表述明确；评述理由正确无误；评述理由完整、充分。

参 考 文 献

[1] 吴虹. 医药市场营销实用技术. 北京：中国医药科技出版社，2008.
[2] 乔德阳. 实用医药市场营销技术. 北京：化学工业出版社，2008.
[3] 王成业，邹旭芳编. 药品营销. 北京：化学工业出版社，2008.
[4] 胡小伟，刘艳红编著. OTC 渠道代表手册. 北京：中国经济出版社，2008.
[5] 蓝青山. OTC 药品营销实战技巧. 上海：三联书店，2001.
[6] 王明旭. 医药消费者行为学. 北京：人民卫生出版社，2006.
[7] 何学林，梁昌锦著. 暴利的秘密——医药保健品营销兵法 13 章. 北京：中国工人出版社，2005.
[8] 郭建生，鲁耀邦主编. 保健品与亚健康. 北京：中国社会出版社，2009.
[9] 侯胜田. 医药营销调研. 北京：中国医药科技出版社，2009.
[10] 上官万平. 医药营销——医药代表 150 问. 上海：上海交通大学出版社，2011.
[11] 张平淡，艾凤义编著. 医药营销：观察与思考. 北京：中国经济出版社，2008.
[12] 马青学. 医药营销实训. 北京：中国劳动社会保障出版社，2006.
[13] 侯胜田. 医药营销案例. 北京：中国医药科技出版社，2009.
[14] 龚震波. 医药保健品热销有绝招. 北京：中国经济出版社，2009.
[15] 张伟. 医药保健品业务员工作一日通. 北京：中国经济出版社，2006.
[16] 世纪医药招商网 http：//yy21.net.
[17] 中国医药联盟 http：//www.chinamsr.com/yiyaoyingxiao.
[18] 新浪财经 http：//finance.sina.com.cn/chanjing/cyxw/20100510.
[19] 88 蓝保健品网 http：//www.88lan.com/news/a_detail.asp?id=19622.
[20] 中国营销策划网 http：//www.plan-china.com.
[21] 全球品牌网营销策划 http：//www.globrand.com/marketing/mktplan.
[22] 中国天创营销策划中心 http：//www.tc2000.com.cn.
[23] 企业管理学习网 http：//www.5ixue.com.
[24] 中国营销传播网 http：//www.emkt.com.cn.
[25] 中国业务群 http：//www.yewuqun.com.
[26] 第一营销网 http：//www.cmmo.cn.
[27] 中华品牌管理网 http：//www.cnbm.net.cn.
[28] 中国营销学社网 http：//www.e-cmc.com.
[29] 联纵智达营销实战网 http：//www.wisesale.com.
[30] 中国营销网 http：//www.yao365.com.
[31] 行销网 http：//www.xingxiao.com.
[32] 整合营销在线 http：//www.onimc.com.
[33] 中国客户关系网 http：//www.crmchina.com.cn.
[34] 中国商品售后服务网 http：//www.888-888.net.
[35] 栖息谷 http：//bbs.21manager.com/forum.php.